Kohlhammer

Entwicklung und Bildung in der Frühen Kindheit

Herausgegeben von Manfred Holodynski, Dorothee Gutknecht
und Hermann Schöler

Dorothee Gutknecht

Bildung in der Kinderkrippe

Wege zur Professionellen Responsivität

2., überarbeitete Auflage

Verlag W. Kohlhammer

Dieses Werk einschließlich aller seiner Teile ist urheberrechtlich geschützt. Jede Verwendung außerhalb der engen Grenzen des Urheberrechts ist ohne Zustimmung des Verlags unzulässig und strafbar. Das gilt insbesondere für Vervielfältigungen, Übersetzungen, Mikroverfilmungen und für die Einspeicherung und Verarbeitung in elektronischen Systemen.

Die Wiedergabe von Warenbezeichnungen, Handelsnamen und sonstigen Kennzeichen in diesem Buch berechtigt nicht zu der Annahme, dass diese von jedermann frei benutzt werden dürfen. Vielmehr kann es sich auch dann um eingetragene Warenzeichen oder sonstige geschützte Kennzeichen handeln, wenn sie nicht eigens als solche gekennzeichnet sind.

2., überarbeitete Auflage 2015

Alle Rechte vorbehalten
© W. Kohlhammer GmbH Stuttgart
Umschlagmotiv: © yarruta – Fotolia.com
Gesamtherstellung: W. Kohlhammer GmbH, Stuttgart

Print:
ISBN 978-3-17-28460-9

E-Book-Formate:
pdf: ISBN 978-3-17-028461-6
epub: ISBN 978-3-17-028462-3
mobi: ISBN 978-3-17-028463-0

Für den Inhalt abgedruckter oder verlinkter Websites ist ausschließlich der jeweilige Betreiber verantwortlich. Die W. Kohlhammer GmbH hat keinen Einfluss auf die verknüpften Seiten und übernimmt hierfür keinerlei Haftung.

Vorwort der Herausgeberin und der Herausgeber

Die Lehrbuchreihe *Entwicklung und Bildung in der Frühen Kindheit* will Studierenden und Fachkräften das notwendige Grundlagenwissen vermitteln, wie die Bildungsarbeit im Krippen- und Elementarbereich gestaltet werden kann. Die Lehrbücher schlagen eine Brücke zwischen dem aktuellen Stand der einschlägigen wissenschaftlichen Forschungen zu diesem Bereich und ihrer Anwendung in der pädagogischen Arbeit mit Kindern.

Die einzelnen Bände legen zum einen ihren Fokus auf einen ausgewählten Bildungsbereich, wie Kinder ihre sozio-emotionalen, sprachlichen, kognitiven, mathematischen oder motorischen Kompetenzen entwickeln. Hierbei ist der Leitgedanke darzustellen, wie die einzelnen Entwicklungsniveaus der Kinder und Bildungsimpulse der pädagogischen Einrichtungen ineinandergreifen und welche Bedeutung dabei den pädagogischen Fachkräften zukommt. Die Reihe enthält zum anderen Bände, die zentrale bereichsübergreifende Probleme der Bildungsarbeit behandeln, deren angemessene Bewältigung maßgeblich zum Gelingen beiträgt. Dazu zählen Fragen, wie pädagogische Fachkräfte ihre Professionelle Responsivität den Kindern gegenüber entwickeln, wie sie Gruppen von Kindern stressfrei managen oder mit Multikulturalität, Integration und Inklusion umgehen können. Die einzelnen Bände bündeln fachübergreifend aktuelle Erkenntnisse aus den Bildungswissenschaften wie der Entwicklungspsychologie, Diagnostik sowie Früh- und Sonderpädagogik und bereiten für den Einsatz in der Aus- und Weiterbildung, aber ebenso für die pädagogische Arbeit vor Ort vor. Die Lehrbuchreihe richtet sich sowohl an Studierende, die sich in ihrem Studium mit der Entwicklung und institutionellen Erziehung von Kindern befassen, als auch an die pädagogischen Fachkräfte des Elementar- und Krippenbereichs.

Im Band *Bildung in der Kinderkrippe – Wege zur Professionellen Responsivität*, der hier in der zweiten, bearbeiteten Auflage vorliegt, erläutert die anerkannte Expertin für Krippenpädagogik, Dorothee Gutknecht, Professorin und Studiengangsleiterin im Bachelor-Studiengang „Pädagogik der Kindheit" an der Evangelischen Hochschule Freiburg, die eigentliche Kernkompetenz pädagogischer Fachkräfte im Umgang mit kleinen Kindern: die Fähigkeit, Verhalten und Körpersignale von Kindern zutreffend einschätzen und responsiv und einfühlsam auf sie eingehen zu können. Dies in der alltäglichen Praxis zu gewährleisten, legt den Grundstein für eine positive Entwicklung. Das Buch zeigt auf, wie pädagogische Fachkräfte eine solche Professionelle Responsivität in den alltäglichen Fütter- und Wickelinteraktionen, beim alltäglichen Sprechen und Geschichtenerzählen, den frühen Bildungsprozessen im Bereich Sprache oder Kunst und insbesondere in der Regulation kindlicher Emotionen lernen und praktizieren können. Das Buch stellt das dazu notwendige Fach- und Handlungswissen in übersichtlicher und praxisbezogener Weise zusammen. Die Herausforderungen des geteilten Betreuungsfeldes werden aufgezeigt, denn Familie und Institution müssen für das Kind in eine gute Balance gebracht werden. Anders als Eltern steht eine Pädagogin oder ein Pädagoge in der Institution vor der Herausforderung, sich im Sinne einer inklusiven Ausrichtung auf umfangreiche Vielfalt abstimmen zu müssen. Das Lehrbuch behandelt daher nicht nur den Umgang mit kleinen Kindern unterschiedlichen Geschlechts, aus unterschiedlichen Kulturen und den Umgang mit Kindern mit Behinderungen. Es zeigt zudem auf, dass Responsivität auch in der Zusammenarbeit mit Eltern und im Teamkontext erforderlich ist.

In der zweiten Auflage sind einige Änderungen und Ergänzungen vorgenommen worden, denn das Feld ist durch den Krippenausbau sehr in Bewegung geraten. Präzisiert wurde daher der Teil *Was ist Professionelle Responsivität?* Erweitert wurde das Lehrbuch um Ausführungen zu den Mikrotransitionen als der Gestaltung der Übergänge im Alltag einer Institution, zum Beispiel vom Essen zum Schlafen. Auch die Ausführungen zum Essen- und Trinkenlernen in der Kinderkrippe wurden erweitert um die Organisations- und Beziehungsaspekte bei der Mahlzeitengestaltung.

Münster, Freiburg und Heidelberg im Mai 2015

Manfred Holodynski, Dorothee Gutknecht und Hermann Schöler

Inhalt

Vorwort der Herausgeberin und der Herausgeber 5

Einleitung 9

1 Was ist Professionelle Responsivität? 13
   1.1 Die Fachkraft-Kind-Beziehung und ihre Besonderheiten 13
   1.2 Responsivität in der Bindungsforschung 14
       1.2.1 Responsivitätstrainings mit Müttern und Eltern 15
       1.2.2 Das Konzept der Sensitiven Responsivität 16
   1.3 Responsivität und intuitive Didaktik 16
   1.4 Responsive Krippenpädagogik 18
   1.5 Die Vielfalt der Antwortregister 19
   1.6 Fazit: Die zentralen Aspekte Professioneller Responsivität 22
   1.7 Literaturtipps 25

2 Die Fachpersonen in der Kinderkrippe oder KiTa 26
   2.1 Mögliche Ursachen einer mangelnden Responsivität 29
   2.2 Abstumpfen – Auskühlen: Phänomene sozialer Kälte 30
   2.3 Lernort Praxis – Gefahren und Chancen 32
   2.4 Scham in den Bildungskontexten der (angehenden) Fachpersonen . 34
   2.5 Zusammenfassung und Literaturtipps 36

3 Professionelle Responsivität in der Interaktion mit dem Kind
   und der Kindergruppe 38
   3.1 Die reflexive Nutzung der intuitiven Didaktik 38
       3.1.1 Die Fachperson als ko-regulierende und ko-konstruierende
           Andere 39
       3.1.2 Das Aufbauen von Scripts 39
       3.1.3 Die Strategie des Bedeutung unterstellenden Kontakts 40
       3.1.4 Den Aufmerksamkeitsfokus teilen:
           Der trianguläre Blickkontakt 40
       3.1.5 Einüben erster Dialogregeln 41
       3.1.6 Ein sprachliches Gerüst zur Verfügung stellen 42
       3.1.7 Mit Humor in die doppelte Realitätsebene einführen 43
       3.1.8 Spiegeln und synchronisieren 44
       3.1.9 Musikalisch interagieren 49
       3.1.10 Einführen und Nutzen von „Übergangsobjekten" 52
       3.1.11 Ansätze, die Strategien der intuitiven Didaktik nutzen 53
       3.1.12 Zusammenfassung und Literaturtipps 65
   3.2 Zentrale Interaktionsperspektiven Professioneller Responsivität ... 68
       3.2.1 Perspektive Kultur 68
       3.2.2 Perspektive Gender/Geschlecht 72
       3.2.3 Perspektive Entwicklung 75

	3.2.4 Perspektive Behinderung/Special Needs	80
	3.2.5 Zusammenfassung und Literaturtipps	87
3.3	Beispiele für bildungsrelevante Alltagsinteraktionen in Krippe oder KiTa...	88
	3.3.1 Erzählen	88
	3.3.2 Pflege und Partizipation................................	91
	3.3.3 Wenn Kinder beißen: Herausforderung für eine Professionelle Responsivität.............................	103
	3.3.4 Zusammenfassung und Literaturtipps	110

4 Professionelle Responsivität in der Interaktion mit den Eltern 112

4.1 Eltern in Transitionsprozessen: Der Übergang des Kindes in die KiTa als Thema der Eltern....................................... 114
    4.1.1 Auswirkungen der Familiengründung auf die Paarbeziehung 114
    4.1.2 Die Gebundenheit an den kindlichen Organismus 116
    4.1.3 Die Bedeutung der Mutterschaftskonstellation 117
4.2 Elternschaft unter herausfordernden Bedingungen................. 121
    4.2.1 Eltern von Kindern mit Behinderungen 121
    4.2.2 Eltern in riskanten Lebenslagen 124
    4.2.3 Eltern mit Zuwanderungsgeschichte 127
4.3 Zusammenfassung und Literaturtipps 131

5 Aufbaustrategien zur Entwicklung Professioneller Responsivität........ 133

5.1 Fokus Kind 135
    5.1.1 Responsiv berühren – Aufbau von Berührungskompetenzen 135
    5.1.2 Handling-Kompetenzen in der Pflege: Fütter- und Wickelinteraktion 144
    5.1.3 Perspektive Inklusion: Assistenz und Kommunikation 150
    5.1.4 Blickschulung für responsives Handeln durch Filmanalyse. 153
5.2 Fokus Eltern 155
    5.2.1 Die Arbeit mit Mütter- und Väterprofilen................. 156
    5.2.2 Kulturelle Responsivität................................ 161
    5.2.3 Responsiv beraten 162
5.3 Die eigene Responsivität erhalten über Wissenschaft und Kunst .. 166
    5.3.1 Das Antwortverhalten auf Forschungsergebnisse 166
    5.3.2 Sprache und Macht: Pädagogische Ideologien erkennen ... 168
    5.3.3 Aufwühlen, beunruhigen, irritieren: Kunst als Weg zur Professionellen Responsivität 169
5.4 Zusammenfassung und Literaturtipps 172

Literatur und Filmverzeichnis.. 175

Einleitung

Die Akzeptanz, Nachfrage und Nutzung außerfamilialer, familienergänzender Betreuungsformen für kleine Kinder bis drei Jahren ist im vergangenen Jahrzehnt durch den Krippenausbau in Deutschland deutlich gestiegen. Nur ein geringer Prozentsatz der Einrichtungen erreicht dabei allerdings die geforderte hohe oder sehr hohe Qualität. Was muss eine Fachperson aber nun können, die eine qualitativ hochwertige, insbesondere aber beziehungsorientierte, von emotionaler Wärme getragene Pädagogik in Krippe oder KiTa mit Säuglingen und Kleinkindern umsetzen will? Wie verwirklicht sie den allseits geforderten Anspruch auf eine inklusive Pädagogik, in der ganz unterschiedliche Dimensionen von Vielfalt berücksichtigt werden?

Zahlreiche empirische Studien weltweit haben belegen können, dass die wesentliche Wirkung von pädagogischen und auch therapeutischen Interventionen mit kleinen Kindern in der Responsivität der Betreuungspersonen liegt. Gemeint ist damit das auf das Kind abgestimmte Antwortverhalten (Bornstein, Tamis-LeMonda, Hahn & Haynes, 2008; Eshel, Daelmans, Cabral Mello & Martines, 2006). Bezogen auf die Fachpersonen in frühpädagogischen Institutionen betrifft das insbesondere ihre Fähigkeit, eine emotionale Beziehung zum Kind aufzubauen, sowie ihre Möglichkeiten, die Initiativen des Kindes in Spiel, Sprache und Bewegung in spontaner Weise aufzunehmen. In achtsamer Weise müssen dabei Verarbeitungstempo und -niveau des Kindes berücksichtigt werden (vgl. Sarimski, 2005).

Fachkräfte in Institutionen sollen danach ein *responsives* Interaktionsverhalten gegenüber den Kindern zeigen. Das ist überaus anspruchsvoll, denn ganz anders als Eltern müssen Fachpersonen sich in ihrer Interaktion abstimmen auf das jeweilige Entwicklungsniveau, auf das Geschlecht, den kulturellen oder subkulturellen Hintergrund, auf die Sprachenvielfalt und die Werteorientierungen der ihnen anvertrauten Kinder. Sind Kinder mit Behinderungen in der Gruppe, ist aufseiten der Fachpersonen nicht nur ein spezifisches Fachwissen über in typischer Weise veränderte Interaktion erforderlich, sondern auch über Möglichkeiten der Unterstützten Kommunikation, damit kompensatorisch eine gute Abstimmung in der Interaktion gelingen kann. Die Antwortregister der Fachpersonen liegen in der Art und Weise, wie sie den Blickdialog führen, in Mimik und Gestik, der Stimme, in Bewegungen und Berührungen sowie dem Gebrauch der Sprache. Eine weitere der vielen Ebenen der Responsivität betrifft das geschulte Wahrnehmungsvermögen der Fachpersonen: Hier geht es darum, die kindlichen Verhaltens- und Körpersignale in Bezug auf Entspannung und Anspannung, Zugewandtheit und Abgewandtheit, Offenheit und Belastung lesen zu können. Auch hat die Fachperson nicht nur ein Kind, sondern eine Kindergruppe vor sich. Responsivitätstrainings, wie sie in den vergangenen Jahren sehr erfolgreich für Eltern entwickelt worden sind, können daher nur einen sehr kleinen Teil des Spektrums an Wissen und Können abbilden, das im institutionellen Kontext einer KiTa erforderlich ist. Ein Rückgriff auf ein Laienwissen aus familiärer Betreuung ist in keinem Fall ausreichend (Nay, Grubenmann & Larcher Klee, 2008). In einer Institution ist die enge Verwobenheit von Aspekten der Beziehung und der Organisation zu beachten.

Die Entwicklung hoher Interaktionsfähigkeiten darf sich allerdings nicht nur auf die Säuglinge und Kleinkinder selbst beziehen, sondern muss auch die Interaktion mit den Eltern und den Fachkräften im Team einschließen. Auch hier ist responsive Interaktion wesentlich für eine hohe Qualität der pädagogischen Arbeit.

Responsive Interaktion der Fachpersonen in den unterschiedlichen Situationen des Alltags mit Kindern, Eltern und im Team einer Kinderkrippe oder KiTa ist zentraler Teil der pädagogischen Prozessqualität. Diese ist abhängig auch von Merkmalen der so genannten Strukturqualität, zu der Merkmale zählen wie Gruppengröße, die faktische Fachkraft-Kind-Relation und die Professionalisierung der Fachpersonen (Viernickel & Fuchs-Rechlin, 2015).

Im vorliegenden Lehrbuch soll systematisch aufgezeigt werden, was Responsivität in den unterschiedlichen Situationen in der Kinderkrippe genau bedeutet und wie die erforderlichen Interaktionskompetenzen, die in ihrer Summe als *Professionelle Responsivität* bezeichnet werden, für die pädagogische Arbeit in der Kinderkrippe systematisch aufgebaut werden können.

Im *ersten* Kapitel wird der schillernde Begriff der Responsivität aus unterschiedlichen Fach-Perspektiven beleuchtet. Es werden die relevanten Aspekte für den Professionskontext der Kinderkrippe geklärt und abgeleitet, was „Professionelle Responsivität" genau ist.

Im *zweiten* Kapitel stehen die Fachpersonen und ihre professionelle Arbeit mit kleinen Kindern in der institutionellen Tagesbetreuung im Mittelpunkt. Thematisiert werden die Risiken von sozialer Kälte und Cool-out-Phänomenen in einem „sozial verbrauchenden Beruf".

Im *dritten* Kapitel wird in drei Teilen das Wissen dargelegt, das Fachpersonen in Krippen und KiTas für die Interaktion mit dem Kind benötigen:

- Es werden zunächst die Strategien der intuitiven Didaktik (M. & H. Papoušek, 1987) beschrieben sowie zahlreiche Ansätze, die sich dieser Strategien in einer reflexiven Weise bedienen: die Pikler-Pädagogik, die Video-Home-Trainings Marte Meo (Aarts) und SPIN (Biemans), das Kinaesthetics Infant Handling (Maietta & Hatch) und die Sprachtherapie für kleine Kinder (Zollinger).
- Thematisiert werden die Veränderungen der Interaktionen mit dem Kind/der Kindergruppe unter den Perspektiven Kultur, Gender, Entwicklung und Behinderung.
- Möglichkeiten der responsiven Gestaltung von Erzähl-Interaktionen, Pflege-Interaktionen und Interaktionen bei herausfordernden Verhaltensweisen von kleinen Kindern wie Beißen werden exemplarisch diskutiert.

Im *vierten* Kapitel steht die Responsivität der Fachperson gegenüber den Eltern/der Familie im Fokus. Fachpersonen müssen mit den unterschiedlichen Perspektiven, die Eltern in Bezug auf ihre Kinder einnehmen können, mit möglichen Empfindsamkeiten der Mütter und Väter, aber auch den Herausforderungen von Elternschaft vertraut werden. Benötigt wird insbesondere eine Schulung in Hinblick auf den im Professionsalltag erforderlichen Generationsperspektivwechsel. In der KiTa kann es vielfältige Beschämungsrisiken und Ängste vor Gesichtsverlust im Kontext der Zusammenarbeit mit Eltern geben.

Im *fünften* Kapitel werden beispielhaft konkrete, zum Teil auch unbequeme und ungewöhnliche Wege vorgestellt, wie die Kernkompetenz der Professionellen Responsivität entwickelt werden kann. In drei Teilen wird erläutert, wie sich Responsivität aufbauen lässt in Bezug auf

- die Kinder,
- die Eltern/Familien
- die Entwicklung eines wissenschaftlich reflexiven Habitus.

An vielen Stellen im Buch ist von „Krippen und KiTas" die Rede. Wo neben der Krippe auch die KiTa genannt ist, sollen die vielen KiTas mit Nestgruppen oder KiTas, die mit unterschiedlichen Formen der Altersmischung arbeiten, als Gruppe deutlicher werden.

Das Konzept der Professionellen Responsivität wurde vor dem Hintergrund intensiver Kontakte zur pädagogischen Praxis entwickelt: Ich danke daher den Krippenfachkräften und Leitungen aus Freiburg, Reutlingen, Weinheim, Heidelberg und Mannheim, den Tagespflegeeltern aus Heidelberg, den Fachlehrkräften an den Fachschulen für Sozialpädagogik in Baden Württemberg sowie meinen Kolleginnen und Kollegen von der Evangelischen Hochschule Freiburg, der Pädagogischen Hochschule Heidelberg und der Universität Münster für die vielfältige und inspirierende Unterstützung.

Mein besonderer Dank geht an Absolventinnen des Studiengangs Frühkindliche und Elementarbildung (Felbi) an der PH Heidelberg und ganz besonders an Birgit Brombacher, Milly Mille, Annika Soetebier, Aline Rapp, Cornelia Pelz, Nora Schwender, Robin Böhm, Stefanie Degenhard, Franka Halim, Hannah Kletting, Bea Kokula, Sae Kyung Lee, Susanne Mann, Natalie Münch, Stefanie von Palm, Dana Panitzsch-Nittel, Julia Penzkofer, Sarah Rechsteiner, Franziska Renner, Lisa Rösch, Stefanie Seger, Anke Sturm, Katharina Vucenovic, Verena Wegmann und Ulrike Wenger.

Vertiefungen und Weiterentwicklungen des Konzepts der Professionellen Responsivität, die sich auch in der vorliegenden zweiten Auflage niedergeschlagen haben, entstanden vor dem Hintergrund einer intensiven Dialogkultur in Netzwerken wie dem Bundesnetzwerk Fortbildung Kinder bis drei: Hier geht ein besonderer Dank an Veronika Bergmann, Sozialpädagogisches Fortbildungszentrum am Landesjugendamt Rheinland-Pfalz. Ich danke allen engagierten Kolleginnen und Kollegen im regionalen Netzwerk QuiKK für mehr Qualität in Kinderkrippen und in der Kindertagespflege, Freiburg Südbaden, die sich in die thematischen Arbeitsgruppen einbringen. Überaus anregend waren und sind die Diskussionen zum *Bildungsort Mahlzeit* mit Kariane Höhn, Abteilungsleiterin der städtischen Kitas in Reutlingen, zum Thema der *Herausforderungen um den Kinderschlaf* mit Maren Kramer, MA Kindheitspädagogin, Krippenleitung, und zum *Handling* mit Anna Ower, MA Kindheitspädagogin, Fachschullehrerin.

Dank auch an die GAIMH Group, die sich im Forschungsinstitut Verhaltensbiologie des Menschen bei Dr. Gabriele Haug-Schnabel und Dr. Joachim Bensel trifft.

1 Was ist Professionelle Responsivität?

Das *Responsivitätsprinzip* wird heute in vielen Disziplinen als bedeutsam eingeschätzt. So erscheint Responsivität als ein zentraler Begriff in der Demokratieforschung, in Kunst, Architektur, Robotik, Therapiewissenschaften und Medizin sowie in Pädagogik, Psychologie und Philosophie. Responsivität kann sich auf Personen in jedem Lebensalter, aber auch auf Gruppen, Systeme und Organisationen beziehen. Immer steht im Mittelpunkt, wie gut eine Abstimmung gelingt: Wie gut stimmt sich die Mutter auf ihr Kind ab, der Politiker auf seine Wähler, der Künstler auf sein Publikum, ein Gesundheitssystem auf seine Adressatinnen und Adressaten (Gutknecht, 2010)? Grundsätzlich lässt sich der Begriff Responsivität von der Bedeutung her zurückführen auf das lateinische „respondere" = antworten, oder auf die „response" = Antwort. Das Hauptwort Responsivität kann mit „Antwortlichkeit" oder „Antwortverhalten" übersetzt werden.

Im Folgenden werden unterschiedliche Perspektiven auf Responsivität dargestellt, Bedeutung und Inhalte einer Professionellen Responsivität von Fachkräften in Krippen und KiTas herausgearbeitet. Eine tragende Basis ist dabei die intuitiv-didaktische Verhaltensstrategie. Die Fachkraft-Kind-Beziehung unterscheidet sich allerdings in vielen Aspekten von der Eltern-Kind-Beziehung, daher soll darauf zunächst genauer eingegangen werden.

1.1 Die Fachkraft-Kind-Beziehung und ihre Besonderheiten

Fachkräfte in der Kinderkrippe arbeiten mit den ihnen fremden Kindern in der Regel in einem Gruppen-Setting. Häufig stehen die Kinder in einem altersmäßig engeren Abstand zueinander, als es in der Familie der Fall ist. Die Kinder kommen vielfach aus unterschiedlichen (sub)kulturellen Kontexten oder haben einen vollkommen anderen sozio-ökonomischen Hintergrund, als es der der Fachpersonen ist. Fachkräfte in der Krippe sind zudem weder die ersten noch die wichtigsten Bezugspersonen im Leben eines Kindes (Clarke-Stewart & Allhusen, 2005). In der institutionellen Betreuung sind die Gefühle der Fachpersonen von hoher Relevanz, wie die Bindungsforscherin Karin Grossmann feststellt:

> *Das Zusammenleben mit Kleinstkindern und deren sozial-emotionale Bedürfnisse lösen viele emotionelle Reaktionen der Betreuer aus, Mitleid, Ärger, Trost, Zärtlichkeit, usw. In der Familie oder in der Verwandtschaft des Kindes findet sich in den meisten Fällen nur derjenige zur Betreuung des Kindes bereit, der das Kind lieb hat, also bereit ist, die emotionale Zuwendung oder Gefühlsarbeit zu leisten. Erzieherinnen können diese „emotionale Arbeit" je nach Persönlichkeit und Berufsverständnis entweder bereitwillig leisten oder sie durch Versachlichung und Ent-Individualisierung der Kinder vermeiden. (Grossmann, 1999, S. 166)*

Anders als Kinder im Vorschulalter profitieren Kinder bis drei Jahren – insbesondere bei emotionalem Unwohlsein – kaum von verbalen Hilfen, Erklärungen, Zeitperspektiven und Zielvorstellungen der Fachperson. Auf die erwachsene Fachperson sind sie aber in erhöhtem Maße angewiesen, denn ihre Kooperationsfähigkeit mit Gleichaltrigen ist noch sehr gering. Die Beziehung, die die Fachperson mit den Säuglingen und Kleinkindern in einem professionellen Kontext pflegt, verlangt Einfühlungsvermögen, Herzlichkeit und Wärme, ein insgesamt hohes Maß an eigener emotionaler Expressivität.

Fachpersonen sollen den Kindern Sicherheit bieten, eine sichere Basis für Explorationen. Es bleibt aber im Regelfall eine Beziehung *auf Zeit*, in der eine Trennung vorprogrammiert ist. Kritisch ist zu betrachten, ob es beispielsweise die Aufgabe der Fachperson ist, Bindungsdefizite von Kindern zu kompensieren, wenn sich daran Hoffnungen und Erwartungen knüpfen, die sich auf längere Sicht gar nicht erfüllen lassen. Für die Ausbildung von Fachpersonen wird daher als fraglich eingeschätzt, ob angesichts des viermal so hohen Einflusses der Eltern auf die Entwicklung des Kindes im Vergleich zur Fachperson in der Krippe und den hohen Fluktuationsraten im professionellen Feld von „Bindungsähnlichkeit" oder „bindungsähnlicher Beziehung" gesprochen werden kann (Ahnert, 2007). Bei der aktuellen Debatte um Bindung und Bildung bleibt vielfach vage, wie das ko-regulative und ko-konstruktive Verhalten der Pädagogin in den vielen unterschiedlichen Alltagsinteraktionen gestaltet werden soll. Direkte Auswirkungen auf die Bildungsprozesse, die sich im institutionellen Kontext vollziehen, haben zudem auch Faktoren wie die Gestaltung der Beziehung der Fachpersonen zu den Eltern und die Teamkommunikation. Bildung setzt demnach ein Verständnis von pädagogischer Qualität voraus, in dem prozessuale (z. B. Erzieher-Kind-Interaktion, Erzieher-Erzieher-Interaktion, Erzieher-Eltern-Interaktion) und kontextuelle Dimensionen (z. B. Professionalisierung und Vergütung der Fachkräfte, Qualität der Leitung der Einrichtung, Erziehungsklima) im Zentrum stehen müssen (vgl. Hacker & Heimann, 2008).

Eine unzulässige Engführung wäre daher, wenn die aufzubauende Interaktionskompetenz einer Professionellen Responsivität nur in Hinblick auf das Kind betrachtet würde und die diversen Kontexte, in denen Fachpersonen handeln müssen, nur ungenügende Berücksichtigung fänden. Ansonsten besteht die Gefahr, Praxisphänomene im Bereich Interaktion in erster Linie in Zusammenhängen von Psycho- oder Gruppendynamik oder hinsichtlich des biografischen Hintergrundes der Beteiligten zu betrachten. Damit würde man aber der Komplexität professionellen Handelns nicht gerecht werden (Heuring & Petzold, 2004). Die Professionelle Responsivität der Fachkraft in der Kinderkrippe muss als zu erreichende Kernkompetenz darum umfänglicher konzeptualisiert werden als in Forschungsbereichen, die sich vorrangig auf die Mutter-Kind-Dyade konzentrieren.

1.2 Responsivität in der Bindungsforschung

Im Diskurs der Frühpädagogik wird oft ganz selbstverständlich davon ausgegangen, dass es sich bei „Responsivität" um einen Begriff aus der Bindungstheorie handelt. Dort wird Responsivität vielfach gleichgesetzt mit Feinfühligkeit. Unter einem feinfühligen und somit responsiven Verhalten wird verstanden, dass eine Bezugsperson

1. die Signale des Kindes erkennen,
2. angemessen interpretieren und
3. prompt und feinfühlig beantworten kann.

Wenn Feinfühligkeit und Responsivität nicht synonym verwendet werden, wird zwischen den beiden Begriffen oft in folgender Weise differenziert: Die rasche und prompte Reaktion auf das Kind wird als responsiv bezeichnet und durch das Beiwort „sensitiv" oder „feinfühlig" ergänzt, um die Qualität der Antwort herauszustellen: Feinfühlige Responsivität oder Sensitive Responsivität (Remsperger, 2009). Auf der Basis der Bindungstheorie entstanden unterschiedliche Konzeptionen für ein Training der Responsivität von Eltern oder auch pädagogischen Fachkräften.

1.2.1 Responsivitätstrainings mit Müttern und Eltern

Auf der Basis der Ergebnisse der Eltern- und der Bindungsforschung sind unterschiedliche Ansätze zur meist videogestützten Interaktionsberatung entwickelt worden. Diese sollen Müttern/Eltern helfen, ihre intuitiv-didaktischen Fähigkeiten zu entwickeln oder zu reaktivieren. Interaktionsberatungen sind einerseits im Zusammenhang von Mutter-Kind-Psychotherapien, andererseits in Beratungskontexten zur Frühförderung behinderter und von Behinderung bedrohter Kinder (Autismus, Down Syndrom, Frühgeborene) und der Jugendhilfe (Prävention von Kindesmisshandlung) ausgearbeitet worden. Diese Form der Beratung konzentriert sich konsequent auf die Beziehung zwischen Mutter/Eltern und Kind. Mobilisiert werden sollen dialogische Verhaltensbereitschaften, die das Kind in seiner Initiative stärken und es beim Erwerb neuer Fähigkeiten unterstützen (Gutknecht, 2011). Es wird ausführlich geübt, die Verhaltenssignale von Babys und Kleinkindern wahrzunehmen und ihre Bedeutung zu entschlüsseln (Gregor & Cierpka, 2004; Ziegenhain, Fries, Bütow & Derksen, 2006). Merkmale von Belastung oder Offenheit der Babys und Kleinkinder sollen erkannt werden, um damit eine Verbesserung der wechselseitigen Interaktion zu erreichen. Die Interaktionsberatung ist als Feinfühligkeitstraining der Mütter/Eltern konzipiert. Auch Verfahren wie das von Erickson und Egeland (2009) entwickelte Programm STEEP (Steps Toward Effective Enjoyable Parenting) richten sich präventiv an Eltern, wollen gezielt responsives/feinfühliges Verhalten bei ihnen aufbauen, um Kindeswohlgefährdungen vorzubeugen.

Vor diesem Hintergrund muss auch der Responsivität der pädagogischen Fachperson eine hohe Priorität eingeräumt werden. Dies betrifft ihre Fähigkeit, eine emotionale Beziehung zum Kind aufzubauen, sowie ihre Möglichkeiten, die Initiativen des Kindes in Spiel, Sprache und Bewegung in spontaner Weise aufzunehmen. In achtsamer Weise müssen dabei Verarbeitungstempo und -niveau des Kindes berücksichtigt werden (vgl. Sarimski, 2005).

1.2.2 Das Konzept der Sensitiven Responsivität

Auf der Grundlage von Ainsworths bindungstheoretischem Feinfühligkeits-Konzept fordert Remsperger von den Fachkräften in KiTas eine „Sensitive Responsivität" in Bezug auf das Kind (Remsperger, 2011). Zu den übergeordneten Komponenten Sensitiver Responsivität zählen die Promptheit der Reaktion, das Eingehen und Dabei-Sein, der Umgang mit Stimmungen und Emotionen, das Wertschätzung-Zeigen und Loben, die Stimulation, das Spiegeln und das Fragen. Jede der genannten Komponenten besteht aus weiteren Unterkategorien. Wenn also Sensitive Responsivität bedeutet, dass die Erzieherin „Dabei-Sein" zeigen soll, so ist dies zum Beispiel daran abzulesen, dass sie Aufmerksamkeit und Interesse zeigt, darauf achtet, dass die Kinder etwas verstehen, dass sie Freude, Begeisterung und Spaß mit den Kindern teilt sowie Themen mit eigenem Lebensweltbezug einbringt (Remsperger, 2011; Gutknecht, 2014a). Indikatoren einer fehlenden Sensitiven Responsivität sind z. B.: gehetzt und ungeduldig sein, abwesend, gleichgültig und desinteressiert wirken. In ihrer Video-Studie kommt Remsperger zum Ergebnis, dass sich „Sensitive Responsivität" sowohl unabhängig vom Erziehertyp als auch unabhängig von der Art der pädagogischen Situation gestaltet (Remsperger, 2011).

Bei dieser Konzeptualisierung werden eher allgemeine Verhaltensweisen der Fachpersonen betrachtet. Es besteht dadurch die Gefahr, dass Responsivität mit einem freundlichen, zugewandten Verhalten gleichgesetzt wird und die situations- und inhaltsspezifischen Anforderungen an responsives Verhalten im Kontext KiTa unterbestimmt bleiben. So ist beispielsweise beim Füttern durchaus ein anderes Know-how notwendig (Bodeewes, 2003) als beim Erzählen (Hausendorf & Quasthoff, 2004). Die grundsätzliche Qualität in der sprachlichen Anregung zeigt sich darin, ob die Fachkräfte im Dialog tatsächlich die Zone der nächsten Entwicklung treffen und Scaffolding-Strategien einsetzen (Vygotsky, 2002; s. a. Katz-Bernstein, 2003; Gutknecht, 2010; Zollinger, 2015). Das Antwortverhalten auf der Ebene von Berührung und Bewegung erfordert spezifische Kompetenzen insbesondere in der Arbeit mit Kindern mit Behinderungen, ein Bereich, der ausgeblendet bleibt. Auch ist die responsive Interaktion mit den Eltern und im Teamzusammenhang nicht Gegenstand des Konzepts.

1.3 Responsivität und intuitive Didaktik

Die intuitive Didaktik, die Bezugspersonen in der Interaktion mit ihren Babys und Kleinkindern nutzen, wird von Mechthild Papoušek in ihren Schriften als ein didaktisch optimal anpassungsfähiges Modell für frühpädagogisches und frühtherapeutisches Handeln bezeichnet (M. Papoušek, 2008, S. 181). Viele Wissenschaftler/innen und Praktiker/innen sind ihr in dieser Einschätzung gefolgt. Unter intuitiver Didaktik wird das Zusammenspiel von biologisch verankerten Fähigkeiten und Motivationen verstanden, die sowohl auf Seiten des Säuglings als auch der Eltern angelegt sind und einander auf erstaunliche Weise ergänzen (M. Papoušek, 2008). Die intuitive Didaktik gilt als Teil des artspezifischen, überlebenswichtigen Brutpflegeverhaltens. Die Eltern, aber auch – und dies wird immer betont – *andere Bezugspersonen* zeigen im Umgang mit Säuglingen und Kleinkindern „intuitive Kommunikationsfähigkeiten". Diese sind in ihren Grundmustern von Sprechweise, Stimme und sensorischer Stimulation universell und treten kulturübergreifend auf. Sie sprechen mit heller Stimme, sie wiegen das Kind und regulieren damit seine Emotionen, sie heben die Augenbrauen zu einer Grußreaktion.

Responsivität wird in diesem Konzept in gleicher Weise wie in der Bindungsforschung definiert als ein Abstimmungsverhalten. Es ist dadurch gekennzeichnet, dass sich Eltern und andere kindliche Betreuungspersonen von den kindlichen Signalen leiten lassen und diese prompt und kontingent beantworten (vgl. Papoušek & Papoušek, 1987). Das Interessante an der Konzeption der intuitiven Didaktik ist, dass dort eine Vielzahl konkreter Verhaltensweisen beschrieben worden ist, wodurch sich der recht allgemeine Begriff der Abstimmung genauer klären lässt. Was bedeutet also Abstimmung beim Vorlesen von Bilderbüchern oder beim gemeinsamen Singen oder beim Füttern von kleinen Kindern?

Auch eine andere Frage gerät in den Blick: Unter welchen Bedingungen ist es möglich, dass Eltern ihre intuitive Didaktik verlieren? Hier sind in den vergangenen Jahren mögliche unmittelbare Bedingungsfaktoren identifiziert worden wie z. B. die Depressivität der Mutter, ausbleibende oder verzögerte Feedback-Signale des Kindes aufgrund von Frühgeburtlichkeit oder Behinderungen, Störungen der Regulationsfähigkeit des Kindes. Als mittelbare Bedingungsfaktoren wurden insbesondere schwerwiegende sozio-ökonomische Schwierigkeiten der Familie bei mangelnder Einbindung in soziale Netzwerke ausgemacht.

Insbesondere Studien, die die Wirksamkeit von Interventionen im Kontext der Frühförderung behinderter und von Behinderung bedrohter Säuglinge und Kleinkinder nachweisen wollten, haben belegt, dass der Responsivität der Mütter bzw. Eltern eine zentrale Bedeutung zugewiesen werden muss. Anhand von videografierten Interaktionsaufnahmen konnte man das responsive Verhalten auf Seiten der Kinder und der Mütter/Eltern konkret beschreiben und als Wirkfaktor nachweisen. Entscheidender Auslöser dieser Forschungen waren die Ergebnisse einer Metaanalyse von 105, meist aus dem anglo-amerikanischen Raum stammenden Studien von Dunst, Snyder und Mankinen (1989). Die empirische Analyse der Entwicklungsförderung in Institutionen hatte Folgendes ergeben:

- Es konnten keine spezifischen pädagogischen, psychologischen oder medizinischen Methoden gefunden werden, die wirksamer waren als andere.
- Frühförderung zeigte bei Kindern mit schweren organischen Behinderungen kaum Effekte.
- Bei medizinisch-therapeutischen Maßnahmen wie Physio- und Ergotherapie konnten kaum Effekte nachgewiesen werden.

Das waren ernüchternde Ergebnisse. Allerdings wurde an den von Dunst et al. (1989) analysierten Studien kritisiert, dass die Effektivität von Frühförderung ausschließlich an konkret messbaren Entwicklungsfortschritten bei den Kindern gemessen worden sei (Peterander, 2002). Dabei seien Veränderungen, die auf der Verhaltensebene und in der sozialen Interaktion der Kinder beispielsweise durch Frühförderung erreicht werden können, vernachlässigt worden. Bei einer Identifizierung möglicher Wirkfaktoren müsse die vielfältige Beziehungsarbeit in den Vordergrund gestellt werden, in der sich die pädagogische Arbeit vollziehe (Weiß, 2002). Anfang der 1990er Jahre erfolgte aus diesem Grund in vielen Ländern Europas im Bereich der Frühförderung für behinderte und von Behinderung bedrohte Kinder ein Paradigmenwechsel hin zu familien- und beziehungsorientierten Ansätzen. Dies hatte eine Abkehr von Funktionstrainings und Übungsprogrammen zur Konsequenz, die frühförderpädagogische Arbeit bis dahin häufig dominierten. In diesen Trainings waren Eltern in erster Linie in ihrer Funktion als „Ko-Therapeuten" wahrgenommen worden. Durch die neueren Ergebnisse der Säuglingsforschung kam zunehmend in den Blick, dass die ko-regulativen Mechanismen zwischen Bezugspersonen und Kindern unterstützt werden müssen (M. Papoušek, 2008). Folgende Faktoren wurden identifiziert, die sich sowohl in der Arbeit mit nichtbehinderten wie behinderten Kindern als entwicklungsförderlich erwiesen haben (vgl. Hintermair, 2003):

- die Responsivität vor allem der Mütter im Spiel und im alltäglichen Kontakt mit dem Kind,
- die Stiftung eines Sicherheit gebenden Beziehungs- und Orientierungsrahmens,
- die Aktivierung der intuitiven Didaktik.

In dieser Auflistung wird responsives Verhalten ebenso wie die „Holding Matrix", die haltende Umgebung – Begriffe, die auf Winnicott (1969) zurückgehen –, explizit neben der intuitiven Didaktik genannt. Offensichtlich müssen die Verhaltensweisen, die innerhalb des Konzepts der intuitiven Didaktik identifiziert worden sind, abgestimmt – responsiv – gezeigt werden und (!) im Kontext eines „haltenden Sicherheitsrahmens" erfolgen.

1.4 Responsive Krippenpädagogik

Konzeptualisierungen zur Responsivität der Fachpersonen in Kinderkrippen entwickelten die Erziehungswissenschaftlerin Leavitt und die Entwicklungspsychologin Krause Eheart bereits Mitte der 1980er Jahre in ihrem Fachbuch „Toddler day care – A guide to responsive caregiving" (1985). Kritisiert werden dort Programme, in denen „akademische" Leistungen und Erfolge der Kinder überbetont werden, während ein Training der betreuenden Fachkräfte im Sinne eines entwicklungspsychologisch fundierten und kindzentrierten Ansatzes unterschätzt werde. Fachpersonen in der Kinderkrippe müssen danach lernen, auf der Basis entwicklungspsychologischer Kenntnisse nicht direktiv, sondern responsiv in ihrer täglichen Arbeit mit Säuglingen und Kleinkindern zu agieren. Nach Leavitt und Krause Eheart (1985) benötigen Fachpersonen eine Ausbildung, um responsive Entwicklungsspezialistinnen für Säuglinge und Kleinkinder zu werden. „Responsive Caregiving" als Qualitätsmerkmal professionellen Handelns ist auf die Erfordernisse der Alltagspraxis in der Kinderkrippe zugeschnitten. Betont wird die emotionale Engagiertheit der Fachperson, aber auch die Förderung der Kinder in den täglichen Routinen. Des Weiteren werden die responsive Arbeit mit den Eltern und die Notwendigkeit einer kulturellen Responsivität betont. Auch der sensible Umgang mit den Übergängen im Alltag der Kinderkrippe wird in den Blick genommen. Gemeint sind hier neben Eingewöhnung, Gruppen- oder Institutionswechsel auch Übergänge im Tagesrhythmus wie beispielsweise von der Phase des Mittagsschlafs zum anschließenden Essen oder Spielen.

Bei diesem Konzept ist die Annahme zu kritisieren, dass direktives Vorgehen grundsätzlich negativ und responsives Vorgehen grundsätzlich positiv zu bewerten sei. Responsivität bedeutet aber ja gerade, dass eine Fachperson in der Kinderkrippe oder KiTa mit Altersmischung flexibel einschätzen kann, wann sie im Interaktionskontext Verhaltensmöglichkeiten erweitern oder verengen muss, wann sie dirigieren und wann sie freilassend sein muss, wann eher ihre Aktivität und wann eher Passivität erforderlich ist. Denn: Säuglinge und Kleinkinder brauchen den Erwachsenen in besonderer Weise als ko-regulierenden Anderen. Dieser Andere ist am effektivsten, umso kompetenter er in Bezug auf das jeweilige Sachgebiet der Interaktion und umso sensitiver/responsiverer gegenüber dem Lernenden ist (vgl. Holodynski, 2007).

1.5 Die Vielfalt der Antwortregister

Ein responsives Beziehungsverhältnis ist charakterisiert durch die wechselseitige Beeinflussung der Akteure. Wechselseitigkeit ist ein typisches Merkmal der Interaktionen von lebenden Systemen, deren Bestandteile sich in einem dynamischen Austausch „engagieren", sich abstimmen, anpassen (Hatch & Maietta, 2003) und miteinander eine Zone der Regulation oder Balance finden können. Berühmt ist in diesem Kontext der Vergleich des Anthropologen Bateson, der betont, dass Lebewesen über ein eigenes Verhalten verfügen: „Es hat durchaus unterschiedliche Konsequenzen, ob man gegen einen Stein oder gegen einen Hund tritt" (Bateson, zitiert nach Hatch & Maietta, 2003, S. 15). In Interaktionsprozessen von Menschen spielen aber auch Imaginationen, Phantasie und Vorstellungen eine Rolle. Von daher findet man in Architektur und Kunst ebenfalls den Begriff der Responsivität, dort sogar explizit auch in einer Interaktion mit Dingen. Den Gegenständen muss dabei freilich etwas hinzugefügt werden, damit sie „antworten" können. Sie brauchen eine technische Ausrüstung oder einen Künstler, der ihnen Leben einhaucht. Responsivität als wechselseitiges Antwortverhalten kommt dann durch Simulationen, Prozesse des So-tun-als-ob, durch Symbolisierungen zustande. Ein solcher Weg wird insbesondere in der Ausbildung von Künstlern beschritten. Dort wird viel Zeit und Intensität darauf verwendet, zu einer Interaktion von Farbe und Klang, Interaktion mit dem Raum zu gelangen. In der künstlerischen Auseinandersetzung wird versucht, den Gegensatz von leblosem Material und organischer Wärme zu verwischen. Der Philosoph und Phänomenologe Waldenfels geht in seinem Werk „Antwortregister" (2007) denn auch von einer grundsätzlichen Responsivität des Menschen aus, die sich sprachlich und außersprachlich in vielen unterschiedlichen Registern zeigt.

Responsivität in Haltungen und Einstellungen

Abstimmungsprozesse zwischen Menschen gibt es auch in puncto Einstellungen und Haltungen. So betrachtet man in der Demokratieforschung die Responsivität von gewählten Abgeordneten in Bezug auf ihre Wähler und Wählergruppen. Uppendahl (1981) betont dabei, dass Abstimmung *nicht* hundertprozentige Angleichung bedeutet. Es gilt vielmehr, eine Balance zu halten zwischen Sachverstand und Vorstellungen des Publikums. Unter Rezeption des Responsivitätsbegriffs aus den Politikwissenschaften bemühen sich heute zahlreiche Institutionen um Responsivität im Sinne einer optimierten Abstimmung auf die jeweilige Klientel. So arbeitet die Universität Kapstadt auf der Basis eines Social Responsiveness Reports (University of Cape Town, 2003), die WHO überprüft Gesundheitssysteme auf der Basis eines Responsiveness Indexes (WHO, 2000), Schulen verpflichten sich zu einer Kulturellen Responsivität (Villegas & Lucas, 2002). Als Hürden für eine gute Responsivität von Abgeordneten werden in den Politikwissenschaften insbesondere folgende Faktoren eingeschätzt (Uppendahl, 1981):

- ein zu geringer Bildungsstand,
- ein begrenzter Erfahrungsschatz,
- ideologische und dogmatische Positionen.

Responsivität im Bereich der Sinneswahrnehmung

In den medizinischen Therapieberufen wie beispielsweise der Ergotherapie wird Responsivität als ein Antwortverhalten betrachtet, das im Sinne eines Zuviel oder Zuwenig zu bewerten ist. Sehr anschaulich lässt sich dies anhand des Konzepts der Sensorischen Integration (Ayres, 2008) erläutern, das im Rahmen der integrativen/inklusiven Pädagogik auch in vielen KiTas verbreitet ist. Die Sensorische Integration wird in der Ergotherapie insbesondere bei Kindern mit allgemeinen Entwicklungs-, Regulations- oder Wahrnehmungsschwierigkeiten eingesetzt. Kinder werden hier dahingehend beobachtet, wie sie mit Sinneseindrücken umgehen, genauer, wie sie auf Sinneseindrücke „antworten". Die Sinne eines Menschen werden dabei folgendermaßen unterschieden:

- Nah- oder Basissinne sind: der Tastsinn, der Gleichgewichtssinn und die Propriozeption (muskuläre Tiefensensibilität).
- Fernsinne sind: Sehen und Hören.
- Eine Zwischenposition nehmen Riechen und Schmecken ein.

Störungen der Sensorischen Integration zeigen sich insbesondere in der Informationsverarbeitung der Basissinne.

- Meidet ein Kind auffällig bestimmte Sinnesreize, wird dies als *Hyperresponsivität*, Überinformiertheit interpretiert. Ein solches Kind ist überempfindlich, hypersensibel. Es kann zum Beispiel leichte Berührungen nur schwer ertragen, sondern nur feste, klare Berührungen verarbeiten. Beim Fahren auf einem Karussell reagiert es schon bei einem langsamen Tempo mit Übelkeit, weil es die Gleichgewichtsirritation nicht verarbeiten kann.

- Suchen Kinder auffällig nach bestimmten Sinnesreizen, wird von *hyporesponsiven* oder unterinformierten Kindern gesprochen. Sie nehmen zu wenig wahr und suchen daher oft nach starken Reizen. Wenn ein solches Kind sich z. B. häufig auf dem Boden wälzt, „Schlange" spielt, kann dies ein Hinweis darauf sein, dass es nach propriozeptiven und taktilen Informationen „sucht". Beim Karussellfahren kann es diesen Kindern nicht schnell genug gehen.

Tab. 1: Taktile Hyper- oder Hyporesponsivität (nach Ayres, 2008; Dunn, 2006)

	Hyperresponsivität	Hyporesponsivität
Sensorik	• Meidung taktiler Reize • bei Berührungen im Gesicht Schmerzempfindung • Muskeltonuserhöhungen • unzureichende Diskrimination und Lokalisation von Berührungsreizen • Abwehrreaktionen beim Spiel mit Fingerfarben	• Suche nach taktilen Reizen • mangelnde Wahrnehmung von Berührung mit Material, daher oft eingeschränkte Hand-Augen-Koordination • Unruhe und Unkonzentriertheit bei Beschäftigungen mit geringem taktilen Input
Motorik	• oft kein Krabbeln und Handflächenstütz • Verzögerung der Feinmotorik durch mangelnde Materialerfahrung • Schwierigkeiten beim Greifen/bei der Stifthaltung • keine isolierten Fingerbewegungen, Steifheit der Finger, Faustung • eingeschränktes orales Explorationsverhalten	• undifferenzierte Handmotorik • mangelnde Koordination der beiden Hände • Mängel in der isolierten Fingerbeweglichkeit • auffälliger mundmotorischer Explorationsdrang: Kinder nehmen alles in den Mund, lecken alles ab
Auffälligkeiten im Säuglings- oder Kleinkindalter	• extrem empfindliche Reaktion auf Berührungen, Schreien beim Eincremen, Haarewaschen, Nägelschneiden • Bevorzugung glatter, kalter Dinge vor Kuschelspielsachen • Umstellungsprobleme beim Wechsel zu fester Kost	• Probleme beim Stillen oder bei Flaschenernährung durch verminderte Saug- und Schluckbewegungen, • Mund wird „überfüllt", keine Grenze beim Essen

1.6 Fazit: Die zentralen Aspekte Professioneller Responsivität

Professionelle Responsivität bezeichnet die Gesamtkompetenzen von Fachpersonen in der Kinderkrippe bzw. KiTa im Bereich Interaktion. Im Folgenden sollen die zentralen Aspekte Professioneller Responsivität benannt werden.

Fokus der Professionellen Responsivität

Um eine hohe pädagogische Qualität umsetzen zu können, müssen Fachpersonen in der Kinderkrippe zu Spezialistinnen im Bereich *responsiver* Interaktion ausgebildet werden. Anders als in der entwicklungspsychologischen Literatur zur Bindung oder zum Elternverhalten bezieht sich hier die Responsivität auf:

- das Kind oder die Kindergruppe,
- Mutter/Vater/Eltern/Familie/Elterngruppe,
- Kollegen, Vorgesetzte, Netzwerkpartner, Team.

Fachpersonen haben gegenüber Kindern und Eltern/Familien die größere Verantwortung zur responsiven Abstimmung. Es ist ihre professionelle Aufgabe, responsiv zu sein. Die Fachlichkeit zeigt sich darin, in einem hohen Maß Gelingensbedingungen in Bezug auf Interaktionsprozesse herstellen zu können. Für alle drei Bereiche müssen Interaktionskompetenzen gezielt aufgebaut werden.

Stile der Professionellen Responsivität

Professionelle Responsivität beinhaltet umfassende Kompetenzen in den unterschiedlichen Interaktionsstilen von Kindern und Erwachsenen. Die Responsivität der Fachperson soll die Möglichkeiten des Gegenübers erweitern und es in seinen Ressourcen stärken. Ein herausragendes Fachwissen bildet die Grundlage für die Gestaltung und hochwertige Reflexion von Interaktionsprozessen.

In der Interaktion mit Säuglingen und Kleinkindern bedeutet Professionelle Responsivität die *reflexive* Umsetzung intuitiv-didaktischer Verhaltensweisen. Dies drückt sich in der sprachlichen, stimmlichen, musikalischen und Bewegungsinteraktion der Fachperson aus. Kinder bauen in der Interaktion mit den vertrauten Bezugspersonen auch spezifische kulturelle Muster und soziale Scripts auf. Zentrale kulturelle Stile müssen in Hochschule, Fachschule oder Fort- und Weiterbildung verdeutlicht werden, damit die (angehenden) Fachpersonen sich auf diese Unterschiede einstellen können.

Die Fachperson steuert ko-regulativ das emotionale Erregungsverhalten des Kindes. Hier spielen die somato-psychischen Kompetenzen der Fachperson eine große Rolle. Diese umfassen insbesondere das Handling des Kindes in den Alltagsroutinen, die Fähigkeit zur Tonusimitation und -modulation auf den Ebenen von Stimme und Motorik sowie Berührungs- und Bewegungskompetenzen. Eine weitere Anforderung an die Fachperson besteht darin, dass sie sich ko-konstruktiv an das Entwicklungsniveau des Kindes anpassen und die Zone der nächsten Entwicklung treffen muss.

In der Interaktion mit Erwachsenen spielt die Abstimmung insbesondere auf Kultur und Subkultur eine große Rolle, da Erwachsenen als Personen mit eigener Geschichte und gewachsener Identität zu begegnen ist. Die somato-psychische, aber auch die sprachliche Responsivität sind im Sinne von Synchronisation und Resonanz, aber eben auch von Komplementarität von hoher Relevanz. In der Interaktion mit Erwachsenen sind auch rhetorische Fähigkeiten in den wechselseitigen Abstimmungsprozessen von großer Bedeutung.

Fachpersonen in Krippe oder allgemein in einer KiTa müssen flexibel von der Interaktion mit Kindern auf die mit Erwachsenen umstellen können.

Wahrnehmung von Verhaltenssignalen

In der direkten Interaktion zwischen Fachkräften und Kindern, insbesondere wenn sie noch nicht über Sprache verfügen, ist die Einschätzung der körperlichen und emotionalen Ausdruckszeichen in Bezug auf Entspannung und Anspannung, Zugewandtheit und Abgewandtheit, Offenheit und Belastung von hoher Relevanz. Bei gelungener Wahrnehmung der Ausdrucks- und Körpersignale und ihrer angemessenen Interpretation lässt sich von Fachpersonen sowohl das „Timing" für pädagogische Interventionen besser einschätzen als auch der zu wählende Antwortmodus. Auch um sich auf Eltern/Familie und das Team responsiv abstimmen zu können, sind hohe Wahrnehmungsfähigkeiten erforderlich. Für den Ausbildungskontext muss sichergestellt sein, dass angehende Fachpersonen eine intensive Wahrnehmungsschulung erhalten.

Intensives emotionales Ausdrucksverhalten

Für die Interaktion mit kleinen Kindern ist ein erheblich höheres Maß an emotionaler Expressivität erforderlich als in der Interaktion mit Erwachsenen. Um das Antwortregister angehender pädagogischer Fachpersonen zu erweitern, wird der Zugriff auf Wissensbestände aus den Künsten, insbesondere den darstellenden Künsten für günstig eingeschätzt. Hier kann das „Spiel mit Responsivität" im didaktischen Sinn wichtig sein, um die erhöhte Ausdruckskraft zu erreichen. Eine große Rolle spielt auch die Erhöhung der Achtsamkeit für die Qualität der „Wärme" in Alltagsroutinen und Alltagsinteraktionen, die sich in Körper und Stimme in besonderer Weise ausdrückt. Neben dem sprachlichen spielt das somato-psychische Antwortverhalten insbesondere in Hinblick auf die emotionale und körperliche Spannungsregulation eine bedeutende Rolle: Gefühle haben immer eine körperliche Dimension, werden mit dem Körper ausgedrückt.

Antwortprozesse auf sprachlicher und nichtsprachlicher Ebene

Fachpersonen müssen über die Fähigkeit verfügen, das Erregungsniveau des Kindes/der Kindergruppe mit ihrem Muskeltonus, ihrer Atmung, ihrer Stimme oder ihrem Blick angemessen zu regulieren. Sie ziehen also unterschiedliche „Antwortregister". Das Wissen um Interaktionsmöglichkeiten in den unterschiedlichen Registern sowie dezidiertes Üben ermöglichen es der Fachperson, fließend in andere Register zu wechseln, wenn z. B. bei Kindern mit Behinderungen alternative Formen des interaktiven Austausches erforderlich werden. Als somato-psychische Responsivität wird das gesamte nonverbale Antwortverhalten bezeichnet, das sich in Atmung, Stimme, Blick, Körpertonus etc. zeigt.

In welcher Weise Erwachsene körpersprachlich interagieren, ist in hohem Maße kulturell überformt, sie geben diese kulturellen Spezifika an ihre Kinder weiter. Fachpersonen sollten hier insbesondere auf Synchronisation in Bewegung und Ausdruck geschult sein. Sprachliche Responsivität zeigt sich auch in einer moderaten Synchronisation mit dem sprachlichen Ausdrucksverhalten des Gegenübers.

Perspektiven Professioneller Responsivität

Die Abstimmung auf die Entwicklung von Kindern und Eltern, auf Kultur und Subkultur, auf Geschlecht/Gender oder auf das Vorliegen einer Behinderung stellen hohe Anforderungen an die Fachperson dar. Fachpersonen müssen viel über diejenigen wissen, auf die sie sich abstimmen wollen. In der Kinderkrippe erfordert dies beispielsweise Kenntnisse über die Auswirkungen von Erziehungsorientierungen wie Verbundenheit oder Autonomie, aber auch über Milieus als sozialen Lebenswelten. Die Reflexion eigener Ethnotheorien, Vorurteile und ungeprüfter subjektiver Theorien ist in allen Kontexten der Hochschul- und Fachschulbildung sowie in Fort- und Weiterbildung relevant. Geschult werden muss in Bezug auf einen Kompetenzzuwachs für responsive Verhaltensstrategien in ganz unterschiedlichen Kontexten: Gelingende Interaktion im Kontext der Malentwicklung sieht anders aus und wird anders gestaltet als im Bereich der Musik. Die responsive Gestaltung einer Fütterinteraktion unterscheidet sich von Wickelinteraktionen und diese wieder von Interaktionsprozessen im Kontext intuitiver Physik.

Wissenschafts- und Demokratiebasierung Professioneller Responsivität

Ideologien, dogmatische Positionen, ein geringer Bildungsstand und mangelnde Erfahrung gelten als Hürden für eine Professionelle Responsivität. Ein Responsivitätsverlust ist zu erwarten, wenn im Sinne der Theorie der kognitiven Dissonanzen (Festinger, 1978) eine Diskrepanz zwischen Vorannahmen, Einstellungen, eigenen Argumenten und den aufgenommenen Informationen eintritt. Das Aufdecken eigener Ethnotheorien, von Stereotypien und Vorurteilen sowie die Entwicklung eines wissenschaftlichen Habitus sind wesentliche Voraussetzungen für responsives Handeln. Eine mehrperspektivische Vorgehensweise soll zu einer Flexibilität befähigen, die Fachpersonen insbesondere davor bewahren soll, unreflektiert Ideologien zu folgen. Die Grundfragen „Was ist hilfreich?", „Können bestimmte Wirkungen auf unterschiedliche Weise erreicht werden?", „Welche Wirkannahmen werden in einem Ansatz vorgenommen?" lassen sich eher beantworten, wenn eine professionelle Haltung erarbeitet wird, die es erlaubt, neue Sichtweisen aufzunehmen und die berufliche Praxis zu modifizieren, wenn es Hinweise darauf gibt, dass inzwischen bessere Vorgehensweisen und Interventionen vorhanden sind als die bisher genutzten.

1.7 Literaturtipps

Clarke-Stewart, A. & Allhusen, V. D. (2005). *What we know about childcare. The developing child*. Cambridge: Harvard University Press.
Das Buch gibt einen sehr guten Überblick über die empirische Forschung zu allen Fragen rund um die außerfamiliale Kinderbetreuung im anglo-amerikanischen Raum.
Leavitt, R. & Krause Eheart, B. (1985). *Toddler day care: A guide to responsive caregiving*. Lexington, MA: Heath.
Immer noch lesenswert und sehr aufschlussreich: eine der frühesten Veröffentlichungen zur Responsiven Krippenpädagogik.
Papoušek, M. (2008). *Vom ersten Schrei zum ersten Wort: Anfänge der Sprachentwicklung in der vorsprachlichen Kommunikation* (5. Aufl.). Bern: Huber.
Papoušek, M., Schieche, M. & Wurmser, H. (2010). *Regulationsstörungen der frühen Kindheit: Frühe Risiken und Hilfen im Entwicklungskontext der Eltern-Kind-Beziehungen* (2. Nachdr.). Bern: Huber.
Zentral für die responsive Krippenarbeit sind diese beiden Werke, in denen die intuitive Didaktik zum einen im Kontext der Sprachentwicklung, zum anderen im Kontext der Emotionsregulation und der Regulationsstörungen thematisiert wird.

2 Die Fachpersonen in der Kinderkrippe oder KiTa

> *Damit ich nicht ohne Job dastehe, habe ich mich notfalls in einer Krippe beworben!! Dort bekam ich auch gleich 'nen Job!! Allerdings ging ich mit gemischten Gefühlen in die Einrichtung!! Es war ein innerlicher Kampf, denn eigentlich wollte ich dort NIE arbeiten!!! Nun bin ich dort und fühle mich sehr unwohl!!! Die Kinder schreien den ganzen Tag!! Es dröhnt fürchterlich in den Ohren!!! Mein Rücken schmerzt, weil ich die dicken Kinder ständig trage!!! Und ständig werfen die Kinder etwas herunter!! Wenn ich die Kinder beruhigen will, nehme ich sie auf den Arm und bekomme zum Dank das Mitagessen (sic!) von vor einer Stunde auf meine Kleidung!!! Ich geh innerlich kaputt dort!!! (Forum für Erzieher, 2008)*

Wer für den Bereich Krippe ausbildet, bildet für einen „sozial verbrauchenden" Beruf aus, der kraftzehrend, Burnout gefährdend, wenig angesehen und gering bezahlt ist. Häufig ist eine Arbeit unter schlechten Rahmenbedingungen die Berufsrealität. Das vorangestellte Statement einer „unfreiwilligen Krippenpädagogin", die ausgebildete Erzieherin ist, gibt hier einen Einblick. Es wurde nicht gewählt, um die mangelnde Professionalität zu beklagen. Es zeigt vielmehr sowohl die Not der Fachperson als auch ihre Selbstbezüglichkeit. Wie verhält sich eine solche Fachperson in der täglichen Arbeit mit den Kindern?

Der Grund, warum Professionelle Responsivität im Sinne eines zu erwerbenden Habitus aufgebaut werden muss, liegt insbesondere in der Diskrepanz zwischen den Befunden zum ungenügenden Interaktionsverhalten von Fachpersonen auf der einen Seite und den Befunden zu einem „universellen Programm intuitiver Verhaltensstrategien", über das jeder Mensch im Umgang mit Säuglingen und Kleinkindern automatisch verfügen kann. Unabhängig von der Untersuchungsmethode liegt eine Vielzahl von Belegen vor, dass der Institutionskontext eine Matrix der Gefährdung bieten kann, dass Fachpersonen sich nicht intuitiv-didaktisch verhalten, sie keine Wärme und Herzlichkeit zeigen und sie abstumpfen. Das sind ernste Risiken, denen mit hoher Professionalität begegnet werden muss. Diese Risiken sollten unbedingt in den unterschiedlichen Bildungskontexten für (angehende) Fachpersonen thematisiert werden. Gelingensbedingungen für Responsivität, aber auch ihre Gefährdungen müssen im Berufsfeld bekannt sein. Das bewusste Einüben responsiver Berührungen und responsiver Sprache kann einen Schutzfaktor für Säuglinge und Kleinkinder darstellen, aber auch für die Fachperson selbst.

Der Diskurs um mögliche Gefährdungen von Kindern bis drei Jahren durch institutionelle Betreuung wurde in den Industrieländern zunächst insbesondere um Kinder in Kinderheimen geführt. Vielfach sind Erfahrungen, die man dort gemacht hatte, unzulässig auf Kindertageseinrichtungen generalisiert worden, denn diese sind familienergänzende Einrichtungen und keineswegs mit Heimerziehung gleichzusetzen. Insbesondere die frühen Forschungen zum Hospitalismus von Spitz (2005) in den 1940er Jahren, die Studien von James und Joyce

Robertson (1990) über Kinder ohne mütterliche Begleitung im Krankenhaus sowie die Ergebnisse der von Bowlby (2010) und Ainsworth et al. (1978) begründeten Bindungsforschung haben die institutionelle Betreuung von kleinen Kindern über Jahrzehnte problematisch erscheinen lassen. Die Bilder, die Spitz und das Ehepaar Robertson in Filmen festgehalten haben und die um die Welt gingen, zeigen nicht nur das Elend der Kinder, sondern auch emotional unengagierte Fachpersonen, die Kinder mechanistisch pflegen, mit harten rücksichtslosen Bewegungen, ohne jede Ansprache. Ähnliche Bilder liegen aus den 1990er Jahren aus rumänischen Kinderheimen vor (Martino, 2000). Auch die Kinderärztin Pikler, Begründerin der Pikler-Kleinkind-Pädagogik, die 1946 im Auftrag der ungarischen Regierung das Säuglingsheim Lóczy aufbaute, machte die Erfahrung, dass die ausgebildeten, damals als „Kindermädchen" bezeichneten Fachpersonen entweder nicht die Motivation hatten, die von ihr für wichtig erachteten Methoden anzuwenden, oder dass ihnen das Verständnis dafür fehlte. Falk gibt in ihren Ausführungen ein Beispiel von den großen Problemen, die zu Anfang mit den Betreuerinnen bestanden:

Beispiel
Nicht versorgen oder pflegen tun sie die Kinder, sondern „abwaschen", „absäubern", „abfüttern" – so schnell wie möglich, mit so wenigen Bewegungen wie möglich, und wenn es geht, lassen sie auch das von Ammen oder anderen Hilfspersonen *machen. Die Betreuerinnen behandeln vor allem die Wäsche, weil sie meinen, dass diese zu behandeln sei. Das Übernehmen der Wäsche von der Wäscherei, das Austeilen, ewige Zählen und Eintragen nimmt soviel Raum in Anspruch, dass keine Zeit für die Kinder bleibt. (Falk, 2008, S. 23, unter Verweis auf Pikler und Reinitz)*

Pikler entließ diese Fachpersonen und baute ein eigenes Ausbildungssystem auf. Nur das in ihrer Methode geschulte Personal durfte mit den Säuglingen und Kleinkindern arbeiten. Sie hat sich intensiv und sehr erfolgreich mit den Auswirkungen institutioneller Betreuung auseinandergesetzt, insbesondere mit den Möglichkeiten, diese Betreuung warm, freundlich und entwicklungsförderlich zu gestalten.

Wie sieht nun die Forschungslage zur Fachperson-Kind-Interaktion in Kinderkrippen und Kindertageseinrichtungen aus? In der Studienbox sind zwei größere Studien beschrieben, die diese Frage in den Fokus gestellt haben.

Studie

Untersuchungen zur Fachperson-Kind-Interaktion in Kinderkrippen und Kindertageseinrichtungen

1. Layzer, Goodson und Moss untersuchten 1993 das Interaktionsverhalten von ausgebildeten Fachkräften mit kleinen Kindern in 119 zufällig ausgewählten Kindertageseinrichtungen in Kalifornien, Texas, Florida, New Jersey und Michigan. Speziell trainierte Beobachter verbrachten eine Woche in jeweils einer Kindergartengruppe und kodierten das Verhalten und die Aktivitäten der Fachkräfte und der Kinder. Die Studie kam zu folgenden Ergebnissen:

- Meist interagierten die Fachkräfte mit der ganzen Gruppe oder einer großen Teilgruppe.
- Nur rund 10 % der Zeit wurde mit einzelnen Kindern verbracht.
- Während des Beobachtungszeitraums von einer Woche hatten mehr als 30 % der Kinder überhaupt keinen Einzelkontakt zu den Fachkräften.
- Bei einer höherwertigen Ausbildung (College-Abschluss) oder einem besonderen Training interagierten die Fachkräfte häufiger mit einzelnen Kindern, waren responsiver und verwendeten positive Techniken der Verhaltenskontrolle (Layzer, Goodson & Moss, 1993).

2. Eine Untersuchung von Kontos und Wilcox-Herzog (1997) zur Interaktion von Fachpersonen und Kindern brachte folgende Ergebnisse:
   - Kleinkinder wurden während 28–79 % der Zeit ignoriert, in der sich Fachkräfte in ihrer unmittelbaren Nähe befanden.
   - Es kam nur während 10–31 % der Zeit zu verbalen oder non-verbalen Interaktionen wie Berühren oder Umarmen, gemeinsames Spiel, Gespräch, Trösten.
   - Rund 80 % der Zeit in der Kindertageseinrichtung verbrachten Kinder entfernt von den Fachkräften oder – falls sich diese in ihrer Nähe aufhielten – ohne mit ihnen zu interagieren.
   - Obwohl die Fachkräfte die ganze Zeit zu den Kindern sprachen, redeten sie selten mit dem einzelnen Kind. Die Häufigkeit individueller Interaktionen war dabei stark von der Gruppengröße abhängig.
   - Fachkräfte sprachen mehr mit Jungen und reagierten diesen gegenüber häufiger negativ, während sie Mädchen mehr Zuneigung zeigten.
   - Einzelne Kinder erfuhren mehr Aufmerksamkeit als andere (z. B. Kinder, die aktiv den Kontakt suchten, Verhaltensauffälligkeiten zeigten, unselbstständig waren oder besonders attraktiv wirkten).

Die beiden Studien zeigen, dass responsives Verhalten nicht automatisch bei den Fachpersonen vorauszusetzen ist. Diese Ergebnisse stimmen auch mit Befunden überein, bei denen qualitative Methoden eingesetzt wurden. Leavitt (2007), die im Rahmen ihrer Tätigkeit als Hochschullehrerin regelmäßig die Einrichtungen ihrer Studierenden aufsuchte und dort teilnehmende Beobachtungen durchführte, kritisiert eine mechanistisch durchgeführte Pflege, mangelnde Herzlichkeit und Wärme und Ausnutzung von Macht im Kontakt mit den Kindern im Institutionsalltag. In zahlreichen Fallvignetten beschreibt sie das non-responsive Verhalten der Fachpersonen:

Beispiel
- Es war mittags und Schlafenszeit. Die Erwachsenen saßen im Raum und sprachen miteinander. Sie dämpften ihre Stimmen nicht. Die Kleinkinder, die nicht schlafen konnten, lagen unbeachtet von den Betreuerinnen in ihren Bettchen. Als mehr und mehr Kinder anfingen aufzuwachen, blieben die betreuenden Fachpersonen sitzen und fuhren in ihrer Unterhaltung fort. Als die Kinder die Aufmerksamkeit der Betreuerinnen suchten, diese anschauten und ihre Namen riefen, wurden sie ignoriert oder abgewiesen. Die Kinder waren gehalten, still und abwartend in ihren Bettchen zu stehen.
- Lena (5 Monate) saß auf dem Boden und spielte mit einigen Spielsachen. Die Betreuerin entschloss sich, ihre Windeln zu wechseln, näherte sich von hinten,

> nahm sie abrupt und wortlos auf und legte sie auf den Wickeltisch. Lena wand sich beim Wickeln hin und her. Einige Male gluckste und gurrte sie. Die Betreuerin antwortete nicht. Sie wechselte Lenas Windel, ohne in ihr Gesicht zu schauen, ihre Bewegungen waren mechanisch, ohne Ausdruck. Als sie fertig war, setzte sie Lena, ebenfalls wortlos, zurück auf den Boden.
> - Zwei Betreuungspersonen saßen auf dem Boden zusammen mit 4 Kindern. Alan (7 Monate) krabbelte aufgeregt zu ihnen. Die eine Betreuerin sagte zu ihm: „Nein, ich will dich nicht – du wiegst eine Tonne. Nein, Alan, du Fass, geh aus dem Weg!" Dann sagte sie: „Geh zu Martha!" (die andere Pflegeperson). Als Alan zu Martha schaute, sagte sie zu ihm: „Neeeeeeiiin, nicht zu mir, Alan, bleib bloß da." Alan schaute irritiert. Dann hob ihn die erste Betreuungsperson in das Laufställchen und sagte: „Du spielst da drin, Alan" und ging weg.

(Leavitt, 2007, S. 46, übersetzt und zit. nach Gutknecht, 2010)

Responsive Fähigkeiten drücken sich, wie die Studien zeigen, in der alltäglichen Interaktion mit den Kindern in Tageseinrichtungen wenig aus. Offensichtlich werden insbesondere Alltagsroutinen häufig nicht als relevante pädagogische Schlüsselsituationen erkannt und genutzt. Dass sich die Situation in den KiTas in Deutschland qualitativ wirklich anders darstellt, muss als fraglich eingeschätzt werden. So zieht König in ihrer Dissertation zum Interaktionsverhalten von 61 Erzieherinnen in Nordrhein-Westfalen und Baden-Württemberg das pessimistische Fazit, dass das tatsächlich zu beobachtende Handeln der Erzieherinnen in krassem Gegensatz zu den eigenen Ansprüchen stehe. Zudem dominiere die Interaktionsform der direkten Handlungsanweisung an das Kind (König, 2008). Gerade in Hinblick auf die frühe sprachliche Bildung ist dies problematisch. In den Ballungsgebieten in Deutschland haben viele Einrichtungen bereits einen Anteil von 72 % an Kindern mit Zuwanderungsgeschichte (Autorengruppe Bildungsberichterstattung, 2010). Diese Kinder erleben in der Kindergruppe ihrer KiTa kein Sprachbad in der deutschen Sprache. Sie sind auf das Sprachangebot der Erwachsenen angewiesen. Die Empfehlung an Eltern mit Zuwanderungsgeschichte, ihre kleinen Kinder möglichst früh einer KiTa in Deutschland anzuvertrauen, kann nur dann ernsthaft ausgesprochen werden, wenn bei einem optimierten Fachpersonen-Kind-Schlüssel reichhaltige und stimulierende sprachliche Austauschprozesse im Alltag tatsächlich initiiert werden.

Ein Mangel an Responsivität ist nicht nur unter Bildungsaspekten schwerwiegend, er zeigt sich auch in grenzwertigen Verhaltensweisen von Fachpersonen in der institutionellen Betreuung. Daher sollten Faktoren, die zu einem Responsivitätsverlust führen können, bereits im Ausbildungskontext identifiziert und benannt werden, um früh eine Sensibilität dafür zu schaffen.

2.1 Mögliche Ursachen einer mangelnden Responsivität

Clarke-Stewart und Allhusen kommen 2005 in einem Forschungsüberblick zum Ergebnis, dass Fachpersonen, die sich nicht responsiv verhalten, oft nur einen niedrigen Bildungsabschluss haben und unzureichend für den Bereich der Pädagogik mit Kindern bis drei Jahren ausgebildet sind. Oft sehen sie diese Arbeit als das Einzige an, das sie überhaupt machen können. Die Fachpersonen in Krippe oder KiTa arbeiten in einem interaktionsintensiven Beruf, der am Energiepotenzial zehren und schnell zu Negativ-Spiralen der Interaktion führen kann. Dieses Phänomen lässt sich auch in den Pflegeberufen feststellen. Auch dort finden sich überwiegend weibliche Fachpersonen, die unter kritischen Rahmenbedingungen Beziehungsarbeit leisten sollen. Schlechte Bezahlung, Personalmangel auf den Stationen, Zeitdruck bei der Versorgung von Patienten, hohe körperliche Belastung haben Personalfluktuation und eine insgesamt geringe Verweildauer im Beruf zur Folge. Bereits in den 1990er Jahren setzte in Deutschland der Akademisierungsprozess in der Pflege ein und damit auch eine Pflegeforschung. Diese belegt in zahlreichen Arbeiten, dass sich professionelles Pflegehandeln durch Beziehungsorientierung auszeichnet. Verwirklichung und Umsetzung dieses Anspruchs sind allerdings von massiven Schwierigkeiten im Feld begleitet.

2.2 Abstumpfen – Auskühlen: Phänomene sozialer Kälte

Im pflegewissenschaftlichen Professionalisierungsdiskurs stehen die Interaktionsformen zwischen Fachkräften und Patienten/Klienten im Mittelpunkt des Interesses. Besondere Aufmerksamkeit erfahren die Handlungsqualitäten, also die Art und Weise, *wie* etwas getan wird. So untersuchte Dörge (2009), ob professionelles – und damit beziehungsvolles – Pflegehandeln bereits Handlungswirklichkeit in der Praxis ist oder eher eine Vision darstellt. Sie stellt zwei Handlungstypen bei den Pflegenden einander gegenüber: die beziehungs- oder die funktionsorientierte Pflege (s. Tab. 2).

Im Ergebnis sind Pflegekräfte überproportional häufig dem funktionsorientierten Handlungstyp zuzuordnen (Dörge, 2009). Funktionspflege beinhaltet ein mechanistisches und insbesondere an zeitökonomischen Faktoren ausgerichtetes Vorgehen in Hinblick auf die Pflegeaktivitäten. Ein Beispiel ist das im Krankenhaus häufige „Durchbetten" aller Patienten. In Krippen oder KiTas findet sich die Entsprechung, wenn eine Kollegin wie am Fließband alle Kinder wickeln, anziehen oder „abfüttern" soll. Nach Dörge greifen Pflegende zudem häufig in problematischer Weise auf Laienwissen zurück, weil ihnen ein reflektierter Bezug auf universalisiertes Regelwissen fehlt. Beziehungsorientierte und damit im Sinne der Pflegetheorie professionellere Verhaltensweisen zeigen zwar vermehrt Kandidatinnen mit einem pflegewissenschaftlichen Studium, aber die Akademisierung scheint nicht zwingend zu einer hochwertigen Handlungskompetenz zu führen. Dörge hat hierfür eine auch für die Studiengänge der Kindheitspädagogik interessante Erklärung. Sie führt dies nämlich aufseiten der Pflegeakademikerinnen, die auf der Basis einer Pflegeausbildung studieren, auch auf die bereits stattgefundene berufliche Sozialisation zurück. Hierdurch würde möglicherweise ein Festhalten an alten Mustern und Strukturen nahegelegt. Dörge betont also die Risiken, die in einem bereits etablierten und defizitären beruflichen Habitus, in diesem Fall insbesondere in Hinblick auf das Pflegehandeln, zu sehen sind. Sie spricht sich daher für die vermehrte Implementierung *grundständiger* Studiengänge im Bereich Pflege aus – bei gleichzeitiger Reform der nichtakademischen Ausbildung.

Tab. 2: Handlungstypen in der Pflege (nach Dörge, 2009)

Beziehungsorientierte Pflege	Funktionsorientierte Pflege
Pflegehandeln als aktive Beziehungsgestaltung	Technokratisch-instrumentelles verrichtungsorientiertes Pflegehandeln in starren Handlungsroutinen, Reproduktion von Standardsituationen
Wertschätzung und Respekt gegenüber dem Pflegebedürftigen, gleichzeitige Beachtung des Besonderen im Allgemeinen und des Allgemeinen im Besonderen als eine dem professionellen Handeln inhärente Dialektik	Versachlichung des Pflegebedürftigen zum Handlungsobjekt, mangelnde Wertschätzung und Aufmerksamkeit
Fähigkeit und Bereitschaft individuellen Fallverstehens	Dominanz einer vom Individuum absehenden kategorisierenden Typisierung
Fallgerechtes Pflegehandeln auf der Basis theoretisch fundierter Kenntnisse	Kein reflektierter Bezug auf universalisiertes Regelwissen als Orientierungs- und Begründungsfolie des Pflegehandelns
Orientierung am „State of the Art" der Disziplin, evidenzbasiertes Handeln	Problematische Rückgriffe auf subjektives Laienwissen

In Krippe und KiTa muss eine beziehungsorientierte, responsive Pflege mit dem Säugling oder Kleinkind umgesetzt werden. Pflegehandlungen bieten gerade im institutionellen Kontext eine der regelmäßigen, sich im Tagesablauf wiederholenden Möglichkeiten, den erforderlichen engen Interaktionsrahmen zwischen Fachperson und Kind herzustellen, der insbesondere für die frühe sprachliche Bildung eine notwendige Basis darstellt. Für die Pflegeinteraktionen muss daher ein spezifischer Habitus aufseiten der Fachpersonen gezielt aufgebaut werden. Dies soll sicherstellen, dass die Fachperson nicht in ein mechanistisches Handlungsschema gerät, indem das Kind de-personalisiert wird und es nur um das schnelle Abwickeln von Handlungsroutinen geht.

In den Pflegewissenschaften wird in diesem Zusammenhang sehr deutlich der problematische Einfluss unzureichender Praxis in der Ausbildung betont: Negative Praxis schadet! Die Internalisierung negativer Praxis führt zu problematischen Grundüberzeugungen und bezogen auf Pflege zu einem Habitus, der von sozialer Kälte geprägt sein kann (Dörge, 2009). Kersting (2005) spricht von einem Cool-out-Prozess auf der Seite der Fachpersonen, der sich durch die krasse Widerspruchserfahrung von Sein und Sollen – von der proklamierten Norm der beziehungsorientierten Pflege und den Realitäten der Praxis – einstellt und reproduziert. Die auf Funktionsabläufe orientierte Praxis im Berufsfeld vermittelt der angehenden Fachperson die Botschaft: Wer tüchtig und realitätsnah sein will, muss von moralinen Positionen wie Beziehungsorientierung abrücken!

Diese Befunde sind auch für die institutionelle Betreuung von Säuglingen und Kleinkindern beachtenswert, denn auch hier gibt es Fachpersonen, die in den Einrichtungen wie am Fließband wickeln und füttern; und in einem solchen Setting finden sich dann auch die angehenden Fachpersonen im Praktikum wieder. Professionelle Responsivität ist aber eine Kompetenz, die insbesondere am Lernort Praxis erfahren werden sollte. Optimalerweise bietet der/die Praxisbetreuer/-in als Experte/Expertin ein hinreichendes Modell. Nahezu alle Fachkräfte in der KiTa machen ihre ersten Praxiserfahrungen unter der Anleitung einer Erzieherin. Der Berufsgruppe der Erzieherinnen obliegt eine hohe Ausbildungsverantwortung, denn sie bilden für das gesamte Feld aus: Sozialassistentinnen, Kinderpflegerinnen, Erzieherinnen und Studierende der Kindheitspädagogik. Da die Praxisanleitung eine Schlüsselstelle für den beruflichen Habitus im direkten Umgang mit den Kindern ist und damit auch für die Entwicklung Professioneller Responsivität relevant, besteht hier dringender Forschungsbedarf.

2.3 Lernort Praxis – Gefahren und Chancen

In vielen Krippen und Kindertageseinrichtungen ist die Übernahme von Ausbildungsverantwortung konzeptuell nicht verankert. Praxisanleitung wird in der Regel nicht vergütet. Freistellungszeiten für Reflexionsgespräche werden meist nicht zur Verfügung gestellt. Nimmt sich die Praxismentorin für die Reflexion die erforderliche Zeit, so ist dies während der Arbeitszeit in der Regel nur möglich, wenn eine Kollegin ihre „Arbeit am Kind" mit übernimmt. Hofer und Schroll-Decker (2005), die eine Studie mit 53 Praxisanleiterinnen durchführten, die als Erzieherinnen Kinderpflegerinnen ausbildeten, kritisieren das „Privatvergnügen Praxisanleitung" im Berufsfeld, denn es muss überproportional häufig in der Freizeit geleistet werden. Zeitmangel wurde als größte Einschränkung von den Praktikerinnen in dieser Tätigkeit angegeben. Meistens wurde die Praxisanleitung von erfahrenen Praktikerinnen geleistet, diese hatten mehrheitlich (83 %) diese Funktion ohne besondere Vorbereitung und Einführung übernommen. Nur ca. einem Drittel (33 %) wurde vom jeweiligen Träger die Möglichkeit eingeräumt, ein entsprechendes Fortbildungsseminar zu besuchen. Auffällig hoch sind die Erwartungen der Praxisanleiterinnen an die Praktikantinnen, denn sie erhoffen sich durch diese die Verbindung zum aktuellen Wissenstand der Disziplin (Hofer & Schroll-Decker, 2005).

Studierende in den neuen kindheitspädagogischen Studiengängen müssen Praktika absolvieren, die in der Regel von erheblich kürzerer Dauer sind als die in der Ausbildung von Erzieherinnen vorgesehen. Im Berufsfeld wird dies meist scharf kritisiert. Auch zieht es Vorbehalte gegenüber den Studierenden und Absolventinnen in Hinblick auf deren Kompetenzen in der Arbeit mit Kindern nach sich. An dieser Stelle muss allerdings kritisch betrachtet werden, dass die Praxisanleitung im Berufsfeld vielfach im Sinne einer „Beistell-Lehre" konzipiert ist. Dies bedeutet, dass sich die berufliche Handlungskompetenz durch Abschauen, Mitlaufen, Mitarbeiten entwickeln soll (vgl. Schaper, 2000). Hiermit ist die Gefahr verbunden, dass relevantes Wissen und Erfahrungen eher unsystematisch, zufällig und abhängig von der Situation vermittelt werden.

Kurze Praktika erfordern eine hoch effektive Praxisbegleitung. Es muss sichergestellt sein, dass die bedeutungsvollen Inhalte identifiziert worden sind und auch vermittelt werden. Eine der entscheidenden Fragen in diesem Kontext ist: In welcher Weise kann das zu vermittelnde Wissen für die Praxis – insbesondere zur Responsivität – tatsächlich handlungswirksam werden? Auch aus der Unterrichtsforschung ist bekannt, dass der Weg vom Wissen zum Handeln sehr weit ist (Wahl, 2001). Trotz besseren Wissens wird das tatsächliche Praxishandeln von Fachpersonen meist kaum verändert. Warum ist das so?

Nach Dann (1994) liegen dem Handeln in der Praxis so genannte subjektive Theorien zugrunde. Gemeint sind tiefe Grundüberzeugungen, die relativ stabil und nur außerordentlich schwierig zu verändern sind. Die angehenden Fachkräfte bauen diese Grundüberzeugungen überwiegend im konkreten Praxishandeln mit den Kindern in der Kinderkrippe oder KiTa auf. Hier findet also ein entscheidender Teil ihrer beruflichen Sozialisation statt. Durch unterschiedliche Praxiserfahrungen bilden sich auch unterschiedliche subjektive Theorien aus (Dann, 1994). Verändern lassen sich einmal aufgebaute suboptimale Haltungen und Einstellungen nur unter der Voraussetzung, dass sie bewusst gemacht und mit fachlichem Wissen konfrontiert werden. Die neuen Strategien müssen unbedingt praktisch erfahren werden und sich dabei als *deutlich geeigneter* für Problembewältigungen herausstellen als die bisherigen.

> *Versäumt man es, in Ausbildung, Fortbildung und Weiterbildung Sorge dafür zu tragen, dass im Bereich dieser impliziten Handlungsstrukturen Veränderungen stattfinden, dann kommt es zu diesem eigenartigen, uns alle deprimierenden Effekt, dass trotz aufwendiger Kurs- und Seminararbeit die Lehrpersonen zwar kognitiv bereichert und emotional wohlgestimmt die Maßnahme verlassen, ihr Handeln aber nach wie vor in den gleichen Bahnen verläuft. (Wahl, 2001, S. 160)*

Handlungsleitend wird pädagogisches Wissen erst dann, wenn es habitualisiert ist und tief in die Verhaltensstrukturen der angehenden Fachperson integriert wurde. Für den Kompetenzaufbau geeignete Lernformen müssen aus diesem Grund fallbasiert sein und auf gezielte und abgestufte Instruktionen setzen. Zu Beginn muss danach viel strukturiert und gestützt werden – Strukturierungshilfen, die bei wachsenden Kompetenzen wieder abgebaut werden können. Leider fehlen in Deutschland Untersuchungen dazu, ob und welche Strukturierungshilfen in der Praxisbegleitung in KiTas Anwendung finden. Oft wird die Notwendigkeit von Strukturierung gar nicht erkannt.

> **Beispiel**
> Beispielaussage einer Mentorin:
> Wir halten es für günstig, wenn der Praxistag ganz zu Ihrer Verfügung steht und Sie alle Freiheiten haben sich auszuprobieren. Wir werden daher für Ihren Praxistag keine eigenen Aktivitäten einplanen. (Gutknecht, 2010, S. 55)

In einem solchen „Learning-by-doing-Setting" ist eine Praktikantin ganz auf sich selbst und ihr Laienwissen zurückgeworfen, denn sie erlebt weder ein Modell noch erläuternde Kommentare. Sie erhält beispielsweise kein Feedback

- zu ihren Handlungsstrategien im Bereich Gruppenführung/Gruppenmanagement,
- zu ihren sich auf der somato-psychischen Ebene darstellenden regulativen Kompetenzen in der Arbeit mit der Kindergruppe,
- zum didaktischen Aufbau ihres Bildungsangebots,
- zur Entwicklungsangemessenheit ihrer Lehrstrategien,
- zu ihrem Handling bei der Pflege etc.

Die angehende Fachperson erlebt hier keine Vorbilder/Modelle, die ihr Handeln versprachlichen. Der fachliche Diskurs entfällt, und entsprechend ist die Entwicklung einer professionellen Sprache für Praxisphänomene erschwert. Mechanistische Handlungsstrategien, z. B. in der Pflege, erfahren keine Korrektur. Implizites Wissen und Handeln wird nicht explizit. Damit wird auf viele wirksame Strategien zum Kompetenzaufbau verzichtet. Obwohl die oben beschriebenen defizitären Rahmenbedingungen nahezu überall gegeben sind, gibt es große Unterschiede in der Art und Weise der Praktikumsbegleitung. Hiervon wird auch beeinflusst, wie groß die Chance ist, responsive Verhaltensweisen zu habitualisieren. Gerade im Handlungsfeld noch sehr unerfahrene junge Fachpersonen benötigen die Qualität, die sie den kleinen Kindern und Säuglingen geben sollen, oft noch selbst und finden erst dann, wenn sie eine sichere Basis durch die Mentorin spüren, Zugang zu ihren Ressourcen und Möglichkeiten. Im Kontext Fachschule und Hochschule ist zu beachten, dass hier junge Menschen, die in einem tiefgreifenden Transitionsprozess stehen, erste Erfahrungen in einem Professionskontext sammeln und auf der Suche nach Anerkennung sind. Anerkennung und Macht sind wesentliche Konstituenten von Schamgefühlen, von Ängsten vor Gesichtsverlust. Auch diese Gefühle werden hier als relevant für die Entwicklung Professioneller Responsivität eingeschätzt.

2.4 Scham in den Bildungskontexten der (angehenden) Fachpersonen

Da die Professionswirklichkeit der im Handlungsfeld des Früh- und Elementarbereichs tätigen Fachpersonen in ihrer Anforderungsstruktur nur unzureichend erforscht ist, überrascht es nicht, dass im aktuellen Diskurs keine Beiträge oder Studien zum Thema Scham in Aus- und Weiterbildungskontexten von Fachpersonen in Kinderkrippe oder KiTa vorliegen. Aus dem Beobachtungskontext der

Praktikumsbegleitung von Studierenden der Kindheitspädagogik fiel der Autorin allerdings immer wieder auf, dass mit dem Auftreten von Scham oder großer Angst vor Beschämung die Fähigkeit, sich auf andere abzustimmen, also responsive Verhaltensweisen zu zeigen, in eklatanter Weise eingeschränkt ist. Die Angst vor Beschämung und Gesichtsverlust veranlasst Praktikantinnen recht häufig, zu stark kontrollierenden Methoden zu greifen, wenn sie Angebote mit Kindern durchführen. Sie singen z. B. nicht mit Kindern, weil sie sich ihrer Stimme schämen. Sie positionieren die Kinder auf Sitzkissen, statt die Einheit von Musik und Bewegung herzustellen.

Scham bei der angehenden Fachperson kann sich dann einstellen, wenn sie der Abweichung von oder dem Scheitern an einer Norm gewahr wird, und dies vor den Augen eines Publikums. Dabei ist allerdings in ihrem Professionsfeld üblich, dass die Arbeit unter den Augen eines Publikums getan wird: die Kinder der Gruppe, die Mentorin, die Leiterin, die Eltern. Auf sie richten sich die Blicke der Mitbeteiligten und schließlich ihr eigener fantasierter Blick in dieser Situation auf sich selbst. Die von Scham betroffene Person vergegenwärtigt sich selbst, dass sie in einer Verfassung ist, die sie als mangelhaft und würdelos empfindet. Normativ ist Scham, weil sie bei den Fachpersonen ein Ideal ihres professionellen Selbst voraussetzt – gegen das das reale Agieren oder die Erscheinungsweise der eigenen Person dann negativ abfallen. Sie will die gütige, ruhige, herzliche, fröhliche und verständnisvolle Krippenpädagogin sein und erlebt sich als hilflos, ungeduldig, wütend, ängstlich oder genervt. Dietmut Niedecken – die allerdings nicht in der Kinderkrippe, sondern als Musiktherapeutin tätig ist – offenbart in „Namenlos – geistig Behinderte verstehen":

Ich kenne selbst sehr gut die Scham, die es mir schwer macht, in Gegenwart Dritter mit einem Säugling in seiner Sprache zu schwatzen. (2003, S. 66)

Diese Aussage einer bekannten Musiktherapeutin zeigt, dass es für die angehende Fachkraft keineswegs selbstverständlich sein muss, in der Praxiseinrichtung unter den Augen der erfahrenen Kollegen oder der Eltern mit kleinen Kindern im Babytalk zu sprechen oder zu singen.

Nach Strassberg (2004, S. 1) wird das Gefühl der Scham durch die innere Gewissheit erzeugt, vom realen oder fantasierten, verachtenden Blick eines Anderen getroffen zu sein. Das Gefühl wird von starken vegetativen, sympathikotonen Symptomen begleitet: rot werden, schwitzen, die Erhöhung der Pulsfrequenz. Gleichzeitig besteht der Wunsch, „am liebsten in den Boden zu versinken", „unsichtbar" zu werden. Strassberg spricht vom fiktionalen Blick eines unbeteiligten Zuschauers, von dem sich der Sich-Schämende getroffen fühlt. In einer ersten Annäherung können Norm und Blick als die wesentlichen Koordinaten der Struktur der Scham ausgemacht werden. Gerade die große „Körpernähe" der pädagogischen Arbeit in der Krippe wird hier als problematisch eingeschätzt, denn diese läuft den allgemeinen beruflichen Professionalisierungstendenzen, z. B. hin zu vermehrter Beratungstätigkeit, entgegen (Hack-Zürn, 1994). Das berufliche Prestige, der Eindruck von Professionalisierung steigt eher mit zunehmender Körperferne.

Die (angehenden) Fachpersonen sollten sich daher intensiv mit Scham und ihren ureigenen Ängsten vor Gesichtsverlust beschäftigt haben, damit dies zu einem Teil ihrer reflektierten Selbst- und Fremdwahrnehmung wird. Durch eine systematische Sensibilisierung und Thematisierung ist dies erreichbar. Ohne Reflexion und Training werden sie möglicherweise nur mit einem reduzierten Setting, mit reduzierten Ausdrucksformen mit Kindern und ihren Familien arbeiten. In Beratungskontexten mit Eltern und Kollegen besteht dann auch das Risiko, unüberlegt und unreflektiert Scham auszulösen.

2.5 Zusammenfassung und Literaturtipps

Zusammenfassung

Studien zur Interaktionsrealität in Krippe und KiTa zeigen, dass sich Fachpersonen vielfach nicht in der nötigen Qualität und Frequenz kleinen Kindern zuwenden. Gründe für einen Mangel an Responsivität werden in ungenügender Ausbildung, ideologischen Positionen, schlechter Bezahlung und dadurch bedingter hoher Fluktuation gesehen. Viele Fachpersonen empfinden die Arbeit mit Kindern ab Geburt bis etwa drei Jahren als oft ermüdend, anstrengend und auslaugend, als eine Arbeit „ohne Response". Gerade die Pflegeaktivitäten, die sich als Routinehandlungen täglich wiederholen, fallen häufig im Sinne eines funktionsorientierten Handlungstyps aus, durch den eine tiefe soziale Kälte transportiert wird. Soziale Kälte ist mit non-responsiven Verhaltensweisen verbunden und zeigt sich auch in grenzwertigen Verhaltensweisen. (Angehende) Fachpersonen erleben im Praxisfeld vielfach das Auseinanderfallen von Sein und Sollen: Responsivität wird zwar gefordert, aber unter den gegebenen Rahmenbedingungen selten angetroffen. Damit responsives Verhalten handlungsleitend wird, muss es tief internalisiert und personalisiert, als Habitus gezielt aufgebaut werden. Aufseiten der Praxismentorinnen ist daher eine Aus- und Weiterbildung erforderlich, um in der Praxis spezifisch unterstützen zu können. Das Expertenwissen muss nicht nur gezeigt werden, damit eine Praktikantin die Möglichkeit der Nachahmung hat, Expertenwissen muss auch in Worte gefasst werden, damit deutlich werden kann, *was* die Praxismentorin tut und *warum* sie es tut.

Studierende, Schülerinnen und Schüler befinden sich im Ausbildungskontext häufig in einem tiefgreifenden Transitionsprozess, in dem es ihnen durchaus schwerfällt, sich anderen zuzuwenden. Sie benötigen vielfach selbst die sichere Basis, die sie anderen geben sollen. Die Angst vor Gesichtsverlust oder Beschämung kann zu stark kontrollierenden Verhaltensweisen im Umgang mit Kindern führen.

Literaturtipps

Beck, E., Baer, M., Guldimann, T., Bischoff, S., Brühlwiler, C., Müller, P., Niedermann, R., Rogalla, M. & Vogt, F. (2008). *Adaptive Lehrkompetenz: Analyse und Struktur, Veränderbarkeit und Wirkung handlungssteuernden Lehrerwissens.* Münster: Waxmann.
Der Autorengruppe um Beck ist hier zur Wirksamkeit von Lehre eine herausragende und kritische Analyse gelungen. Das Buch ist interessant für Lehrende in den unterschiedlichen Bildungsbereichen der Frühpädagogik, denn es trägt sehr zur Reflexion des eigenen Lehrverhaltens bei.

Kersting, K. (1999). Coolout im Pflegealltag. *Pflege und Gesellschaft, 4 (3)*, 53–60.

Kersting, K. (2005). Zur Situation von Pflegeschülerinnen: Anspruch und Wirklichkeit. *Pflegewissenschaft, 1*, 31–38.
Beide Aufsätze von Kersting geben die Ergebnisse ihrer pflegewissenschaftlichen Forschung zu Cool-out-Phänomenen und Phänomenen sozialer Kälte wieder. Kersting gehörte zur Arbeitsgruppe des Pädagogen Andreas Gruschka, die sich auf der Basis der „Kritischen Theorie" (Adorno, Horkheimer) mit bürgerlicher Kälte und Pädagogik auseinandergesetzt hat.

Pikler, E. & Tardos, A. (Hrsg.). (2008). *Miteinander vertraut werden. Erfahrungen und Gedanken zur Pflege von Säuglingen und Kleinkindern* (5. Aufl.). Freiamt: Arbor.
Dieses Buch gibt einen sehr guten Einblick in die praktische Tätigkeit, in Positionen und Anschauungen der Pikler-Pädagogik.

3 Professionelle Responsivität in der Interaktion mit dem Kind und der Kindergruppe

Interaktionen mit Babys und Kleinkindern können nicht in Bildungs-, Erziehungs-, Betreuungs- oder Fördersituationen aufgespalten werden. Sie erfolgen in Kindertageseinrichtungen und Krippen in Abhängigkeit von der aktuellen Situation, der Aufnahmebereitschaft und den Entwicklungsaufgaben des Kindes (Holodynski, 2007; Holodynski & Seeger, 2008). In der Hochschulbildung, Aus-, Fort- oder Weiterbildung muss allerdings analytisch getrennt werden, was im alltäglichen Interaktionskontext eng verwoben ist. Das folgende Kapitel besteht aus diesem Grund aus drei Teilen:

- In Abschnitt 3.1 werden die vielfach erforschten intuitiv-didaktischen Verhaltensstrategien dargestellt. Professionelle Responsivität bedeutet im Wesentlichen, dass eine Fachperson die dargestellten Strategien in reflexiver Weise nutzen kann.
- In Abschnitt 3.2 werden Interaktionsprozesse aus vier verschiedenen Perspektiven betrachtet. Dies sind Kultur, Gender, Entwicklung und Behinderung/Special Needs. Jede dieser Perspektiven kann für die Fachperson in entscheidender Weise die Erfordernisse bei der Interaktion mit den Kindern verändern und spezifische Anpassungsprozesse erforderlich machen.
- In Abschnitt 3.3 werden typische und häufig vorkommende Interaktionen im Kontext Bildung, Betreuung und Erziehung vorgestellt sowie das zugehörige Fachwissen, um diese zu meistern: Sollen Aktivitäten wie Wickeln oder Füttern professionell responsiv gestaltet werden, sind die in der Pflegewissenschaft diskutierten Ansätze einer beziehungsvollen und entwicklungsfördernden Pflege von Interesse. Auch bei konkreten Bildungsangeboten, z. B. in der frühen sprachlichen Bildung, in der musikalischen oder der Bewegungsinteraktion, ist eine spezifische Professionelle Responsivität gefordert. Tritt ein problematisches und herausforderndes Verhalten auf wie beispielsweise das Beißen von kleinen Kindern, das gerade im institutionellen Kontext häufiger zu beobachten ist, bedarf es responsiver Strategien, denn das empfindliche System Kind-Familie-Institution muss hier sehr gekonnt in Balance gehalten werden.

3.1 Die reflexive Nutzung der intuitiven Didaktik

Im Folgenden werden die für den frühpädagogischen Professionskontext als handlungsrelevant identifizierten intuitiv-didaktischen Strategien betrachtet. Diese sind als professionell-responsive Strategien zu bewerten, sobald sie bewusst und reflexiv verwendet werden. Zunächst wird auf die eher westlich orientierten und im Anschluss kontrastierend auf die in der kulturvergleichenden Forschung gewonnenen Verhaltensstrategien fokussiert. Insgesamt wird das konkrete Handeln der Fachpersonen ins Zentrum gestellt.

3.1.1 Die Fachperson als ko-regulierende und ko-konstruierende Andere

In der Arbeit mit Kindern bis drei Jahren besteht eine der wesentlichen Aufgaben der Fachperson darin, das Erregungsniveau des Kindes/der Kindergruppe zu modulieren und zu regulieren. In der Umsetzung ihrer ko-regulativen Aufgaben spielen Synchronisations- und Spiegelprozesse eine besondere Rolle. Die Fachperson synchronisiert sich also z. B. mimisch oder gestisch mit den Kindern oder spiegelt deren Verhaltensweisen.

Im Vergleich dazu weist ko-konstruktives Verhalten einen tendenziell höheren sprachlichen Didaktisierungsgrad auf. In der Arbeit mit kleinen Kindern greifen Ko-Regulation und Ko-Konstruktion aber immer ineinander. Fachpersonen müssen hier die Anforderungen dieser beiden Ausprägungen balancieren. In der Frühdidaktik stellen die regulativen Aspekte immer eine Art Hintergrundpuls dar, der zu keiner Zeit zu vernachlässigen ist.

3.1.2 Das Aufbauen von Scripts

In frühen Bezugsperson-Kind-Interaktionen führen strukturierte gemeinsame Handlungsabläufe, die das Kind erlebt, zu Repräsentationen im sich entwickelnden Gehirn. Das Kind erwirbt dabei kognitiv-affektive Strukturen. Es erlebt, dass seine Bezugspersonen in den vielfältigen Situationen im Tagesablauf verstehen, was es für Bedürfnisse hat. In diesen Austauschprozessen wird deutlich, „dass Emotionen die eigentlichen Generatoren von Bedeutung und Sinn, später von Bewusstsein sind" (Welzer, 2011, S. 82).

Die Basis für einen so entscheidenden Bereich, wie beispielsweise die Sprachentwicklung, wird dabei ganz wesentlich durch den Prozess der strukturierten sozialen Interaktion gelegt (Bruner, 2008; Vygotskij, 2002/1934). Handlungsabläufe im Alltag des Kindes, die sich im Zusammensein mit den Bezugspersonen stetig wiederholen, verdichten sich nach und nach zu Scripts (Welzer, 2011, S. 83, unter Bezug auf Nelson, 1993), die es dem Kind ermöglichen, zu erwarten oder zu wissen, was gleich geschehen wird. Das Kind erwirbt in der Arena alltäglicher Interaktionen z. B. Scripts zum Ablauf der Mahlzeiten, zum Baden, zum Wickeln, zum Spazierengehen. Aus der Vielzahl dieser unterschiedlichen Scripts formt sich die soziale Matrix des Kindes, das familiäre Gesamt-Script, von dem die KiTa einen (ergänzenden) Teil darstellt.

Fachpersonen in Krippe oder KiTa haben die Aufgabe, die Kinder beim Erwerb dieser Scripts zielführend zu unterstützen. Hilfreich ist dabei ein rhythmisierter Tagesablauf mit Kernelementen, die für das Kind vorhersehbar sind. Die Scripts für die sich häufig wiederholenden, pädagogischen Schlüsselsituationen wie Spazierengehen, Baden, Füttern, Wickeln, Trösten sind im frühpädagogischen Arbeitskontext sorgfältig zu reflektieren und zu analysieren. Im institutionellen Kontext ist hier von zentraler Bedeutung, dass Kinder von ihrer Bezugspädagogin betreut werden. Konzeptuell muss gerade hinsichtlich der Scripts im Bereich der Pflege, d. h. in Ablaufprozessen, die sehr häufig sind, darauf geachtet werden, dass diese von allen Fachpersonen in abgestimmter Weise gestaltet werden.

3.1.3 Die Strategie des Bedeutung unterstellenden Kontakts

Während des ersten Lebensjahres erlebt das Kind, dass seine Bezugspersonen in den vielfältigen Situationen im Tagesablauf verstehen, was es für Bedürfnisse hat. Wenn das Baby in der Krippe laut weint, wird seinem Schreien auf der Basis des spezifischen Kontextes eine Bedeutung zugewiesen, und die Pädagogin sagt vielleicht „*Oh, ich weiß doch, du hast Hunger!*" oder „*Oh, hast du dich erschreckt?*" Wenn sie sieht, dass ein Kind sich windet und sich zusammenkrampft, fragt sie vielleicht: „*Hast du wieder Bauchweh?*" Ihr Handeln schließt sich dabei an diese Äußerungen an, d. h., sie gibt dem Baby zu trinken, sie beruhigt es oder sie führt vielleicht eine sanfte Kolikmassage durch. Im Bedeutung unterstellenden Kontakt wird Sprache direkt an das Baby gerichtet. Es wird mit größter Selbstverständlichkeit so behandelt, als würde es bereits alles verstehen. Mit diesem Verhalten wird ermöglicht, dass ein Kind in die Welt der Bedeutungen sehr schnell hineinwachsen kann und Gefühle und Bedeutungen verbinden lernt. Der Bedeutung unterstellende Kontakt ist ein von großem Optimismus getragenes Verhalten, welches dem Kind ermöglicht, innere Bilder – Repräsentationen – aufzubauen. Für das Kind ist in dieser Zeit noch scheinbar selbstverständlich, dass seine Bezugspersonen seine Gedanken „lesen" können. Erst am Ende des ersten Lebensjahres merkt es, dass es eigene und andere Gedanken hat.

In unterschiedlichsten Kontexten wird in Pädagogik, Förderung und Therapie erfolgreich mit dem Bedeutung unterstellenden Kontakt gearbeitet. Durch Videodokumentationen belegte Beispiele sind hier die in Ungarn entwickelte Pädagogik nach Pikler und Tardos (2008) und die Rezipienten dieser Pädagogik (z. B. Gonzalez-Mena & Widmeyer Eyer, 2009), das sprachtherapeutische Konzept für kleine Kinder von Zollinger (2015) und das im Kontext der Sozialarbeit entwickelte Marte-Meo-Konzept von Aarts (Bünder, Sirringhaus-Bünder & Helfer, 2009).

3.1.4 Den Aufmerksamkeitsfokus teilen: Der trianguläre Blickkontakt

Das Teilen des Aufmerksamkeitsfokus ist eine weitere sehr wichtige Strategie aus dem Inventar intuitiv-didaktischer Verhaltensweisen. Das Kind lernt dabei, die Welt der Personen mit der Gegenstandswelt zu verbinden. Wenn Erwachsene (Spiel-)Objekte in die Interaktion einführen, kann das Kind dabei zunächst nur eines verfolgen: entweder das Gesicht des Erwachsenen oder den Gegenstand. Wenn die Fachperson in der Kindertageseinrichtung beispielsweise mit einem Rasselpüppchen rasselt, wird das Kind seine Aufmerksamkeit von ihr abwenden und auf den Gegenstand blicken. Zollinger (2015) spricht vom triangulären Blickkontakt, wenn der Blick des Kindes zwischen Gegenstand und dem Gesicht des Interaktionspartners hin und her wechselt. Erst dann, wenn das Kind dieses Verhalten zeigt, ist es möglich, eine Welt miteinander zu teilen, sich gemeinsam auf etwas zu beziehen. Mit der Erfahrung des triangulären Blickkontakts und der geteilten Aufmerksamkeit wird ein „kognitiver Sprung" möglich, durch den das Kind verschiedene Realitäten miteinander verbinden kann (Katz-Bernstein, 2000). Das Kind lernt, sich in überaus lustvoller Weise als Akteur und Entdecker der Welt zu betätigen und die Entdeckungen, die es macht, mitzuteilen. Es schaut den Erwachsenen an, als wolle es sagen: „Schau mal, hast du das auch gesehen?" Unter diagnostischem Aspekt ist das Ausbleiben eines solchen Verhaltens von hoher Relevanz. Entwicklungsauffällige Kinder, die nicht triangulieren können, wenden sich Gegenständen oft nur vereinzelt zu, springen unruhig von einer Aktion zur nächsten oder spielen stereotyp. Sie können ihre Erlebnisse nicht mit anderen Kindern oder Erwachsenen teilen und mitteilen. Sie pflegen keine Blickdialoge. Für eine Fachperson in Krippe oder KiTa ist es wichtig, Spiel- und Pflegesituationen in einem Face-to-face-Austausch mit den Kindern in Situationen geteilter Aufmerksamkeit herzustellen, da diese als zentral insbesondere für die kognitive und sprachliche Entwicklung gelten.

Auf der Basis des triangulären Blickkontakts kann ein erstes lexikalisches Sprachverständnis aufgebaut werden. Bezugspersonen betonen oft in besonderer Weise ein Wort im Satz, auf das sich dadurch die Aufmerksamkeit des Kindes richtet. Diese Schlüsselwörter können Gegenstandswörter, aber auch Handlungswörter sein (Mathieu, 2008). Eine häufige Strategie des Kindes ist die Reaktion auf das letzte Wort im Satz. Auf die Frage: „Wo ist der Bär?", beginnt das Kind sich umzuschauen und nach dem Bären zu suchen. Um zu verstehen, muss das Kind in dieser Phase mit einer Handlung auf die Äußerung reagieren, erst durch das Handeln erschließt sich ihm die Bedeutung. Das Kind beachtet in der frühen Sprachverständnisentwicklung nicht den ganzen Satz, es reagiert auf das Schlüsselwort und tut damit das, was es normalerweise mit dem Gegenstand macht. Auffälligkeiten in der Sprachverständnisentwicklung zeigen sich durch das Nicht-Reagieren auf sprachliche Äußerungen und im Fehlen des triangulären Blickkontakts. Das Kind kann dann nicht die Erfahrung machen, dass gleiche Wörter in immer wieder ähnlichen Zusammenhängen auftreten. Gegenstände und Welt lösen sich nicht vom Kontext der Situation. Wörter werden nur innerhalb der Situationen verstanden. Die Schlüsselwortstrategie bleibt oft bis ins Kindergartenalter bestehen und wird ebenso wie das häufig auftretende stereotype „Ja-Sagen" der Kinder oft nicht entdeckt. Auf alles mit „Ja" zu antworten, ist eine sehr wirkungsvolle Strategie, um Verstehensprobleme zu verschleiern (Mathieu, 2008).

3.1.5 Einüben erster Dialogregeln

Dialogregeln sind kulturspezifische, ritualisierte Verhaltensweisen, aus denen Sicherheit und Struktur zur Gestaltung von Kommunikation gewonnen wird. Sie dienen ganz wesentlich der Überwindung von Fremdheit, mit ihnen lassen sich Nähe und Distanz zum Gegenüber regulieren. Im Kontext eines Horizonts an Bedeutungen, der sich dem Kind durch den Erwachsenen als kompetenten Anderen zunehmend weiter erschließt, verinnerlichen Kinder die kulturspezifischen Dialogregeln, wie das Turn-Taking (Sprecherwechsel), den Austausch von Gesten und Körpersignalen, die den Sprecherwechsel bestimmen, Begrüßungs- und Verabschiedungsrituale, Blickkontakt und Blickkontaktwechsel. Horsch (2004) beschreibt in ihren Forschungen zu den frühen Dialogen zwischen Müttern und Säuglingen Turn-öffnende Angebote der Mütter wie:

- das Halten des Blickkontakts, bis das Baby ihn von sich aus abbricht,
- den Gebrauch von Stimm-Modulationen, die eine auffordernde Intonationsstruktur haben,
- Veränderungen der Körperhaltung, durch die optisch ein Raum geschaffen wird, in den das Kind sich einbringen kann,
- Pausensetzungen, die Raum schaffen für eine Antwort.

Diese Angebote haben die Funktion, dem Kind ein eindeutiges Signal zu geben, dass es nun mit der antwortenden Turn-Übernahme an der Reihe ist. Im Professionskontext ist es für Fachpersonen in der Kindertageseinrichtung hochrelevant, diese Signale des Raumgebens über Körperausdruck und Stimme in der Interaktion mit dem Kind zeigen zu können. Zudem benötigen sie eine professionelle Sicht auf das Prinzip Turn-Wechsel, dies bedeutet eine Sensitivität gegenüber allen Arten von Übernahmen in den unterschiedlichen Modalitäten: Wechsel in Bewegungen, in Blickdialogen im Spiel mit Objekten (Hin und Her, Gib und Nimm etc.).

Häufig wird betont, dass ein Kind sein Tun einstellen wird, wenn es keinen Partner hat, der sein Tun erwidert, der zurückschaut, der ihm etwas aufhebt, der auf sein Schreien reagiert. Aber auch eine Fachperson in Krippe oder KiTa erwartet eine Antwort des Babys und teilt diese Erwartung deutlich mit. Ein Ausbleiben von Antworten kann auch bei ihr zum „Verstummen" führen, wenn z. B. aufgrund einer Behinderung wenig Reaktionen/Antworten vom Kind kommen. Oft führt das Ausbleiben von Antworten auch zu überstimulierenden Verhaltensweisen. Auf diese „Kommunikationsfallen", die gerade in der Wechselseitigkeit des responsiven Verhältnisses begründet sind, muss eine Fachperson bereits in der Ausbildung vorbereitet werden.

3.1.6 Ein sprachliches Gerüst zur Verfügung stellen

Im Kontext sprachförderlichen Handelns sind die so genannten „Scaffolding-Techniken" als didaktische Strategien von besonderer Relevanz. Gemeint ist hier eine Art Gerüstbau-Prinzip (Ritterfeld, 2005a, 2005b), bei dem sich die Bezugspersonen mit ihren Angeboten immer ganz leicht über dem aktuellen Niveau des Kindes befindet (Vygotskij, 2002/1934). Die Sprache wird durch kurze Sätze und überschaubare Strukturen vereinfacht. Bei der Arbeit mit Kindern bis drei Jahren sollten ko-konstruktive mit ko-regulativen Prinzipien zusammenwirken: Die Responsivität zeigt sich in der Abstimmung im Bereich der stimmlichen Äußerungen zum Erreichen einer Spannungsmodifikation genauso wie in der didaktischen Anpassung der Satzlänge und der Abstimmung auf das Konzentrationsvermögen des Kindes.

Fachpersonen zeigen höchst unterschiedliche Grade an Kompetenzen, diese Gerüstbau-Strategien in der Sprache anzuwenden. Für den professionellen Kontext sollte diese sehr komplexe Strategie unter Videosupervision optimiert werden. Die Handlungsanforderungen müssen so zwischen der Pädagogin als der kompetenten Anderen und dem lernenden Kind verteilt sein, dass Ziele gemeinsam erreicht werden können, die ohne diese Form der Unterstützung nicht so leicht oder gar nicht hätten erreicht werden können. Erst durch allmählich nachlassende Unterstützung der Fachperson wird das Kind befähigt, die Ziele auch allein zu erreichen (Holodynski, 2007). Der/die ko-regulierende Andere vermittelt Anforderungs- und Diskrepanzerlebnisse und gibt Hilfen. Erforderlich ist eine hohe Interaktionsdichte zwischen Fachperson und Kind. Auf diese Weise werden basale Kompetenzen zur Entwicklung von Eigenverantwortlichkeit und Gemeinschaftsfähigkeit vermittelt.

Gerade in der KiTa erfolgt die Mehrzahl der Interaktionserfahrungen eines Säuglings oder Kleinkindes während der Pflege, während er/es gefüttert, gebadet, gewickelt oder an- und ausgezogen wird (vgl. Pikler & Tardos, 2008). Pflege bedeutet in der institutionellen Kinderbetreuung die Möglichkeit einer direkten Face-to-face-Kommunikation zwischen der Fachperson und dem Kind mit vielfältigen Lernerfahrungen.

Scaffolding-Strategien müssen in der Ausbildung sowohl in der Pflegeinteraktion (Begrüßung, Füttern, Wickeln, etc.) als auch in typischen Bildungssituationen (ästhetische Bildungsangebote, Bilderbuchbetrachtung, Naturphänomene) über Videoaufnahmen reflektiert werden, um eine Optimierung zu erreichen.

3.1.7 Mit Humor in die doppelte Realitätsebene einführen

Bereits im ersten Lebensjahr können vielfältige Formen humorvoller Interaktionen mit dem Kind beobachtet werden. Einen Rahmen dafür geben z. B. Versteck- oder Gib-und-nimm-Spiele (vgl. Katz-Bernstein, 2004). Wenn Julian sich unter einem Tuch versteckt, fragt die Fachperson in der Krippe vielleicht: *„Ja, wo ist denn der Julian? Ich kann ihn ja gar nicht mehr sehen. Oh, er ist weg, einfach weg. Wo mag er nur sein? – Oh, da ist er ja, da ist ja der Julian, da ist er ja wieder!"* Diese Spiele werden mit zunehmendem Alter des Kindes immer mehr ausgebaut. Bei der Frage *„Wo mag er nur sein?"* wird sie das Spiel zunehmend weiter differenzieren; sie wird z. B. zur großen Freude des Kindes anfangen, im Raum zu suchen und vorgeben, keine Ahnung zu haben, wo es steckt. Auch bei den frühen Geben-nehmen-Spielen wird Humor eingesetzt. Wenn Kinder ein bestimmtes Script kognitiv erfasst haben, bereitet es ihnen oft große Freude, in der wechselseitigen Interaktion eine bestimmte Script-Erwartung aufzurufen und diese dann zu enttäuschen. Auch in der Pikler-Pädagogik wird sehr auf die freudige Interaktion zwischen der Fachperson und dem Kind – dem Spiel mit Script-Erwartung und Script-Enttäuschung – Wert gelegt. Hier ein Beispiel von Katalin Török (2008):

> *Beispiel*
> Die Kinder der Gruppe krochen und krabbelten im Alter von acht bis neun Monaten schon sehr geschickt. Wenn ich sie zum Essen oder Baden rief, haben sie sich lebhaft in Bewegung gesetzt, kamen auf mich zu, sind dann auf halbem Weg umgekehrt und lachten, als sie mein enttäuschtes Gesicht sahen. (Török, 2008, S. 130)

Schon im zweiten Lebensjahr ändern sich mit den zunehmenden Fähigkeiten des Kindes auch die humorvollen Inhalte. Kinder lieben es nun, wenn Erwachsene

Objekte zweckentfremdet gebrauchen, wenn sie mit Bananen telefonieren oder so tun, als wollten sie sich mit der Zahnbürste die Haare kämmen. Entscheidend für den Humor ist zunächst die kognitive Erfassung von Inkongruenz.

> *Beispiel*
> Freude an der schlichten Inkongruenz ist z. B. der Fall, wenn Kleinkinder sich ausschütten vor Lachen, wenn Mutter oder Vater auf dem Boden herumkrabbeln. Früh bilden sie Scripts aus für aufrecht gehende Menschen, wozu die Eltern gehören, und für die vierbeinige Fortbewegungsart von Tieren – oft als „Wauwau" übergeneralisiert. Die Durchkreuzung von Wauwau und Mama oder Papa ist vermutlich lustig; für das kleine Kind bleiben die Scripts trotzdem stabil. Wenn die Eltern auf dem Boden herumkrabbeln, kann das Kind sich amüsieren, die Verletzung seiner Vorstellungen von Normalität also genießen, ohne alle Sicherheiten der Wahrnehmung einbüßen zu müssen. Es nimmt sie als spielerisch wahr, nicht als Bedrohung. (Kotthoff, 2003, S. 5)

Zur intuitiven Didaktik gehört es, dass die Bezugspersonen mit diesen Möglichkeiten spielen. Abgestimmt auf die Fähigkeiten des Kindes werden dabei häufig Körperstimulationen mit eingesetzt. Die Bezugsperson singt mit einem Bären in der Hand: „IIIch bin ein schöner, dicker, weicher, brauner Bär, schau mal her, schau mal her, schau mal her!" Dabei lässt sie den Bären in der Luft nach oben wandern, um ihn dann mit einem „Bu-bu-bu-bumm" auf dem Bein des Kindes landen zu lassen, wo der Bär nun weich im Takt der Sprache nach vorne hüpft und es beim letzten „bumm" am Bauch kitzelt. Mit dem Kleinkind werden mit dem Bären schon kleine Inszenierungen gespielt: Der Bär quält sich z. B. schimpfend und mühsam einen Berg hinauf. Sein übertriebenes Verhalten und sein Ungeschick lösen Freude und Amüsement aus. Auch die Verstellung der Stimme kann Kinder im zweiten Lebensjahr überaus erheitern.

Mit zwei bis drei Jahren werden häufig im Zuge der Sauberkeitserziehung Ausscheidungsprozesse einschließlich der Körpersensationen wie das Schwitzen besonders aufmerksam beobachtet, und die Kinder spielen auch sprachlich humorvoll mit den neuen sensationellen Worten aus den Tabubereichen: Aus Füßen werden Käsefüße oder Käsemauken, Wörter wie pupsen, stinken, Scheiße, Aa werden auch provozierend benutzt.

Mit ca. drei Jahren genießen Kinder das aktive humorvolle Spiel mit der Sprache. Sie bringen absichtlich Begriffe durcheinander, lachen über neue Worte, Begriffe und Redewendungen (Katz-Bernstein, 2004). Im Sprachspiel mit Reimen lachen sie über falsche oder vorsätzlich verzögerte Reime. Oft versuchen sie schon selbst, lustige Begebenheiten zu erzählen, Witze zu machen.

3.1.8 Spiegeln und synchronisieren

Emotionen spiegeln – sich mit dem Kind emotional synchronisieren

Säuglinge verfügen zur Emotionsregulierung zwar bereits über rudimentäre Vorläufer wie das Saugen oder die Blickabwendung, was beides insbesondere der Modulation körperlicher Anspannung dient, sie sind aber auf interpersonale

Spannungsregulation durch die Bezugspersonen wie die Eltern oder die pädagogische Fachperson in der KiTa angewiesen. Diese modulieren nicht nur ihren Erregungszustand, sondern unterstützen sie darin, ein über Ausdruckszeichen vermitteltes Repertoire an Emotionen bei anderen zu erkennen und selbst aufzubauen (Holodynski, 2006).

In diesem Kontext wird insbesondere der Affektspiegelung eine zentrale Rolle zuerkannt (Fonagy, Gergely, Jurist & Target, 2008; Fonagy & Target, 2002). Danach entdeckt das Kind im Rahmen adaptiver Spiegelungsprozesse, etwas bewirken und kontrollieren zu können. Über diesen Prozess lernt das Kind, sowohl seine eigene Befindlichkeit als auch die der Bezugspersonen wahrzunehmen. Dabei kann es seine eigenen Affekte von denen der Bezugsperson unterscheiden, weil die Bezugsperson ihren spiegelnden Affektausdruck in spezifischer, übertriebener Weise markiert. Den Eltern gelingt z. B. eine Beruhigung des Kindes, weil sie den negativen Ausdruck des Kindes kurz aufnehmen, sich also mimisch angleichen, dann halten sie eine kurze Pause ein und spiegeln anschließend mit empathischem Gesichtsausdruck erneut. Reinelt verdeutlicht diesen Prozess mit folgendem Beispiel.

> *Beispiel*
> Ein Kind stürzt und weint. Was tut dann die Mutter? Sie sieht die Schmerzen und Tränen im Gesicht ihres Kindes. Auch ihr Gesicht verzieht sich schmerzlich und teilt so dem Kind mit: Ich leide mit dir, ich verstehe deinen Schmerz. Dann nimmt sie das Kind in ihre Arme, streichelt es und sagt: „Eijeijei ... wird schon wieder gut" (öffnende, lösende Töne). Mit dem Eijeijei und dem Streicheln lässt ihre eigene Muskelspannung auch für das Kind spürbar nach (tonischer Dialog), in ihr Gesicht tritt ein tröstliches Lächeln und sie sagt: „Wird schon wieder gut!" (Zauberspiegel). Das Kind beruhigt sich und beginnt unter Tränen zu lächeln. (Reinelt, 2004, S. 29)

Durch die Markierung des gespiegelten Affekts von den tatsächlichen Affekten der Bezugsperson kann das Kind erkennen, welche Affekte seine eigenen und welche die Affekte der Bezugsperson sind. Die „Markiertheit" verhindert, dass das Kind das gezeigte Gefühl der Bezugsperson zuschreibt (Fonagy & Target, 2002). Diese Prozesse sind möglich, weil das Kind bereits kurz nach der Geburt über die Kompetenz zum motorischen Mimikry verfügt. Es kann visuell wahrgenommene motorische Muster in die zugehörigen propriozeptiven Muster übersetzen und damit mimische Ausdruckszeichen von Emotionen nachahmen wie Lächeln, Stirnrunzeln etc. Holodynski sieht hier eine Abfolge (s. Kasten 1).

Kasten 1: Abfolge der Emotionsregulierung nach Holodynski

1. Eltern spiegeln die emotionalen Ausdrucksreaktionen ihrer Säuglinge.
2. Die Säuglinge registrieren das kontingente Spiegeln recht früh und erwarten es dann auch von ihren Bezugspersonen.
3. Die Säuglinge imitieren die Ausdruckszeichen ihrer Bezugspersonen.

> 4. Das Zusammenspiel von elterlichem affektreflektierendem Spiegeln und kindlichem Ausdrucksmimikry führt zu einer Synchronisation der verwendeten Ausdruckszeichen, bei der sich neben universalen auch dyadenspezifische Ausdruckszeichen herausbilden. (Holodynski, 2006, S. 102)

Das Kleinkind lernt erst nach und nach seine Emotionen zu kontrollieren und Bedürfnisse aufzuschieben. Ein reflexiver Umgang mit Emotionen ist nicht nur davon abhängig, dass das Kind zwischen Selbst und Anderem unterscheiden kann, sondern auch von seiner Fähigkeit, sich selbst in Bezug zu Vergangenheit, Gegenwart und Zukunft zu sehen. Nach Bischof-Köhler (2000) entsteht ein solches Zeitbewusstsein erst im Alter von vier bis sechs Jahren. Zur intuitiv-didaktischen Verhaltensstrategie gehört daher, dass die verwendeten Wörter in der Interaktion alltagsbezogen sind und sich beim kleinen Kind überwiegend auf den Kontext im Hier und Jetzt beziehen müssen. Die Erweiterungen, die zu einem Verständnis von gestern, heute und morgen führen, erfolgen über Strategien wie z. B. den Memory Talk (Nelson, 2009; Welzer, 2011).

Spiegeln und synchronisieren über die Stimme:
Das Phänomen der Motherese/Teacherese

Zur intuitiven Didaktik gehört als spezifisches, stimmlich-sprachliches Phänomen die Motherese – bei der Fachperson auch Teacherese genannt – als wesentliches Beziehungsangebot. Verwendet werden dabei eine höhere Tonlage, eine ausgeprägte Sprechdynamik mit erweitertem Stimmumfang und muttersprachspezifische Betonungen (Papoušek & Papoušek, 1987). Im Interaktionskontakt werden besonders oft einzelne Laute stark betont, lang gezogen oder moduliert, sodass für das Kind eine Faszination von diesen Lautierungen ausgeht. Melodische Gesten werden eingesetzt und mit Lautstärkekontrasten gearbeitet. Eine wichtige Rolle spielen zudem Wiederholungen und Variationen der melodischen Phrasen. Fachpersonen regulieren hier über ihre Stimme die Erregungssituation des Kindes. Die ko-regulative Kompetenz einer Fachperson ist ganz wesentlich im professionellen Einsatz der Stimme zu sehen, über die Spannungsaufbau- und Spannungsabbauprozesse zu modulieren sind. Neben der Modulation von Erregung ist der lehrstrategische Wert dieser Stimmgebung herauszuheben wie beispielsweise die didaktische Funktion der Aufmerksamkeitsfokussierung. Die Prosodie erleichtert die gesamte lexikalische und syntaktische Sprachverarbeitung.

Spannung abbauen mit der Stimme
Zum Beruhigen des schreienden Säuglings oder des weinenden Kleinkindes werden in der Motherese für den Spannungsabbau eine dunklere Stimmfärbung und eine langsam fallende Sprechmelodie verwendet. Zudem werden eher offene Vokale oder offene Vokale in Verbindung mit weich klingenden Konsonanten benutzt. Ein solcher Gebrauch der Stimme ist auch in der Interaktion mit unruhigen Kindern und zwar bereits in der Begrüßungssituation in der KiTa ange-

messen. Die erhöhte Spannungslage eines Kindes wird erfasst und von der Pädagogin nach unten reguliert.

Spannung aufbauen mit der Stimme
Um Aktivität und einen Spannungsaufbau anzuregen, werden im Rahmen der Motherese eher hohe Frequenzen und steigende Melodien genutzt. Auch hier kann diese Form der Stimmführung bereits in der Begrüßungssituation in Krippe oder KiTa eingesetzt werden: das Kind mitnehmen auf einem Spannungsbogen und damit „in Schwung bringen".

Durch Intonationsmarkierungen das Verstehen der Sprache unterstützen
Im Alter von vier bis acht Monaten, wenn Kinder lernen, Intonationsmuster aus dem sprachlichen Klangstrom zu unterscheiden, werden erste assoziative Verknüpfungen zwischen sprachlicher Äußerung und Gegenstand/Handlung/Ereignis möglich. Die Prosodie der Stimme ist ein entscheidender Faktor für das Sprachverstehen. Die Fachperson hebt in äußerst vielfältiger Weise die bedeutungstragenden Wörter in ihrer Sprechweise hervor.

Sprachliches Spiegeln: Das dialogische Echo

In sprachlichen Spiegelungsprozessen richtet das Kind Vokalisationen an die Bezugsperson, die von dieser in Bezug auf Tempo, Prosodie, Ausdruck so identisch wie möglich wiederholt – beantwortet – werden. Von Horsch (2004) wird dies als dialogisches Echo bezeichnet. Sie kritisiert, dass Fachpersonen hier häufig dazu neigen, ein als sinnlos empfundenes Sprachprodukt des Babys in „richtige", sinnvolle Sprache zu übersetzen. Die fachliche Aufgabe liegt hier gerade darin, die Lautierungen genau so zurückzuspiegeln, wie sie intoniert wurden. Babys reagieren darauf oft mit Staunen, was von der Fachperson ebenfalls zurückgespiegelt werden kann.

Sich in Bewegungsmustern spiegeln: Synchronisieren, abwechseln und kooperieren

Fachpersonen, die mit Säuglingen und Kleinkindern bis drei Jahren arbeiten, benötigen ein hohes Maß an Berührungs- und Bewegungskompetenzen. In der wechselseitigen Bewegungsinteraktion mit dem Kind spielen dabei sowohl Synchronisation als auch wechselseitige Kooperation insbesondere im Prozess des „Handlings" eine wesentliche Rolle. Die Fachperson ist gefordert, einen qualifizierten Kontakt herzustellen, der sich darin ausdrückt, sich im Bewegungstempo und im Bewegungsablauf auf das Kind einzustimmen. Hier ist eine Schulung der Selbstwahrnehmung unabdingbar. Die erforderliche Berührungskompetenz zeigt sich im Vorhandensein eines umfassenden Repertoires auch an unterschiedlichen Berührungsarten, die responsiv eingesetzt werden können, um die Spannungslage eines Kindes zu regulieren. Im Fokus stehen hier insbesondere die Bewegungs- und Berührungsinteraktion beim Tragen, beim Füttern und Wickeln, beim An- und Auskleiden, beim Waschen und Baden, beim Schlafen und in der Fortbewegung. Auch die Art und Weise, wie sich die Pädagogin durch den Raum bewegt, wie sie mit Gegenständen umgeht, z. B. beim Decken des Tisches oder bei Aktivitäten mit einer Kleingruppe von Kindern, hat Auswirkungen auf das Gesamtklima der Gruppe. Genau wie im Bereich der sprachlichen Interaktion ist es in Bezug auf den Austausch im Bereich Bewegung kulturabhängig, wie intensiv Bewegungs- und Berührungsstimulation von Säuglingen und Kleinkindern sein dürfen, um von Erwachsenen noch als „natürlich" und angemessen empfunden zu werden oder als intrusiv oder schädlich. In den sich täglich wiederholenden Aktivitäten sind folgende Aspekte in Hinblick auf Professionelle Responsivität zu analysieren:

- die Bewegungskompetenzen des Erwachsenen,
- die Bewegungskompetenzen des Kindes,
- die wechselseitige Bewegungsinteraktion zwischen Kind/Kindern und Erwachsenen,
- die Mensch-Umgebungs-Interaktion (Bewegungsanforderungen im Gravitationsfeld, Ergonomie des Inventars, Raumgestaltung etc.),
- Bewegungsausdruck, emotionaler Bedeutungsgehalt.

Fachpersonen unterscheiden sich sehr in der Art und Weise, wie sie den emotionalen Berührungskontakt gestalten, wie häufig sie beispielsweise in der Kindergruppe über Berührung arbeiten, wie sie das Kind halten oder den Kontakt herstellen, wie und wo die wechselseitige Berührung erfolgt, ob ihr Körpertonus und der des Kindes aufeinander abgestimmt sind. Unterschiedlich werden auch die Bewegungsäußerungen des Kindes interpretiert: Wenn es sich steif macht oder mit den Füßen tritt, kann die Fachperson dies als Ablehnung deuten oder als „kleine Kraftübung". Sie kann darauf eingehen oder ganz und gar darüber hinweggehen. Nach Downing (2007, S. 153) stellt früher Berührungskontakt einen rhythmisierten Austausch dar, der auf einem Fluss von Signalen beruht, zu dem beide Seiten beitragen.

Obwohl es sehr viele Ansätze gibt, die in unterschiedlicher Form den somatischen Dialog zwischen Kindern und Erwachsenen thematisieren, wird dieser Bereich noch immer zu wenig theoretisch reflektiert und weist noch viele Forschungsdesiderata auf.

Transmodal spiegeln

Als transmodales Spiegeln werden Interaktionsprozesse bezeichnet, in denen die Fachperson Bewegungs- oder Stimmgebungsmuster oder auch Spielhandlungen des Kindes aufnimmt und in einer anderen Modalität spiegelt, als vom Kind vorgegeben (vgl. Stern, 2007). Hier spielen körperliche Resonanzprozesse eine Rolle: Wenn das Kind Lautierungen wie z. B. ein überraschtes „Oh!" von sich gibt, spiegelt die Pädagogin z. B. mit einem theatralen Hochziehen und abrupten Fallenlassen der Schultern. Sie übersetzt also das „Oh!" in diese Bewegungen. Das Handeln des Kindes kann von ihr auch lautmalerisch gespiegelt werden: Wenn das Kind harte Muggelsteine mit lauten Geräuschen in einen Topf fallen lässt, begleitet die Pädagogin vielleicht mit: *„Klacker, Klacker, Klack*, das ist aber laut!" oder bei einer Arbeit mit dicken, wuscheligen Bällen gleicht sie sich an mit: *„Wum wum wum!* Die sind ja weich, ganz weich!" Im Abstimmungsprozess des transmodalen Spiegelns werden Verhaltensweisen des Kindes aufgegriffen und dabei ganz leicht modifiziert, sodass eine Erweiterung oder Verfeinerung des Ausdrucks möglich ist.

Insbesondere im Bereich der Kunst spielen transmodale Prozesse eine Rolle, wenn (Sinnes-)Eindrücke von einer Modalität in eine andere „übersetzt" werden: Farbe und Form in Klang, Klang und Melodie in Gewebe, Bilder in Bewegungen. Diese Übersetzungen lassen sich auch in der frühpädagogischen Arbeit mit Kindern umsetzen, z. B. im Kontext von künstlerischer Arbeit wie dem vom Frühförderpädagogen Norbert Hanke (2000) entwickelten Action-Painting – Malen als Erlebnis. Das Erlebnismalen bietet dem Kind eine vielfältige Auswahl an sensomotorischen Inhalten: Gemalt wird mit ungewöhnlichen Materialien in der Regel auf großen Leinwänden z. B. mit großen und kleinen Rollen, Walzen, Spachteln oder Besen. Farben werden geschüttet, „Lebensspuren" gelegt, mit Farbe gefüllte Bälle auf die Leinwände geworfen und zum Platzen gebracht. Ausgangspunkt sind dabei harmonische Farbklänge.

3.1.9 Musikalisch interagieren

Insbesondere die neurowissenschaftliche Forschung hat in den vergangenen Jahren bestätigen können, dass sich das kindliche Gehirn nicht von allein entwickelt, sondern in der sozialen Interaktion mit Anderen. Beim Aufbau der neuronalen Architektur ist wichtig, dass das Gehirn auf möglichst vielfältige Weise genutzt wird. Einen Weg, diese Vielfalt zu fördern, sieht Hüther (2009) in besonderer Weise in der Aktivität des Singens: Über musikalische Interaktionsmuster kann das Kind soziale Resonanzerfahrungen machen. Zentral ist insbesondere das Erleben, mit anderen zusammen „größer" werden zu können, über sich selbst hinauszuwachsen, eine Intensität zu erreichen, wie man es niemals allein geschafft hätte. Durch unbekümmertes begeistertes Singen lernt ein Kind, sich auf Andere zu beziehen und zuzuhören. Es erfährt in freudvollen Austauschprozessen Selbstwirksamkeit, z. B. beim Erleben, die eigene Stimme vielfältig modulieren zu können.

Mechthild und Hanus Papoušek (1987, 2003, 2008) haben in ihrer Forschung zur intuitiven Didaktik auch die musikalischen Phänomene deutlich herausgearbeitet. Sie beschreiben das „Duettieren" von Bezugspersonen und Babys in der Phase des Lallens. Angeregt durch vielfältige Stimmspiele beim Lallen findet das Kind seinen Weg zu kleinen musikalischen Singimprovisationen (H. Papoušek, 2003). In unterschiedlichen Tonlagen erkundet es Rhythmus, Klangfarbe und Lautstärke und gibt seinen Stimmungen und Emotionen Ausdruck. Im Alter von zwölf Monaten, wenn auch Gesten und erste Worte auftreten, ist ein jargonartiges Lallen zu hören („Jargon-Babbling"). Ketten von wortartigen Konsonant-Vokal-Verbindungen werden mit muttersprachlicher Betonung produziert. In der deutschen Sprache ist der Leitrhythmus des Trochäus, also der Wechsel von betonten und unbetonten Silben charakteristisch, wie z. B. bei Nase. Wenn Kinder Laute, die sie hören, nachahmen – ihre eigenen und die der Bezugspersonen –, entwickeln sie dabei eine Art „Mund-zu-Laut-Landkarte". Dabei hilft ihnen ihre Fähigkeit zur transmodalen Wahrnehmung zu spüren, wie sie den Mund bewegen müssen, wenn sie einen Laut hören. Als „Fast-Mapping" (schnelles Zuordnen) wird dabei der Prozess bezeichnet, in dem das Kind lernt, die Lautkette, die es hört, mit Ereignissen, Objekten und Handlungen zu verknüpfen (Schlesiger, 2005). Kinder entwickeln hier im Sinne einer Lernstrategie Hypothesen über den Zusammenhang von Begriffen und Dingen. Die ersten Vokalisationen, die zwischen Bezugsperson und Kind ausgetauscht werden, zeigen die Nähe von Musik und Sprache auf. Sie teilen die Parameter der melodischen Kontur, des Rhythmus, der Tonhöhe, des Tempos und der Intensität. Durch die Qualität des Musischen in den frühen Austauschprozessen werden Begriffe emotional aufgeladen. Nach Oerter ist daher Musik

> *... in erster Linie Kommunikation und erst nachfolgend ästhetischer Genuss. Dabei sollte Musik immer als gemeinsames Handeln, in dem Information mit emotionalem Gehalt ausgetauscht wird, praktiziert werden. Letztlich stellen alle Formen des Musizierens und Musikhörens Formen der Kommunikation dar. (Oerter, 2002, S. 6)*

Musik ist eine Möglichkeit, miteinander in Beziehung zu treten und sich etwas mitzuteilen. Rhythmus, Klang und Modulation können zudem in ihrer Bedeutung als Sprachverständnis- und Symbolträger gesehen werden. Stimmlichkeit, Klänge und Rhythmizität weisen eine semantische Dimension auf. Musik kann:

- Eigenschaften bezeichnen (hoch, tief, hell, dunkel),
- Stimmungen vermitteln (traurig, fröhlich, ängstlich, wütend),
- Überraschungseffekte implementieren (z. B. durch unerwartete Akkorde, plötzliche Dynamikwechsel),
- an Objekte erinnern (Spieluhr) (vgl. auch Koelsch, 2004).

Kinderlieder können semantische Felder und Themenbereiche erschließen helfen (Tiere, Bauernhof), Geschichten erzählen (Hänsel und Gretel), Gefühle ausdrücken (Lachlieder) und in überaus freudvoller Weise das Lautieren erweitern (lustige Silben-Rhythmicals). (Tänzerische) Bewegung, Mimik und Gebärden unterstützen dabei insbesondere Verstehensprozesse.

Eine große Nähe zur Musik ist in den Lautmalereien und Silbenspielen zu sehen, die es ermöglichen, die Magie und den Zauber der Sprache zu entdecken. Neben den bedeutungsunterstellenden Kontakt treten fröhliche Reiterspiele (hopp, hopp, hopp), Hand- und Fingerspiele (Tip, Tip, Tap), Wasser- und Badespiele (pitsch, pitsch, patsch), die Nachahmung von Geräuschen und Klängen wie das Tick-Tack der Uhr, das Brm Brm des Autos, aber auch magische Stammesrituale (A uka uka U), zu denen getanzt oder gestampft wird, geheimnisvolle Beschwörungsformeln (Mantje Mantje timpe te), mit denen ein Gegenstand zum Erscheinen gebracht werden kann. Neben dem Zugang zur gesprochenen Sprache eröffnen Lautmalereien auch oft einen Weg zu Bildern und Büchern. Das Wecken des Interesses für Bilder ist dabei insbesondere auch im Kontext Unterstützter Kommunikation von Bedeutung. Erste Bilderbücher werden für das Kind besonders interessant, wenn jedes Bild mit einer Lautmalerei verknüpft werden kann. Diesen Anspruch erfüllen viele Bilderbücher keineswegs. So finden sich z. B. bei den frühen Bilderbüchern oft ungünstige Zusammenstellungen wie

z. B. eine Bildabfolge von Hund, Katze, Esel, Schnecke und Eimer. Da die Schnecke und der Eimer nicht lautmalerisch darzustellen sind, unterbrechen sie den Fluss des Buches erheblich. Lautmalereien werden früh verstanden und häufig spontan nachgeahmt. Vielfach sind sich Fachpersonen unsicher, ob sie eine solche „Babysprache" überhaupt einsetzen dürfen. Zollinger (2015) kritisiert, dass eine solche Warnung von einer Sichtweise zeugt, die ein Kind als ein konditionierbares und passives Wesen betrachtet, dem man also nicht zugesteht, dass es selbst großes Interesse hat, die Sprache zu entdecken.

Stimme und Sprache werden in der Arbeit mit kleinen Kindern in überaus vielfältiger Weise in Reimen und ritualisierten Spielen, aber auch in Tänzen oder Bewegungsspielen angeboten (Stadler Elmer, 2000). Viele der musisch-rhythmischen Stimm- und Bewegungsspiele enthalten ein Muster von Spannungsaufbau, -abbau und Ruhe, was überaus lustvoll gestaltet werden kann. Das Kind wird dabei auf der Spannungskurve des Atems, der Stimme, der psychischen Erwartung mitgenommen, wobei im gemeinsamen Lösen der Spannung das gemeinsame Vergnügen liegt (H. Papoušek, 2003). Stimme und Bewegung werden dabei synchronisiert und rhythmisiert.

Jenseits des Übens – in einer Atmosphäre der Freude – werden über die Musik intensive Glücksgefühle ausgelöst. Dabei wird ein „Flow-Erleben" möglich, das mit Kontemplation, einem in die Situation Hingegeben-Sein einhergeht (Csikszentmihalyi, 2010; Oerter, 2002). Wichtig ist in diesem Zusammenhang die regulative Wirkung insbesondere des Singens im Sinne von Angstreduktion und/ oder Stressminimierung. Stress und Angst wirken sich auf die Gehirnentwicklung äußerst negativ aus. Sie verändern die neuronale Struktur des Gehirns und bleiben im Körpergedächtnis als somatische Marker bestehen (Bauer, 2009, 2010). Insbesondere das Singen bringt körperliche Prozesse in Gang, die gegensteuern: Während bei einer Emotion wie Angst die Muskulatur angespannt und die Atmung flach wird, löst Singen die gegenteiligen Prozesse aus: Der Herzschlag rhythmisiert sich, die Atmung vertieft sich, die Muskulatur wird durchblutet und entspannt sich, der Körper wird warm. Begeisterung und Freude beim Singen sind dabei die wesentlichen Faktoren. Die Pädagogin kann Verhaltensweisen und Stimmungen der Kinder gesanglich aufnehmen und silbischrhythmisch begleiten. Klänge helfen Getrennt-Sein, Verbunden-Sein und Sich-Beziehen symbolisch auszuüben. Sie haben eine sozial orientierende Funktion und beginnen bei regelmäßiger Verwendung die Situationen, in die sich das Kind eingebunden fühlt, vertreten zu können. Begleiter von Alltagsroutinen sind die folgenden Lieder:

Wiegenlieder

Wiegenlieder beruhigen kleine Kinder und dienen dem Abbau hoher emotionaler Spannungen. Sie können bei der Gestaltung der alltäglichen Mikrotransitionen, den kleinen Übergängen, beispielsweise vom Essen zum Schlafen, aber auch bei der „Übergabe-Interaktion" hilfreich sein, wenn das Kind unruhig, aber müde ist. Die Art und Weise des Singens ist dabei wichtig, die Stimmführung muss weich und ruhig sein, das Tempo langsam, oft wird eine Zeile immer und immer wiederholt. Im responsiven Beziehungsverhältnis ist hier auch eine beruhigende Rückwirkung auf die Fachperson selbst auszumachen.

Lieder für die Alltagsroutinen

Lieder für die Alltagsroutinen sind oft von der Pädagogin erdacht und begleiten die Kinder durch die Alltagsroutinen wie Essen, An- und Ausziehen, Händewaschen im Waschraum etc. Sie helfen wiederum bei der Bewältigung der Übergänge – den Mikrotransitionen (ausführlich ab S. 77 in diesem Buch) – im Institutionsalltag, z. B. vom Schlafen wieder zum Spielen, vom Spielen zum Wickeln; viele Kinder zeigen hier regelmäßig Adaptionsschwierigkeiten, sie weinen und sind nur schwer zu beruhigen. Selbst ausgedachte Lieder lassen sich im Tempo und in ihrem Spannungsintensitätsgrad an die Spannungslage des Kindes oder der Kindergruppe anpassen, um hier modulierend zu wirken.

Kniereiterlieder, Schoßlieder

Kniereiter- bzw. Schoßlieder werden face-to-face umgesetzt. Verwendet werden zahlreiche spannungsintensivierende Techniken der Körperstimulation, gearbeitet wird mit plötzlichen Unterbrechungen, Spannungs-Peaks und Spannungsabbrüchen. Kleine dramatische Miniaturen gelangen zur Aufführung. Im Professionskontext ist es wichtig, bei dieser Form der musisch-rhythmischen Interaktion dem Kind die Möglichkeit zur Antizipation und der rhythmischen Angleichung lassen.

Spiellieder

Spiellieder können sowohl drinnen als auch draußen durchgeführt werden. Der Text wird meist durch eine intensive Gestik unterstützt. Bei kleinen Kindern ist hier das Moment der Verlangsamung wichtig, damit sie mitmachen können. Die Pädagogin orientiert sich daher beim Singen weniger am vorgegebenen Tempo des Liedes, sondern an den Signalen der Kinder, am Tempo ihrer Bewegungsausführung, an ihrem „Mitgehen", besonders, wenn Bewegungen zum Text passend ausgeführt werden sollen.

3.1.10 Einführen und Nutzen von „Übergangsobjekten"

Das Phänomen des „Übergangsobjekts" wird hier in einen erweiterten Kontext zur intuitiven Didaktik eingeordnet. Es ist von besonderer Bedeutung, um Kindern die Transition von der Familie in eine Form der Kindertagesbetreuung zu erleichtern. Der englische Kinderpsychotherapeut Winnicott (1969) beschrieb das Phänomen, dass sich Kinder im ersten Lebensjahr oft einen Gegenstand aus ihrer Umgebung wählen, der eine ganz besondere Bedeutung für sie hat. Meist handelt es sich dabei um weiche Gegenstände wie eine Schmusedecke, ein Nuckeltuch, einen Bären oder eine kleine Puppe. Mit diesem von Winnicott als Übergangsobjekt bezeichneten Gegenstand kann sich das Kind in Augenblicken der Einsamkeit, Frustration und Trauer ein Ritual des Mutterersatzes schaffen und sich – meist rhythmisch an ihm nuckelnd – über erste Trennungen hinwegtrösten (Katz-Bernstein, 2000, unter Bezug auf Winnicott, 1969). Durch dieses Übergangsphänomen wird ein intermediärer Raum zwischen Fantasie und Wirklichkeit gebildet. Dieser intermediäre Raum ist nach Winnicott der Ort für erste imaginäre Symbolhandlungen, für Symbolisierung und Kreativität. Das Übergangsobjekt trägt häufig Merkmale des Lebendigen, es ist weich, warm und kuschelig und hat durch das Tragen am Körper des Kindes und das Daran-Nuckeln oft einen intensiven Geruch. Später ist das Übergangsobjekt auch „Gesprächspartner" für das Kind, mit dem Interaktionen nachgespielt, verändert und erweitert werden. Das Kind lernt soziale Regeln zu verstehen und eigene Lösungen für Konflikte zu suchen. Als Übergangsobjekt, das dem Kind hilft, erste Trennungen zu verarbeiten, kann auch die Jacke oder Tasche der Mutter fungieren, die in der KiTa zurückgelassen wird, um zu signalisieren: Ich bin noch da, ich werde wiederkommen.

In der westlichen Kultur (Crib and Cradle Cultures) sind Übergangsobjekte bei Kindern sehr verbreitet. In Kulturen, die über einen erheblich längeren Zeitraum engen Körperkontakt mit dem Kind aufrechterhalten (Back and Hip Cultures), haben Kinder keine Übergangsobjekte. Dort werden auch andere Arten intuitiv-didaktischer Strategien angewendet.

3.1.11 Ansätze, die Strategien der intuitiven Didaktik nutzen

Für die Arbeit mit Kindern bis drei Jahren sollte eine Fachperson über alle genannten Strategien der Interaktion auf der Ebene der Bewegung, der Musik, der Sprache und der Stimme verfügen. Diese Verfügbarkeit ist zentral im Gesamt der Professionellen Responsivität gegenüber dem Kind oder der Kindergruppe. Im Folgenden wird anhand von vier Ansätzen aus den Bereichen Therapie, Beratung, Pflege und Pädagogik die zentrale Rolle professionell responsiver Strategien illustriert. Sie wurden auf der Basis von Videoaufnahmen ausgewählt. Keiner der Ansätze nutzt alle aufgeführten intuitiv-didaktischen Interaktionsformen. Dies ist auch auf die unterschiedlichen Zielsetzungen zurückzuführen: Eine Sprachtherapeutin wird überwiegend sprachliche Strategien einsetzen, eine Beraterin wird eher selten eine musikalische Interaktion pflegen. Alle Beispiele liefern aber für Fachpersonen in der Frühpädagogik sehr wertvolle Impulse, da in den Filmaufnahmen die Wirksamkeit der Professionellen Responsivität im Verhalten der Akteure sichtbar wird. Auffällig ist, dass die Selbstdarstellungen der jeweiligen Interventionsansätze immer auch blinde Flecken enthalten. Ausgewählt wurden:

- *Die Sprachtherapie für kleine Kinder nach Zollinger*
  Zollinger vermittelt ihre Sprachtherapie für kleine Kinder an Fachpersonen aus Pädagogik, Medizin und Therapie weitgehend über Filmaufnahmen, die die konkrete Sprachtherapie von ihr oder ihren Kolleginnen mit kleinen Kindern zeigen. Zu sehen ist in der Regel eine Therapeutin mit einem Kind in einer Spielinteraktion.

- *Video-Interaktionsberatung nach Aarts oder Biemans*
  Das von Aarts entwickelte Marte Meo oder das Video-Home-Training von Biemans zeigen die Eltern, ein Elternteil oder die Familie in alltäglichen Interaktionsprozessen mit ihren Kindern. Die Beraterin oder der Berater fokussieren dabei auf die Gelingensprozesse in der Interaktion zwischen Eltern/Elternteil und Kind. Diese Gelingensprozesse sind Momente, in denen responsive Strategien verwendet werden. Einige der Methoden werden auch in und für Fachteams eingesetzt, die mit Kindern arbeiten.
- *Pikler-Pädagogik*
  Die im Emmi-Pikler-Institut in Budapest entstandenen Filme zeigen Fachpersonen in der Interaktion mit Säuglingen und Kleinkindern, die dort sowohl zur Reflexion der pädagogischen Arbeit als auch zur Ausbildung, Fort- und Weiterbildung von Fachpersonen aus dem In- und Ausland eingesetzt werden. Im deutschsprachigen Raum haben auch Gonzalez-Mena und Widmeyer Eyer (2009) Filmaufnahmen für die Arbeit mit Kindern bis drei Jahren verfügbar gemacht.
- *Kinaesthetics Infant Handling von Maietta und Hatch*
  Der Film über das Kinaesthetics Infant Handling von Maietta und Hatch (Asmussen-Clausen, Buschmann, Maietta & Hatch, 2005) zeigt die wechselseitige Bezogenheit von Kind und Erwachsenen in der Bewegungsinteraktion bei Alltagshandlungen.

Sprachtherapie mit kleinen Kindern ab zwei Jahren nach Zollinger

Zollinger arbeitet in der frühen Sprachtherapie mit kleinen Kindern ab circa zwei Jahren, die die repräsentative und kommunikative Funktion der Sprache noch nicht entdeckt haben. Die Kinder kommen insbesondere zur Therapie, weil Sprachverständnisprobleme und Probleme im Sprachgebrauch zu Hause und in der KiTa zu vielen Situationen der Verunsicherung und Überforderung führen. Zollingers Therapie fokussiert darauf, die Prozesse zu unterstützen, die zur Entdeckung der Sprache als Kommunikations- und Repräsentationsmittel beitragen (2008, 2015). Sie stellt dabei insbesondere das Bedeutung-Geben der Fachperson in den Mittelpunkt ihrer sprachtherapeutischen Arbeit mit kleinen Kindern und betrachtet es als Grundlage der sprachlichen Interaktion. Nach Zollinger besteht die wesentliche Aufgabe der Fachperson darin, der Welt, dem Spiel des Kindes eine Bedeutung zu geben. Das „Wie" des Bedeutung-Gebens, das sie als Grundlage des Verstehens überhaupt betrachtet, hat sie deutlich herausgearbeitet:

> *Jede Tätigkeit hat ihren Sinn, und deshalb gibt es auch kein „sinnloses Spiel" – ebenso wie es kein „Nichts-Tun" gibt. [...] Sobald ich diese Sinnhaftigkeit anerkenne, kann ich dem Tun auch eine Bedeutung geben – ganz einfach, indem ich es bezeichne. [...] Ich sage also: „Ah, diese Puppe braucht ein Pflaster am Bauch" und vielleicht frage ich „Hat sie Bauchschmerzen?" Oder ich beschreibe: „Die Puppe hat nicht nur am Bauch Weh, sondern auch am Arm – oh, und an den Füßen – und sogar an den Händen? – die hat ja ganz viele Verletzungen!" (Zollinger, 2004, S. 15)*

Sprache wird bei Zollinger insbesondere im Kontext von Spielinteraktionen in Situationen geteilter Aufmerksamkeit angeboten. Das Bedeutung-Geben ist dabei an Sinnstrukturen gekoppelt: Die Fachperson muss den für das Kind bedeutungsvollen Inhalt treffen, was weitaus anspruchsvoller ist, als ein schlicht handlungsbegleitendes Sprechen. Relevant ist dabei insbesondere, auf welchem Niveau das Kind spielt, ob es beispielsweise rein funktional spielt oder bereits das Handlungsresultat seines Spiels beachten kann. Über das Funktionsspiel lernt das Kind Dinge so genau kennen, dass es die entsprechenden Handlungen mit zunehmender Leichtigkeit ausführen kann und die Handlungen nicht seine ganze Konzentration fordern (Zollinger, 2015). Es kann dann mit ca. 18 Monaten die Entdeckung machen, dass seine Handlungen auch ein Resultat haben:

> ... beim Malen entsteht ein Strich, beim Umleeren sieht es, dass die eben noch leere Tasse jetzt eine volle ist – und es realisiert auch, dass die Anderen auf bestimmte Handlungen reagieren. Durch diese Entdeckung erscheint die Welt in einem ganz neuen Licht: Nicht mehr das Tun selbst oder der Gegenstand als solcher stehen im Vordergrund des Interesses, sondern die Tatsache, dass die Welt verändert werden kann. (Zollinger, 2015, S. 27)

Wenn das Kind den Übergang vom Funktions- zum Symbolspiel leistet, beginnt es zu erkennen, dass Sprache etwas verändert, dass sie Gefühle und Vorstellungen auslösen kann. Das Bild von der Welt erweitert sich um innere Bilder. Es wächst ein elementares Verständnis für Raum, Zeit und Kausalität (vgl. Mathieu, 2008). Das Kind löst sich zunehmend von einem Situationsverständnis, beginnt auch unsinnige Aufforderungen zu verstehen und mit „Nein" zurückzuweisen. Bis zum Alter von vier Jahren müssen Kinder handeln, um zu verstehen. Die zunehmende Syntaxentwicklung ermöglicht es dann erst, auf die Handlung zu verzichten und sich ausschließlich auf die Sprache zu verlassen. Mehrere Sprachelemente einer Aussage können zunehmend verknüpft und verstanden werden. Das Kind kann jetzt beginnen, Fragen zu stellen, was ein Vorverständnis von der Welt erfordert.

Die Aufgabe der Fachperson, der Welt des Kindes eine Bedeutung zu geben, vollzieht sich vor dem Hintergrund dezidierter Kenntnis der praktisch-gnostischen, symbolischen, sozial-kommunikativen und sprachlichen sowie kommunikativen Entwicklungen, die mit unterschiedlichen Spielformen und Arten und Weisen des Spielens verbunden sind. Für das Bedeutung-Geben ist auch das „Timing" zu beachten, der stimmige Moment, denn es muss dann erfolgen, wenn das Kind gerade aufnahmebereit ist. Ist es mit einer schwierigen motorischen Aktivität befasst – wie beispielsweise den Deckel auf den Malstift zu bringen – wird nicht zu der Handlung, sondern nach vollbrachter Handlung Bedeutung gegeben. In den Filmaufnahmen werden wichtige Strategien zwischen Kind und Therapeutin herausgearbeitet, neben dem sprachlichen Verhalten ist dies auch der trianguläre Blickkontakt.

Video-Interaktionsberatung nach Aarts (Marte Meo) und Biemans (SPIN/ATI)

Es gibt eine Reihe unterschiedlicher Ansätze der Video-Interaktionsberatung. Beispiele sind hier die von Aarts, Niederlande, entwickelte Marte-Meo-Methode, das Video-Home-Training sowie Video Interaction Guidance, beide von Biemans. Diese Ansätze haben im Bereich der Sozialarbeit große Verbreitung gefunden und zwar insbesondere dort, wo eine Zusammenarbeit mit hoch belasteten Eltern erreicht werden soll. Diese Gruppe von Eltern nimmt Beratung nicht gut an und bricht überproportional häufig Interventionen ab. Aus diesem Grund wird der Erhaltung des Arbeitsbündnisses allerhöchste Priorität eingeräumt. Dies zeigt sich darin, dass die Eltern in all ihren positiven intuitiv-didaktischen Verhaltensstrategien unterstützt werden, auch wenn ihr Verhalten gerade noch als hinlänglich bezeichnet werden kann. In gewisser Hinsicht gibt der Berater oder die Beraterin den Eltern die Art von Zuwendung, die sie ihren Kindern geben sollen. Das Beratungsverhalten weist dabei eine sehr balancierte Mischung aus spiegelnden und komplementären Verhaltensweisen auf. Biemans beschreibt in einem seiner frühen Aufsätze aus den 1980er Jahren die klare Orientierung am Interaktionsstil der intuitiven Didaktik. Er betont dabei die Wichtigkeit der Körpersprache der Helfer:

> *Er reagiert nicht auf die Missstimmung in der Familie, indem er selbst missgelaunt wird, sondern hilft der Familie auf eine sehr ursprüngliche Weise, in eine bessere Stimmung zu kommen. Sein Verhalten ist vergleichbar mit der Körpersprache von Eltern im Kontakt mit einem Neugeborenen. Er plaudert, benennt in einem freundlichem Tonfall zustimmend, was die Familienmitglieder sehen, hören und fühlen und unterstützt den gegenseitigen Austausch, der nicht nur auf die Spiegelung von positiven Gefühlen beschränkt ist, sondern auch das gemeinsame Handeln beim Spiel, beim Essen und beim Gespräch mit einbezieht. [...] Er bringt die Familie immer wieder aufs Neue in eine gute Stimmung. Momente der Aufmerksamkeit, die die Familienmitglieder füreinander haben, werden aufgegriffen, der Helfer stimuliert und unterstützt sie, sodass sie ausgedehnt werden können. (Biemans, 1985, S. 2)*

Biemans und Aarts hatten ihr jeweiliges videogestütztes Verfahren zunächst zusammen entwickelt und dann jeweils eigenständig weiter ausgearbeitet. Fachpersonen aus unterschiedlichen sozialen Feldern werden heute in SPIN (Stichting Promotie Intensieve Thuisbehandeling Nederland, Biemans) oder Marte Meo (Aarts) geschult. Auch die Marte-Meo-Beraterin arbeitet mit Videoaufnahmen, die mit den Eltern/Fachpersonen besprochen werden. Der Fokus wird auf die Identifikation positiver Verhaltensweisen gelegt. Als zentrale Elemente, die in den videografierten Sequenzen als positive Verhaltensweisen erkannt werden können gelten a) das Wahrnehmen, b) das Bestätigen, c) das Benennen, d) das Abwechseln und e) das Lenken und Leiten (Bünder, Sirringhaus-Bünder & Helfer, 2009). Das Bedeutung-Geben in einer Situation wird in dieser Methode als „bestätigen und benennen" bezeichnet. Die Autoren bringen hier das Beispiel eines zweijährigen Mädchens, das mit seiner Mutter einen Kuchen backt.

Die Kleine knetet mit den Händen im Teig, der an ihren Fingern kleben bleibt. Sie versucht vergeblich, den Teig abzustreifen. Unglücklich blickt sie auf ihre klebrigen Finger. Die Mutter sieht dies und sagt: „Oh, der Teig klebt an deinen Händen. Du magst das nicht." Das Kind nickt. Darauf die Mutter: „Komm, wir gehen zum Waschbecken und waschen deine Hände. Dann fühlt es sich wieder besser an." Zufrieden geht das Mädchen mit ihr zum Waschbecken. (Bünder, Sirringhaus-Bünder & Helfer, 2009, S. 72)

In den Videos von Aarts lässt sich deutlich sehen, dass die Marte-Meo-Fachkräfte auf Synchronisierung geschult werden, die sich in der sprachlichen Angleichung, im Tonfall der Stimme und in Bewegung und Haltung zeigt. Sie lernen über Video-Feedback, die Sprache der Eltern zu verwenden, ihre Bewegungen und ihre Körperhaltung auf die Eltern abzustimmen.

Die Pikler-Pädagogik

In den im Pikler-Institut Lóczy in Budapest entstandenen Videoaufnahmen, die im Kontext von Aus-, Fort- und Weiterbildung von Fachpersonen sowie zur Dokumentation der pädagogischen Arbeit entstanden sind, ist zu sehen, dass durch die Art und Weise, wie die Fachkräfte mit dem Kind handeln, der Aufbau von Scripts unterstützt wird. Praktiziert wird eine „Choreografie der Pflege", die in spezifischen Abfolgen festgelegt ist, und dennoch viel Spiel-Raum und Improvisationsfreiheit für die Eigenaktivität des Kindes und wechselseitige dialogische Prozesse zwischen Kind und Fachperson lässt. Annäherung und Ansprache des Kindes durch die Pädagogin vor den Pflegehandlungen folgen einem Muster, das von allen Fachpersonen in einer Einrichtung geteilt wird. Die Pädagogin nähert sich einem auf dem Boden spielenden Kleinkind von vorn, begibt sich auf Augenhöhe, öffnet die Arme und Hände für das Kind, kündigt an, was sie möchte, wartet zustimmende Verhaltenssignale ab und nimmt erst dann, wenn diese gezeigt werden, das Kind auf. Damit wird ein Maximum an Orientierung in wechselnden Situationen für das Kind möglich. Niemals nähert sich die Pädagogin von hinten, nimmt unangekündigt das Kind plötzlich hoch und trägt es zum Wickeltisch. Auch die Art und Weise des so genannten Handlings, der Berührungen und Bewegungsinteraktionen beim Aufnehmen sowie während der Pflegehandlungen, werden von allen Fachpersonen der Institution in gleicher Weise ausgeführt. Nicht zuletzt durch die klaren Reihenfolgen lernen die Kinder sehr früh zu kooperieren, beispielsweise ihren Arm oder ihr Bein der Pädagogin beim Wickeln entgegenzustrecken und Situationen mit dem Erwachsenen zu teilen. Sie arbeiten mit, wenn sie an- oder ausgezogen, gewickelt oder gefüttert werden. Diese Mitarbeit lässt sich am Blickkontaktverhalten sowie an der Gestik und Mimik der Kinder ablesen. Kooperatives Handling setzt hohe Körperkompetenzen bei den Fachpersonen voraus. Diese müssen, um einen solchen somatischen Dialog pflegen zu können, ein Gespür für den Körpertonus des Kindes aufgebaut haben.

Angehende Fachpersonen lernen durch eine Schulung in diesem Sinne, ein Kind niemals wie einen Gegenstand zu behandeln, auch dann nicht, wenn sie selbst müde, abgespannt oder gestresst sind. Ein klarer professioneller Habitus wird aufgebaut, der sich bis in die Körperlichkeit hinein erstreckt, in die Verwendung offener Gesten, in die Verlangsamung von Bewegungen.

Um die alltäglichen Situationen entlang der dort stattfindenden Handlungen zu strukturieren, wird in den Filmen von den Fachpersonen als wesentliche *sprachliche* Verhaltensstrategie insbesondere die Herstellung eines Bedeutung unterstellenden Kontaktes in Situationen geteilter Aufmerksamkeit gezeigt. Dort, wo die Aufmerksamkeit des Kindes ist – angezeigt z. B. durch die Blickkontaktrichtung –, ist auch die Sprache der Fachpersonen, der bedeutungsvolle Satz.

> *Beispiel*
> - Das eigene Handeln: „Ich möchte dein Hemd aufmachen!" oder: „Ich trockne deine Haare ab."
> - Das Handeln des Kindes: „Du lächelst und steckst den Finger in den Mund." (Tardos & Appell, 2002)

Diese Art des Bedeutung-Gebens lässt sich auch als eine bestimmte Form der sprachlichen Begleitung im Sinne von Self-Talking – das eigene Tun in Sprache fassen – oder Parallel-Talking – das Tun des Kindes in Sprache fassen – beschreiben. Gerade Fachpersonen in der Ausbildung kann dies beim Erlernen dieser Strategien helfen, da diese Art der Beschreibung auf die zu übende Verhaltensstrategie fokussiert. Wichtig ist allerdings, dass hier nicht allein eine bloße Technik umgesetzt wird. Mit Worten soll treffend ausgedrückt werden, was für das Kind in einer Situation bedeutungsvoll ist. Leitend ist aus diesem Grund immer der Aufmerksamkeitsfokus des Kindes. Die von den Fachpersonen im Sinne der „Choreografie der Pflege" gestalteten Interaktionen, mit den klaren Mustern im Handling, erlauben es dem Kind, sehr schnell Erwartungen über die Abläufe aufzubauen. Durch die Entwicklung eines Scripts zur jeweiligen Alltagsroutine kann sich das Kind aktiv beteiligen. Schon sehr früh lernt es hier, humorvoll und schelmisch einen Handlungsbaustein zurückzuweisen, indem es beispielsweise absichtlich die andere als die erwartete Hand in der Anziehsituation reicht.

Starke Bewegungsstimulationen, wie sie beispielsweise bei Kniereiterspielen üblich sind, oder der Einsatz von Fingerspielen oder Spielliedern bei der Pflege werden in der Pikler-Pädagogik eher kritisch als „einseitiges Bespielen" des Kindes durch den Erwachsenen beurteilt. Moniert werden insbesondere Spielsorten, die über die Initiativen des Kindes hinweggehen. Pikler hat versucht, ihre Kritik an dieser Art Spiel in ihren Filmen zu verdeutlichen. Dabei wird aus der Perspektive des Kindes insbesondere die starke Gleichgewichtsirritation beispielsweise bei Kniereiterspielen dargestellt. Die Kamera zeigt die visuell wahrgenommene schaukelnde und schwankende Welt und karikiert so ein aus der Sicht Piklers verzerrtes Interaktionsgeschehen. Die Bewegungsinteraktionen zwischen der Erwachsenen und dem Kind sind in der Pikler-Pädagogik eher spannungsausgleichend oder spannungsabbauend gestaltet.

In den Filmen fällt ein überaus wohltemperierter Stil der Fachpersonen in der Interaktion mit den Kindern auf. Dieser Stil ist auf die spezielle Schulung der Fachpersonen zurückzuführen, die hinsichtlich der sprachlichen Begleitung der Kinder sehr auf die Verwirklichung des Bedeutung-Gebens ausgelegt ist. Der Script-Aufbau wird sowohl über reflektierte sprachliche Interaktionsformen als auch den somatischen Dialog unterstützt. Pikler hat ein Bewegungskonzept entwickelt, mit dem das Aufwachsen von Kindern unter institutionellen Bedingungen deutlich mitberücksichtigt wird. Um die Kinder in dem von ihr als Ärztin geleiteten Säuglingsheim Lóczy vor den negativen Folgen des Hospitalismus zu bewahren, schulte sie ihre Mitarbeiterinnen für die Alltagsinteraktionen:

> *Beispiel*
> Auch das ist von Bedeutung, wie der Erwachsene dem Kind sein Essen reicht, wie das Kind das Essen annimmt, d. h. wie sich die Pflegerin und das Kind dabei verhalten, und was für eine Zusammenarbeit zwischen dem Kind und der Pflegerin während des Fütterns (…), des Badens (…), des Wickelns und des An- und Ausziehens entsteht. (Pikler, 2001, S. 24)

Dadurch, dass Pikler sicherstellte, dass sich eine enge Pflegebeziehung zwischen Bezugspflegerin und Kind etablieren kann, ermöglichte sie, dass die Kinder sich psychisch und physisch gesund entwickelten, sodass sie in ihren Verhaltensweisen weitgehend mit in Familien aufgewachsenen Kindern vergleichbar sind. Weltweit ist das Säuglingsheim bekannt geworden, weil die Kinder nachweislich keinen Hospitalismus aufwiesen. Die in der Pflege aufgebaute Beziehung stellt die wesentliche Grundlage für das Piklersche Bewegungskonzept dar. Die beiden Konzepte Pflegebeziehung und Bewegung greifen tief ineinander. Dies ist bei der Rezeption ihres Ansatzes unbedingt zu beachten. Ist nämlich allein die Bewegungsentwicklung im Fokus, betont Pikler die Selbstständigkeit und Autonomie des Kindes und etabliert die Rolle der erwachsenen Fachperson komplementär dazu: zurückhaltend, nicht eingreifend:

> *Der Erwachsene gibt dem Kind nicht nur keine direkte Hilfe, sondern er spornt es auch nicht an, gewisse Bewegungen zu üben oder bestimmte Positionen aufzusuchen. Der Erwachsene hält z. B. dem Säugling nicht seinen Finger hin, damit er sich daran anklammernd zum Sitzen hochzieht, er hält kein Spielzeug über das Kind, damit es aufsteht. Und er ruft es weder direkt, noch lockt er es mit einem Spielzeug, damit es die ersten freien Schritte macht. (…) Wir vermeiden (…), dass das Kind Lagen und Positionen einnimmt oder seinen Platz auf eine Weise wechselt, wobei es Hilfe oder Anleitung des Erwachsenen benötigt. Das heißt also, wir schließen damit den direkten, modifizierenden Eingriff des Erwachsenen in die Bewegungsentwicklung aus. (Pikler, 2001, S. 27)*

Solange der Säugling nicht selbst sitzen kann, wird er dementsprechend konsequent liegend auf dem Arm getragen und nicht in die Vertikale gebracht. Nur nach dem Essen wird er kurz aufrecht gehalten, damit er aufstoßen kann. Das Kind wird niemals aufgesetzt, wenn es sich noch nicht selbst aufsetzen kann, weder bei Pflegeaktivitäten wie Füttern oder Wickeln noch bei ärztlichen Untersuchungen. Wenn das Kind noch nicht aufstehen kann, wird es auch nicht hingestellt. Pikler kontrastiert eine konventionelle Bewegungserziehung, in der das Kind auf den Bauch gelegt, hingesetzt und aufgestellt wird, mit ihrem Konzept, indem das Kind sich seine Positionen selbstständig erarbeitet. Sie beschreibt die negativen Folgen konventioneller Bewegungserziehung insbesondere im Bereich institutioneller Betreuung:

> *Bei der konventionellen Bewegungsentwicklung müssen die Kinder einzeln in verschiedene Lagen gelegt, aufgesetzt und aufgestellt werden. Wenn die Kinder müde werden, muss man sie in eine andere Position bringen, ihnen ihr Spielzeug immer wieder in die Hand geben, weil sie hilflos sind. Die Pflegerin hat fast pausenlos allein schon mit der Bewegung und dem ständigen Hinreichen des Spielzeugs zu tun. Dies nimmt einen bedeutenden Teil ihrer Arbeitszeit in Anspruch. So verbringen die Kinder mehr oder weniger Zeit des Tages mit Warten. Es passiert z. B. nicht selten, dass die hingesetzten Kinder nach vorne kippend einschlafen, bevor man ihnen zu Hilfe kommt.* (Pikler, 2001, S. 67)

Pikler weist darauf hin, dass in vielen Institutionen die Pflege mechanistisch praktiziert und in ihrer Bedeutung für das Kind nicht erkannt wird. In diesen Einrichtungen sind es dann gerade die vom Erwachsenen gelenkten „Trainingsphasen", die für das Kind Zeiten der Zuwendung darstellen. Bei ungenügendem Betreuungsschlüssel kommt es zu negativ kumulierenden Effekten: Die Erwachsenen fühlen sich überfordert und gehetzt, die Kinder, deren Selbstständigkeit nicht gefördert wurde, weinen viel und vermissen die Zuwendung.

Pikler hat die Entwicklung der Kinder in ihrem Haus sorgfältig dokumentiert. Auf der Basis von 722 Entwicklungsverläufen konnte sie insbesondere die Bedeutung von so genannten Übergangsbewegungen nachweisen, die Kinder im Zuge der Entwicklung vom selbstständigen Drehen auf den Bauch, Kriechen, Krabbeln, Sitzen, Aufrichten und Laufen vollziehen. Die erwachsenen Fachpersonen teilen mit dem Kind die Freude an neuen Bewegungen, die sich das Kind selbstständig erarbeitet hat. Weniger die Fixpunkte Sitzen, Stehen, Laufen stehen im Fokus, sondern die Bewegungsqualität, die freie, anmutige, weiche und unverspannte Bewegung. Eine wesentliche Voraussetzung wird auch in den räumlichen Gegebenheiten gesehen. Diese sollten groß genug sein und ausreichend sicher. Auch die Kleidung des Kindes und die Wickeltechnik dürfen nicht die Bewegungen einschränken.

Bei der Beurteilung von Piklers Konzept zur freien autonomen selbstständigen Bewegungserziehung ist zu beachten, dass auch hier großer Wert auf die Handling-Kompetenzen des Erwachsenen in der Interaktion mit dem Kind gelegt wird. Dadurch, dass konzeptionell bei der Betrachtung der Bewegungsentwicklung nur das Kind im Fokus steht, ist leicht zu übersehen, dass das Pflege- und das Bewegungskonzept zusammen gehören. Im Lóczy wird daher das gesamte Personal im Bereich der Berührungs- und Bewegungskompetenzen beim Handling geschult. In der Ausbildung von Fachpersonen im Umgang mit dem Kind wird, um deren Selbstwahrnehmung und Empfindungsfähigkeit zu schulen, der Ansatz „Sensory Awareness" von Charlotte Selvers einbezogen, einer Schülerin von Elsa Gindler, die eine zentrale Persönlichkeit in der Körperkulturbewegung Anfang des vergangenen Jahrhunderts war (Wedemeyer-Kolwe, 2006).

Kinaesthetics Infant Handling

Maietta und Hatch (1999, 2004) haben den Ansatz des „Kinaesthetics Infant Handlings" vor über 30 Jahren auf der Grundlage der Verhaltenskybernetik begründet. Der Erwerb von Bewegungs- und Handlungskompetenzen wird dort als komplexer Selbstregulierungsprozess betrachtet, der insbesondere über Feedback-Schleifen gesteuert wird. Das Bewegungslernen erfolgt danach wesentlich über den Prozess des „Social Tracking", des sozialen Folgens. Während Kind und Erwachsener durch Körperkontakt miteinander verbunden sind, findet eine Interaktion über das Synchronisieren ihrer Bewegungen statt (Maietta & Hatch, 2004). Erwachsene und Kinder vollziehen ihre Bewegungsinteraktionen in erster Linie über Berührungslenkung. Berührung wird daher für das Bewegungslernen auch als ein didaktisches Mittel der Aufmerksamkeitssteuerung betrachtet. Die Bewegungskompetenzen von Fachpersonen in der Interaktion mit einem Kind zeigen sich in der Qualität ihrer Bewegungen in den sich täglich wiederholenden Aktivitäten wie Windelnwechseln auf dem Wickeltisch, Bewegungsvollzüge beim Ins-Bett-Legen oder Füttern etc. Um einem Kind dabei Unterstützung zu geben, seine Bewegungsfähigkeiten zu entwickeln, sind bei der Durchführung einer Aktivität Zeit, Raum und Anstrengung der Bewegungen der Fachperson in Echtzeit an die Bewegungsmuster des Kindes anzupassen. Viele Bewegungen erfordern daher eine sehr langsame Bewegungsunterstützung des Erwachsenen, ein einfühlsames und spürsames Mitgehen. Fachpersonen fällt es allerdings oft schwer, ihren Bewegungsstil auf den des Kindes anzupassen:

> *Erwachsene nutzen ihr eigenes Körperbild als Modell, wenn sie die Körper anderer bewegen wollen. Sie üben häufig die gleiche Kraftanstrengung aus, planen eine solche Bewegung im selben Raum und wenden die gleiche Zeiteinteilung an, die sie für eigene Bewegungen vorsehen würden, obwohl sie doch mit den viel kleineren Körpern der Kinder umgehen. Das Ergebnis: Kinder können während des Austausches keine Kontrolle über ihre Bewegungen entwickeln. (Maietta, 1999, S. 888)*

Maietta und Hatch (2004) haben immer die Erwachsenen mit im Blick, wenn es um die Entwicklung der kindlichen Bewegung geht. So weisen sie darauf hin, dass Fachpersonen, die lange Jahre beispielsweise in Kinderkrippen oder Kindertageseinrichtungen tätig sind, mit der Zeit routinisierte Bewegungsmuster bei den täglichen Handlungsvollzügen mit den Kindern entwickeln. Bewegungsroutinen im Verbund mit mangelnden Bewegungskompetenzen sind in Notfallsituationen oft mit dem Risiko verminderter Anpassungsfähigkeit verbunden, wenn z. B. blitzschnelles Reagieren angezeigt ist, weil das Kind vom Wickeltisch zu fallen droht. Auch für die Fachperson selbst bestehen Verletzungsrisiken, wenn sich ihre Bewegungen nicht rasch an Positionswechsel anpassen können. Routinen bergen immer die Gefahr, automatisch und damit zu schnell zu arbeiten und das Kind wie einen Gegenstand zu „handeln".

Zur Reflexion des wechselseitigen Bewegungsgeschehens werden von Maietta und Hatch (2004) sechs so genannte Konzepte unterschieden, um einzelne Bewegungskomponenten genauer zu erfassen: 1. Interaktion, 2. Funktionale Anatomie, 3. Menschliche Bewegung, 4. Anstrengung, 5. Menschliche Funktionen, 6. Umgebung. Es handelt sich zwar um eine künstliche Trennung, die allerdings außerordentlich nützlich ist, um unterschiedliche Bewegungsaspekte voneinander zu differenzieren und die Qualität der verschiedenen Komponenten zu erfassen. Sie eignen sich auch zur Beschreibung von Bewegungsqualitäten in anderen Ansätzen und werden im Folgenden beschrieben.

Interaktion
Die sich wechselseitig beeinflussenden Elemente, die sich in Hinblick auf Bewegungen unterscheiden lassen, sind Zeit, Raum und Anstrengung. Beobachtet man eine Fachperson bei der Wickelinteraktion, können somit die Geschwindigkeit ihrer Bewegungen, der Grad ihrer inneren Anspannung, ihres Körpertonus, bei ihren Bewegungen, aber auch die Reihenfolgen ihrer Handlungsvollzüge, die Art und Weise der „Anordnung der Körperteile" in einer Bewegung analysiert werden. Bei der Beobachtung der Bewegungsinteraktion zwischen einem Kind und einem Erwachsenen lassen sich neben den drei genannten Elementen zudem drei unterschiedliche Interaktionsformen unterscheiden:

1. *Die gleichzeitig-gemeinsame Interaktion*
   Gleichzeitig-gemeinsame Interaktionen finden schon im Mutterleib statt, da das ungeborene Kind seine Bewegungen in Abhängigkeit von den Bewegungen der Mutter organisiert. Nach der Geburt besteht die Hauptanforderung an das Kind darin, sich im Gravitationsfeld zu bewegen. Da Kinder viel kleiner sind als Erwachsene und erst lernen müssen, wie sie ihre Muskeln einsetzen können, um sie für eine neue Aktivität zu organisieren, sind für das Gelingen angepasste Bewegungen des Erwachsenen erforderlich. Die Fähigkeit zum gleichzeitig-gemeinsamen „Körper-Tracking", also zur Synchronisation mit dem Anderen, ist zwischen Menschen über die gesamte Lebensspanne hinweg zu beobachten. Das Kind kann bei dieser Interaktionsform die Ressourcen der Bezugsperson umso mehr nutzen, je mehr Handling-Kompetenzen der Erwachsene hat und je mehr er das Kind in den Prozessen des „sozialen Folgens" ermutigen kann. Maietta und Hatch sehen in der gleichzeitig-gemeinsamen Interaktion die wesentliche Basis für das Bewegungslernen (Maietta, 1999; Maietta & Hatch, 2004).
2. *Die schrittweise-serielle Interaktion*
   Bei der schrittweise-seriellen Interaktion wird ein Bewegungsdialog geführt, in dem sich Turn-Taking-Prozesse vollziehen. Die Interaktionspartner wechseln sich ab; dies erfordert mehr motorische und kognitive Voraussetzungen als bei der gleichzeitig-gemeinsamen Interaktion.

3. *Die einseitige Interaktion*
Der Informationsfluss bei der einseitigen Interaktion fließt nur in eine Richtung. Einseitige Interaktion ist daher auch die komplexeste Form des Austauschs, wenn sich das Kind z. B. auf Aufforderung allein anziehen kann (Maietta, 1999). Im Zuge der Selbstständigkeitsentwicklung sind einseitige Interaktionsmuster zu fördern, wenn Kinder eine bestimmte Aktivität bereits allein ausführen können. Sie ist aber als negativ einzuschätzen, wenn gerade bei der Pflegeinteraktion Rückmeldungen des Kindes nicht abgewartet und wahrgenommen werden. Das Kind wird dann wie ein Objekt behandelt. Oft verspannt sich das Kind, wenn Erwachsene sich viel zu früh und unreflektiert dieser Form der Bewegungsinteraktion bedienen.

Gerade beim Wickeln, einer bedeutsamen Erwachsenen-Kind-Interaktion, die sich Tausende von Malen abspielt, bewegen sich Fachpersonen oft zu einseitig mit einem Kind im Säuglingsalter. So halten sie es beispielsweise mit einer Hand an beiden Beinen fest und ziehen die Beine dabei hoch, während sie mit der anderen Hand die Windel unterlegen. Das Kind hängt dann nahezu bewegungsunfähig mit dem Kopf nach unten und muss seine Muskulatur anspannen, um einen Rest Kontrolle zu empfinden. Günstiger ist es, in gleichzeitig-gemeinsamen berührungsgelenkten Interaktionen dem Kind einen eigenen Bewegungsspielraum zu gewähren, damit es kooperieren lernt (vgl. auch Ower, 2013).

Funktionale Anatomie (Merkmale des menschlichen Bewegungsapparates)
In der Terminologie des Kinaesthetics Infant Handlings werden die harten knochigen Elemente des menschlichen Körpers (Kopf, rechter und linker Arm, Becken, rechtes und linkes Bein) als Massen, die verbindenden weichen Elemente (Hals, rechte und linke Achselhöhle, Taille, rechtes und linkes Hüftgelenk) dagegen als Zwischenräume bezeichnet. Für das Handling von Kindern ist zu beachten, dass aufgrund der unterschiedlichen Funktionen von Massen und Zwischenräumen ein Unterschied besteht, ob man einem Kind in einem Zwischenraum oder an einer Masse Bewegungsunterstützung bietet:

- Die Unterstützung der Massen (knochige Elemente) ist zielführend und hilfreich für die Bewegungen des Kindes. Die Massen werden daher auch als Kontaktzonen bezeichnet. Sie haben die Aufgabe, das Gewicht zu tragen.
- Die Unterstützung der Zwischenräume blockiert die Bewegung, denn Zwischenräume sind keine Kontaktzonen. Aufgabe der Zwischenräume ist das Bewegen der Massen und das Weiterleiten des Gewichtes. Wenn der Erwachsene das Kind in den muskulären Zwischenräumen festhält, kann es sich weder selbst bewegen noch seine Bewegungen an die des Erwachsenen anpassen.

Viele Erwachsene neigen dazu, ein Kind viel zu fest zu halten, wenn sie es auf dem Arm haben. Günstiger ist es, das Kind nur leicht zu halten, damit seine Körperspannung niedrig genug wird, um den Bewegungen des Erwachsenen folgen zu können und um zu lernen, seine Position anzupassen.

Wichtig für den Aufbau von Bewegungsfähigkeiten ist auch die Art und Weise der Berührung. Berühren Fachpersonen ein Baby nur mit den Fingerspitzen, ist das im Erleben des Kindes durch die im Verhältnis zu seinen Massen viel größere Oberfläche wie ein Nadelstich. Angenehmer für kleine Kinder ist, wenn sie mit einer größeren Oberfläche in Kontakt kommen und Berührungen möglichst mit der ganzen Hand erfahren.

Menschliche Bewegung (in parallelen oder spiraligen Mustern)
Menschliche Aktivitäten vollziehen sich meist in parallelen oder in spiraligen Bewegungsmustern. Hiervon ist abhängig, welche Massen Gewicht tragen und welche Teile frei für Bewegungsabläufe sind. Erwachsene sind in der Regel gewohnt, bei vielen Tätigkeiten parallele Muster zu verwenden, z. B. beim Aufstehen von einem Stuhl oder beim Anziehen eines Pullovers. In der Bewegungsinteraktion zwischen Erwachsenen und Kindern sind parallele Muster oft ungünstig, da sie mit erhöhter Anstrengung für beide einhergehen:

> *Häufig führen wir Interaktionen mit Babys oder Kleinkindern in parallelen Bewegungsmustern aus. Ein Grund dafür ist die Überzeugung, wir müssten Blickkontakt mit ihnen halten. Bei einem parallelen Bewegungsmuster ist dies möglich, bei spiraligen Bewegungsmustern nicht. Ein anderer Grund liegt in den Körperproportionen und dem geringen Gewicht der Kinder, deshalb heben und bewegen wir sie oft ohne ihre Beteiligung. (Maietta & Hatch, 2004, S. 103)*

Ein Beispiel für ein paralleles Bewegungsmuster ist es, wenn ein Kind auf der Wickelkommode vom Erwachsenen gerade nach hinten zum Liegen geführt wird. Besser an der Bewegung beteiligen kann sich das Kind, wenn der Erwachsene spiralige Bewegungen nutzt. Dabei kann das Gewicht über mehrere Achsen und nacheinander über die unterschiedlichen Massen verteilt werden. Dies geht auch mit einer verbesserten Körperorientierung einher. Für das Bewegungsempfinden des Kindes bedeutet dies eine größere Sicherheit und Stabilität sowie den Erwerb größerer Selbstkontrolle. Neue Bewegungsfähigkeiten und auch Kraft für differenzierte Bewegungen entwickeln Kindern durch spiralige Muster, dies erleichtert ihnen auch zu lernen, ihre Körperpositionen zu verändern.

Anstrengung
Bewegungen können danach beurteilt werden, wie effektiv sie in Bezug auf den Faktor Anstrengung sind. Dabei spielen nicht nur das Ausmaß und die Art einer Anstrengung eine Rolle, sondern auch ihre Richtung und ihr zeitlicher Ablauf. Beschreiben lässt sich die für jeden körperlichen Bewegungsprozess erforderliche Anstrengung in zwei Ausprägungen a) Zug oder ziehende Bewegung und b) Druck oder drückende Bewegung. Um einen Gegenstand wegzudrücken, müssen einige Massen auseinander gezogen werden. Um etwas wegzuziehen, müssen wir uns gegen den Boden drücken. Um zu gehen, müssen wir unsere Gewichte über einige Massen auf den Boden drücken und andere wegziehen, um an einen neuen Ort zu gelangen.

Menschliche Funktionen
Als menschliche Funktion werden Bewegungen bezeichnet, die für einen ganz bestimmten Zweck oder eine Aufgabe ausgeführt werden (Maietta & Hatch, 2004). Dabei werden einfache und komplexe Funktionen unterschieden. Komplexer wird eine Funktion dann, wenn sehr viele Aktivitäten gleichzeitig stattfinden, beispielsweise beim Anziehen von Kleidung eine Position gehalten werden muss und gleichzeitig das Gewicht der Kleidung und die auszuführenden Bewegungen organisiert werden sollen. Eine Fachperson braucht eine gezielte Schulung ihrer Wahrnehmung, um die Gewichtsverteilung eines Kindes in unterschiedlichen Grundpositionen zu analysieren. Babys haben z. B. eine „kopflastige Gewichtsverteilung". Bei Kleinkindern verlagert sich das Gewicht zunehmend nach unten, bei Teenagern ist viel Gewicht in Armen und Beinen, Erwachsene tragen ihr Gewicht in Brustkorb, Becken und Beinen (Maietta & Hatch, 2004). Zu den zentralen Lernaufgaben des Kindes gehört, dynamische Positionen im Gravitationsfeld halten zu lernen. Erst dann, wenn sich Kinder Stabilität in einer Position erarbeitet haben, sind sie in der Lage, sich auch die Bewegungskontrolle in den Extremitäten anzueignen. Der analytische Blick von Maietta und Hatch, das sei noch einmal besonders herausgestellt, richtet sich neben allen anderen Interaktionsformen explizit auf die gemeinsam-gleichzeitigen Interaktionen und auf die grundlegende Aussage: Bewegungen lernt ein Kind nicht allein, sondern in der berührungsgelenkten sozialen Interaktion.

Gestaltung der Umgebung
Beim Konzept Umgebung wird die vorgeburtliche und die nachgeburtliche Umgebung eines Kindes betrachtet. Des Weiteren wird die Umgebungsgestaltung – „Human Factoring" – reflektiert, also wie sehr die Gestaltung von Tischen, Stühlen, Betten, Toiletten etc. den Erfordernissen menschlicher Bewegungsabläufe entgegenkommt oder eben nicht. Menschen passen ihre Bewegung ihrer Umgebung an, darum muss bei Kindern, die in der Krippe oder KiTa betreut werden, die Umgebung so gestaltet sein, dass ihre sich dynamisch verändernden Bewegungsmöglichkeiten so gut wie möglich unterstützt werden. Die Gestaltung einer angemessenen Umgebung für Kinder erfordert, eine Bewegungsanalyse vorzunehmen und das kindliche Umfeld entsprechend anzupassen. So braucht Bewegung optimalerweise Widerstand (Maietta & Hatch, 2004). Kinder erreichen z. B. mehr Selbstkontrolle, wenn sie ihre Füße beim Sitzen auf einer festen Unterlage stützen können. Feste Unterlagen geben mehr Widerstand als weiche und erleichtern dem Kind die Regulation und Organisation seiner Bewegungen.

3.1.12 Zusammenfassung und Literaturtipps

Zusammenfassung

Die pädagogische Tätigkeit von Fachpersonen in der KiTa, die mit Kindern bis drei Jahren arbeiten, erfordert ko-regulative und ko-konstruktive Fähigkeiten.

Die Fachperson in Krippe oder KiTa muss kleinen Kindern in vielfältigen Interaktionsprozessen die Möglichkeit geben, Scripts über regelmäßig vorkommende Alltagsroutinen aufzubauen. Die Scripts müssen bis in ihre Mikro-Ebene hinein vom Team und von der einzelnen Fachperson in der KiTa erfasst und reflektiert worden sein. Dies bezieht sich auf die wechselseitigen

- Bewegungsinteraktionen,
- Berührungsinteraktionen,
- sprachlichen Interaktionen,
- stimmlich-musikalischen Interaktionen,
- Blickdialoge und
- emotionalen Austauschprozesse.

Durch die Etablierung von Script-Erwartungen in wiederkehrenden und vorhersehbaren Routinen können mit sanft dosierten Script-Enttäuschungen Humor und Frustrationstoleranz aufgebaut werden. Über die humorvollen Interaktionen können Kinder ihre Anpassungsfähigkeit an das Unerwartbare, an Wechsel und Wandel spielerisch erweitern.

Fachpersonen regulieren mit ihrer Stimme, ihren Bewegungen, ihrer Körperhaltung und über die Art und Weise, wie sie Blickdialoge führen, die emotionale Spannungslage des Kindes. Sie müssen ihre Körperkompetenzen sehr weit entwickeln und in der Lage sein, auf affektiv-emotionaler, sprachlicher, stimmlicher Ebene und im Bereich der Körperbewegung und des Körpertonus mit dem Kind in einen Austauschprozess einzutreten, der gekennzeichnet sein kann durch Merkmale wie

- überwiegende Synchronisierung,
- ein Nacheinander, Hin und Her, Abwechseln in Turns,
- eigenes Erproben ohne Einflussnahme.

Eine der Kernaufgaben der Fachperson mit besonderer Relevanz für den Spracherwerb besteht darin, einen Bedeutung unterstellenden Kontakt zum Kind herzustellen und sowohl in den Pflege- als auch in Spielinteraktionen der Welt eine Bedeutung zu geben. Hierzu lässt sich die Fachperson in Situationen geteilter Aufmerksamkeit vom Kind leiten, von seinem Blick, seiner Bewegung, seiner stimmlichen Äußerung. Dort, wo die Aufmerksamkeit des Kindes ist, muss ihre Sprache sein. Dialogregeln lernt das Kind in allen Arten von Turns: Turns in den Blickdialogen, in der sprachlichen, stimmlichen und musikalischen Interaktion, in Bewegungs- und Berührungsinteraktionen. Fachpersonen passen sich an die Entwicklung des Kindes kontinuierlich an, z. B. an die wachsenden motorischen oder sprachlichen Fähigkeiten des Kindes:

- Mit zunehmender Kompetenz im Umgang mit Schwerkraft und Gleichgewicht kommt es zu Veränderungen der Positionen, die ein Kind für das Spielen einnimmt. Hier muss die Fachperson im Sinne einer Positionssensitivität geschult sein.
- Je mehr die sprachlichen Fähigkeiten wachsen, umso entscheidender ist, dass Fachpersonen ein sprachliches Gerüst zur Verfügung zu stellen und Scaffolding-Strategien in der Zone der nächsten Entwicklung zu nutzen.

Der bewusste Einsatz von Übergangsobjekten (Winnicott, 1969) kann hilfreich im Transitionsprozess sein – dem Übergang von der Familie in die Einrichtung –, um dem Kind die Trennung von Mutter oder Vater in der Übergabesituation zu erleichtern.

In der KiTa sind viele Übergangssituationen vom Kind zu meistern, beispielsweise der Übergang vom Schlafen zum Spielen oder Essen. Diese Übergänge werden hier als Mikrotransitionen bezeichnet (ausführlich ab S. 77 in diesem Buch), denn sie stellen für kleine Kinder oft eine große Herausforderung im institutionellen Alltag dar. Die musikalische Interaktion spielt eine wichtige Rolle, um die Spannungslage des Kindes oder auch der Kindergruppe zu regulieren.

Literaturtipps

Bünder, P., Sirringhaus-Bünder, A. & Helfer, A. (2013). *Lehrbuch der Marte-Meo-Methode. Entwicklungsförderung mit Videounterstützung.* Göttingen: Vandenhoeck & Rupprecht.
Das Buch bietet neben einer Einführung in die Video-Interaktionsunterstützung im Sinne der Marte-Meo-Methode auch eine hervorragende theoretische Einbettung des Ansatzes, die wiederum viele im Bereich U3 wichtige Themen berührt, wie intuitive Didaktik, Säuglingsforschung etc. Durch die Beratungsperspektive, die hier thematisiert wird, erweitert sich der Blick auf weitere Beteiligte im Interaktionsgeschehen: die Eltern, das Team.
Holodynski, M. (2006). *Emotionen – Entwicklung und Regulation.* Heidelberg: Springer.
Ein bedeutendes und erhellendes Lehrbuch zur Emotionsentwicklung, in dem insbesondere die Bedeutung der Ko-Regulation herausgearbeitet ist.
Maietta, L. & Hatch, F. (2011). *Kinaesthetics Infant Handling.* Bern: Huber.
Das Buch führt in die Methode des Infant Handlings ein. Es liefert eine Vielzahl an Analysekriterien, die auch für die Beurteilung anderer Ansätze im Bereich „Bewegung" wertvoll sind.
Papoušek, M. & Gontard, A. v. (Hrsg.). (2003). *Spiel und Kreativität in der frühen Kindheit.* Stuttgart: Pfeiffer bei Klett-Cotta.
Für die Frühpädagogik ist dieses Buch sehr interessant, da explizit das Spiel des kleinen Kindes im Mittelpunkt steht, das von sehr unterschiedlichen Seiten betrachtet wird. Sehr lesenswert ist beispielsweise der Aufsatz von Hanus Papoušek zu den frühen Stimmspielen, zur frühen Musikalität.
Pikler, E. & Tardos, A. (Hrsg.). (2008). *Miteinander vertraut werden. Erfahrungen und Gedanken zur Pflege von Säuglingen und Kleinkindern* (5. Aufl.). Freiamt: Arbor.
Dieser Herausgeberband thematisiert viele Aspekte der institutionellen Betreuung von Säuglingen und Kleinkindern und bietet wertvolle Hinweise für die pädagogische Arbeit insbesondere im Bereich Pflege. Es gibt noch ein gleichnamiges Buch für Eltern, für Fachkräfte ist aber explizit das oben angegebene gewinnbringender.
Zollinger, B. (2004). *Kindersprachen. Kinderspiele: Erkenntnisse aus der Therapie mit kleinen Kindern.* Bern: Haupt.
In diesem gut zu lesenden Band erhalten Fachpersonen in Krippe oder KiTa nicht nur einen Einblick in die frühe Sprachtherapie, auch die Zusammenhänge von Spiel- und Sprachentwicklung werden sehr gut dargestellt.

3.2 Zentrale Interaktionsperspektiven Professioneller Responsivität

Im Folgenden wird dargestellt, was Responsivität bedeutet, wenn man sie unter den Perspektiven Kultur, Gender, Entwicklung und Behinderung/Special Needs betrachtet.

3.2.1 Perspektive Kultur

In den vergangenen Jahren hat insbesondere die kulturvergleichende Forschung wichtige Erkenntnisse in Hinblick auf die kulturspezifischen Aspekte von Verhaltensstrategien gewinnen können, die Erwachsene im Umgang mit kleinen Kindern zeigen. Es sind Prototypen erkennbar, die sich in Bezug auf die Art und Weise ihrer intuitiven Strategien klar unterscheiden. Keller (2007b) spricht bezogen auf das weltweit aufzufindende Gesamt parentaler Verhaltensstrategien von „kulturellen Unterrichtsstunden", die das Kind durch die Eltern erhält. Sie betont dabei „das Intuitive" dieser Austauschprozesse, denn gerade in Hinblick auf die Art und Weise der kommunikativen Austauschprozesse finden es die Mütter in der jeweiligen Kultur ganz natürlich, in einer bestimmten Weise mit ihren Kindern zu sprechen (Keller, 2007a).

Für die Fachpersonen in Krippe oder KiTa ist wichtig, die zentralen Aspekte des Gesamtrepertoires an parentalen Strategien zu kennen. Sie sollen ein erweitertes sozio-kulturelles Bewusstsein aufbauen, um sich dadurch besser auf Kinder aus unterschiedlichen kulturellen Kontexten einstellen können. Schwierigkeiten von Kindern, die durch einen Bruch in den Verhaltensstilen zwischen Elternhaus und Kindertageseinrichtung auftreten, sollen sie als kulturell bedingt einordnen können. Interventionen z. B. beim Übergang vom Elternhaus in die Einrichtung können so passgenauer abgestimmt werden.

Borke und Keller (2014) beschreiben den Lebenslauf eines Menschen als eine Abfolge universeller Entwicklungsaufgaben, die von Menschen in Abhängigkeit von ihrem kulturspezifischen Kontext gelöst werden. Ihre Definition von Kultur zielt dabei insbesondere auf geteilte Deutungsmuster und Verhaltenspraktiken ab, die als gemeinsame Realität von Menschen zu verstehen sind, deren ökonomische und soziale Situation in etwa vergleichbar ist. Entwicklungsziele, Verhaltensweisen und Überzeugungen sind dabei wesentlich bestimmt von den jeweiligen Ethnotheorien der Bezugspersonen eines Kindes. Für die zentralen Entwicklungsaufgaben von Kindern bis drei Jahren, wie die Entwicklung eines Selbstkonzepts, eines autobiografischem Gedächtnisses und den Erwerb einer sozialen Beziehungsmatrix, spielen die kulturellen Wertesysteme der Bezugsperson eine entscheidende Rolle. Unterschieden werden hier drei Orientierungen (Georgas, Berry, van de Vijver, Kagitçibasi & Poortinga, 2010; Kagitçibasi, 1997):

- die soziokulturelle Orientierung der *Independenz* als Betonung von früher Selbstständigkeit und Autonomie. Dies zeigt sich z. B. in der Fähigkeit, allein zu schlafen, Zeit allein zu verbringen sowie die eigene Individualität zu entwickeln,

- die soziokulturelle Orientierung der *Interdependenz* als Betonung der Verbundenheit mit Anderen und des Familienzusammenhalts sowie
- die *autonom-relationale Strategie* als Integration der beiden genannten Wertorientierungen.

Hinter diesen drei Orientierungen stehen unterschiedliche Verhaltensstrategien in Bezug auf den Umgang mit Säuglingen und Kleinkindern. Keller (2005) hat in einem Komponentenmodell sechs „Elternsysteme" herausgearbeitet, die typische Interaktionsmechanismen von Bezugspersonen beinhalten.

Elternsystem 1: Primäre Pflege

Die Befriedigung basaler Bedürfnisse wie Bereitstellung von Nahrung, Schutz und Hygiene steht im Fokus. Die Promptheit, mit der ein Säugling die Erfahrung macht, dass Schmerz und Unwohlsein von den Eltern reduziert werden, stärkt seine Sicherheit und sein Vertrauen in die Welt. Dies kann als grundlegende Dimension des sich entwickelnden Selbstkonzepts gesehen werden. Es geht in diesem Elternsystem aus psychologischer Perspektive weniger darum, positive Verhaltenszustände miteinander zu teilen, vielmehr steht die Stress-Reduktion im besonderen Fokus. Gerade in der Promptheit der Bedürfnisbefriedigung unterscheiden sich Eltern/Bezugspersonen oft deutlich.

Elternsystem 2: Körperkontakt

Körperkontakt und Am-Körper-Tragen wird von manchen Kulturen – den Back and Hip Cultures – über ausgedehnte Zeiträume bis zu 90 % der Tageszeit praktiziert. Durch die intensiven Körperkontakterfahrungen steht das Konzept der emotionalen Wärme im Mittelpunkt. Die Mütter arbeiten vielfach im Bereich der Landwirtschaft, während sie das Kind am Körper tragen. Von besonderer Relevanz ist hier, dass das Kind sich dadurch nur sehr selten als Zentrum der Aufmerksamkeit erlebt. Es ist also kaum einmal im besonderen Fokus, auch nicht im Face-to-face-Austausch. Das Kind ist so gut wie nie allein. Das Schlaf-Setting ist das des Co-Sleepings. Daneben sind oft multiple Pflegearrangements zu beobachten. Starke und loyale Familienbeziehungen stellen ein wesentliches Sozialisationsziel dar.

Elternsystem 3: Körperstimulation

Hier stehen körperliche Kommunikationsprozesse im Rahmen einer exklusiven dyadischen Aktivität im Fokus. Mütter und auch Väter stimulieren ihre Säuglinge durch Berührung und Bewegung. Sie beobachten die kindlichen Reaktionen und modulieren ihr eigenes Verhalten entsprechend. Die Körperstimulation wird in minimalen Sequenzen ausgeführt. Die psychologische Funktion einer solchen Interaktion liegt in der Intensivierung der Körperwahrnehmung und der Einschätzung der körperlichen Ressourcen in Bezug auf die Umgebung. Die frühe motorische Entwicklung ist eine der wesentlichen sozialen Konsequenzen.

Elternsystem 4: Objektstimulation

Gerade in westlichen Industriegesellschaften ist die frühe Einführung von Objekten in den Interaktionsprozess ein fester Bestandteil der frühen Eltern-Kind-Interaktionen. Vielfach ist das Baby früh in Situationen, in denen ein Objekt die Person ersetzt. Explorative Aktivitäten des Kindes werden unterstützt und „Lehrsituationen" mit geteiltem Aufmerksamkeitsfokus hergestellt. Unter dem Einfluss von formaler Bildung setzt sich die Strategie der Objektstimulation aber mehr und mehr auch in traditionellen Gemeinschaften durch. In geteilten Aufmerksamkeitsprozessen entsteht ein extradyadischer Fokus, der als förderlich für die Entwicklung metakognitiver Kompetenzen gilt.

Elternsystem 5: Face-to-face-Verhalten

Charakterisiert ist das Interaktionsverhalten durch intensiven Blickkontakt, Blickdialoge und den häufigen Sprachgebrauch. Dieses Verhalten stärkt insbesondere die Kontingenzwahrnehmung, wodurch das Kind die Möglichkeit hat, Kausalitätserfahrungen zu machen. Typisch ist das ausgeprägte Face-to-face-Verhalten, was insbesondere in der westlichen Industriegesellschaft verbreitet ist. Das Phänomen Wärme tritt auch in diesen Austauschprozessen auf, allerdings ist es eine andere Qualität der Wärme als die durch Körperkontakt entstehende.

Elternsystem 6: Sprachstil

Diese Komponente wurde dem Modell erst im Nachhinein hinzugefügt. Sprache wird in größer werdenden sozialen Gruppen als eine Möglichkeit der Entwicklung von Bindungsbeziehung betrachtet. Summa summarum lässt sich hier insbesondere Folgendes festhalten:

- Bezugspersonen mit Orientierung an Autonomie und Individualität (Independenz) stellen das Kind ins Zentrum der Aufmerksamkeit. Sie fokussieren auf positive Verhaltensweisen und auf die sprachlichen Austauschprozesse.
- Bezugspersonen mit Orientierung an Gemeinschaft und Verbundenheit (Interdependenz) stellen das Kind *nicht* in das Zentrum der Aufmerksamkeit. Sie fokussieren auf negative Signale des Kindes und auf Bewegungsstimulation.

Bei Beachtung dieser „Elternsysteme" stellt sich durchaus die Frage, inwieweit für Fachpersonen in der Arbeit mit Kindern bis drei Jahren intuitiv-didaktische Verhaltensstrategien handlungsleitend sein können, wenn die beschriebenen Erziehungsorientierungen und die damit verbundenen Verhaltensstrategien sich konträr zueinander verhalten.

Die Pädagogin in einer Kindertageseinrichtung in Deutschland bildet, erzieht und betreut Kinder, die in einer Industriegesellschaft mit individuumszentrierten Werten aufwachsen. Das Wissen um das Gesamtrepertoire an möglichen Verhaltensstrategien und ihrer Auswirkungen auf den Entwicklungsverlauf von Kindern hilft ihr, kulturell responsiver zu handeln. Es schärft die Wahrnehmung für die eigene oft ethnozentrische Orientierung in spezifischen Einseitigkeiten und möglichen ideologischen Bewertungen.

Zwar kommen diese prototypischen Erziehungsorientierungen in Reinform kaum vor, aber die Fachperson sollte selbstverständliche Ziele oder Handlungsweisen im Alltag der Kindergruppe in einer KiTa in ihrer kulturellen Gebundenheit erkennen.

> *Beispiel*
> Eine Gruppe in der KiTa „Kleine Strolche" krönt an einem Tag in der Woche immer ein Kind zum Sternenkind. Dieses Kind bekommt eine Sternenkrone auf und darf etwas Besonderes mit seiner Bezugspädagogin machen. Jedes Kind kommt einmal an die Reihe und darf exklusive Aufmerksamkeit für sich beanspruchen.

Das einzelne Kind wird hier klar in das Zentrum der Aufmerksamkeit gestellt, seine Individualität und seine besonderen Wünsche werden betont. Eltern aus anderen Kulturen, die in ihren Erziehungswerten an Gemeinschaft und Verbundenheit orientiert sind, finden die Art, wie einem einzelnen Kind eine Sonderposition in der Gruppe eingeräumt wird, möglicherweise seltsam oder auch falsch.

Befremden kann auch die extreme Orientierung am Ziel der Selbstständigkeit auslösen, wie sie in vielen Einrichtungen in Deutschland typisch ist: Kleinkinder in der KiTa sollen selbstständig die Wickelkommode erklimmen, sich selbstständig an- und ausziehen oder sich bei Tisch selbst den Teller befüllen. In vielen Kulturen haben kleine Kinder jedoch ein Anrecht darauf, dass nahe Bezugspersonen diese Dinge – als eine Art der Zuwendung – für die Kinder tun. Frühe Unabhängigkeit wird nicht gefördert und gilt nicht als erstrebenswertes Ziel. Kulturelle Responsivität bedeutet, dass die Pädagogin um diese Diskrepanzen weiß, mögliche Irritationen von Kindern einordnen kann und den Gesprächsbedarf bei den Eltern sehen muss.

Die Pädagogin Lisa Terreni (2003) aus Neuseeland empfiehlt bei Eltern mit Zuwanderungsgeschichte, formale Interviews zu führen. Sie fragt dabei insbesondere nach den Erfahrungen, die die Eltern mit KiTas in ihren Herkunftsländern gemacht haben. Hier zwei Beispiele von Eltern aus Jordanien und China:

> *Beispiel*
> - Eltern aus Jordanien berichteten, dass sie im Heimatland beim Abholen ihres Kindes am Nachmittag oft warten mussten, weil das Kind noch von den Fachpersonen gekämmt und ordentlich zurechtgemacht werden musste. In einer jordanischen Einrichtung ist es undenkbar, den Eltern nachmittags ihr Kind noch nass und schmutzig vom Spielen zu übergeben. Den Kindern ist dort nicht erlaubt, sich beim Malen oder Im-Sand-Spielen sehr schmutzig zu machen. Diese Eltern haben sich daher erst nach und nach daran gewöhnt, dass ihnen ihre Kinder beim Abholen aus der neuseeländischen Einrichtung zwar begeistert und glücklich, aber oft total schmutzig entgegengekommen sind.
> - Eine Mutter aus China berichtete, dass es dort nicht üblich sei, dass kleine Kinder am Boden spielen, da dieser grundsätzlich als schmutzig betrachtet wird. Freispiel in dem Sinne, wie es in Neuseeland praktiziert wird, gibt es in der chinesischen KiTa nicht. Als unmöglich wird empfunden, wenn die Fachpersonen „nichts mit den Kindern machen" und diese „einfach nur spielen" lassen. Als zu gefährlich wird der frühe Umgang mit Werkzeug eingeschätzt. Daher löste die in Neuseeland häufig anzutreffende Carpentry Area große Besorgnis aus.

> Zurückhaltung herrscht auch beim Spiel mit Wasser und Sand, was in neuseeländischen Kindergärten üblich ist.

Die Beispiele machen deutlich, dass der Gesprächsbedarf bei Eltern mit Zuwanderungsgeschichte insbesondere beim Übergang des Kindes von der Familie in die KiTa ein noch erheblich größerer ist als bei Eltern, die mit den üblichen Gepflogenheiten des Landes vertraut sind. In den Aufnahmegesprächen müsste auch abgeklärt werden, wie z. B. das Schlaf-Setting zu Hause im Vergleich zu dem der Einrichtung aussieht. Ein Kind, das Co-Sleeping gewöhnt ist, braucht vielleicht in der Einrichtung die bewusste Einführung eines Übergangsobjekts oder die Nähe der Bezugspädagogin, die beim Einschlafen die Hand hält oder über den Rücken oder den Kopf des Kindes streicht. Manche Kinder weinen viel, weil ihnen hier ein zu harter Übergang zugemutet wird.

Da sich der Umgang mit Körperkontakt und Bewegungsstimulation zwischen independent und interdependent orientierten Kulturen sehr unterscheidet, ist das diesbezügliche Verhalten der Fachpersonen einer Reflexion zu unterziehen. Um eine liebevolle, aber dennoch reflektierte Bewegungsinteraktion mit dem Kind verwirklichen zu können, stellen die Pflegewissenschaften, die sich ebenso wie die Ergotherapie mit den „Aktivitäten des täglichen Lebens" (Roper, Logan & Tierney, 2009) befassen, gerade auch unter dem Schwerpunkt der Gesundheitsentwicklung, zahlreiche Grundlagen zur Verfügung. Spiele, die beispielsweise vestibuläre Stimulation enthalten wie ausgelassene Kniereiterspiele, sind daher nicht pauschal abzulehnen – wie dies durchaus in der Pikler-Pädagogik geschieht –, sondern in ihrer Intensität responsiv an die individuellen Unterschiede in der Wahrnehmung von Kindern anzupassen.

3.2.2 Perspektive Gender/Geschlecht

Obgleich im aktuellen Fachdiskurs Einigkeit darüber besteht, dass für das Verständnis der Geschlechterdifferenzierung und die Entwicklung von Geschlechtsidentität die ersten Lebensjahre von zentraler Bedeutung sind, sind die Kenntnisse darüber, in welcher Weise Kinder Sicherheit über ihre Geschlechtskonstanz entwickeln und ein Selbstbild als Junge oder Mädchen aufbauen, mehr als lückenhaft. Das Forschungsinteresse an der Gender-Thematik ist in den letzten Jahrzehnten offensichtlich sehr wechselhaft gewesen (Blank-Mathieu, 2006; Rohrmann & Wanzeck-Sielert, 2014).

Bei Fragen zur Geschlechtsidentität wird heute von einer Verschränkung von Biologie und Kultur ausgegangen. Danach ist das Geschlecht zwar von Geburt an angelegt, Kinder müssen allerdings erst lernen, sich als Junge oder Mädchen einzuordnen (Rohrmann & Wanzeck-Sielert, 2014) Erwachsene vermitteln Säuglingen und Kleinkindern Geschlechtskategorien weitgehend unbewusst in den „kulturellen Unterrichtsstunden" (Keller, 2007b). Sie reagieren auf männliche und weibliche Babys unterschiedlich und führen durch affektive Mikropraktiken in Femininität oder Maskulinität ein (Downing, 2007). Kinder ahmen zudem gleichgeschlechtliche Bezugspersonen bevorzugt nach und orientieren sich an ihnen. Auch geschlechtsbezogenes Lernen findet in sozialen Interaktionen statt, und Scripts für das Frau- oder Mann-Sein werden aufgebaut.

Das Geschlecht ist eines der frühesten Merkmale der Selbstkategorisierung von Kindern. Kategoriebasierte Verarbeitung ist überaus ökonomisch und dazu geeignet, sich in sozialen Kontexten rasch zu orientieren, Informationen zu strukturieren oder zu rekonstruieren (Klauer, 2008). Dies wird auch für die Betreuung eines Kleinkindes in einem institutionellen Kontext als bedeutungsvoll eingeschätzt. Rohrmann (2009) weist darauf hin, dass Kinder zu einem ausgeprägteren Spiel in gleichgeschlechtlichen Gruppen neigen, wenn sehr große Gruppen zu überschauen sind, wie dies beispielsweise in Konzeptionen wie dem „Offenen Konzept" der Fall ist. Zudem geht Rohrmann von einem „heimlichen Lehrplan" aus:

> *Trotz der vielen Aufmerksamkeit, die Jungen erhalten, und trotz der individuellen Unterschiede kommen typisch männliche Interessen und Beschäftigungen in vielen Kindertageseinrichtungen zu kurz. Dies zeigt sich in der räumlichen Gestaltung und materiellen Ausstattung, in den pädagogischen Angeboten der Mitarbeiterinnen und in ihren Reaktionen auf Verhaltensweisen der Kinder. (Rohrmann, 2009, S. 34)*

Vielfach werden die unreflektierten Geschlechtsstereotypen der Fachpersonen sowie die häufig anzutreffende „Gleichheitsideologie" in Bezug auf die Gender-Problematik kritisiert (Rohrmann & Wanzeck-Sielert, 2014). Obwohl Studien an Kleinkindern zeigen, dass kleine Mädchen zumeist bessere Bindungen an die Bezugspersonen in der Institution haben als Jungen (Ahnert, Pinquart & Lamb, 2006), wird von den Fachpersonen betont, dass alle die gleichen Chancen hätten und kein Kind bevorzugt oder benachteiligt würde. Dies hängt möglicherweise damit zusammen, dass in der Vergangenheit eher die „geschlechtsspezifische Erziehung" kritisiert worden ist und Fachpersonen bei Nachfragen zu der Thematik schnell in die Defensive geraten. Heute hat sich weitgehend die Erkenntnis durchgesetzt, dass eine geschlechtsneutrale Erziehung nicht möglich ist. Geschlechtssensible Erziehung bedeutet, dass Fachpersonen in reflexiver Weise differenzierend mit der Thematik Geschlecht umgehen müssen. Das Ziel ist dabei in erster Linie die Herstellung von Geschlechtergerechtigkeit im Sinne von Partizipation:

- Brauchen Jungen mehr Bewegungsangebote als Mädchen, weil sie einen höheren „Bewegungsdrang" haben?
- Oder brauchen gerade Mädchen spezifische Bewegungsangebote, weil die Jungen ihnen bei gemischten Angeboten oft den Raum nehmen?
- Oder aber sind beide Alternativen problematisch, sollten vielmehr individuelle Unterschiede – auch und gerade innerhalb der Geschlechtsgruppen – Ausgangspunkt für fördernde Maßnahmen sein? (Landeshauptstadt München Sozialreferat Stadtjugendamt, 2008, S. 99)

Für die Arbeit mit altersgemischten Gruppen ist wichtig zu wissen, dass Kinder spätestens ab drei Jahren zunehmend das Spiel in geschlechtshomogenen Gruppen bevorzugen. Gruppenzugehörigkeit spielt eine immer wichtigere

Rolle und damit auch Formen der Selbstpräsentation als Junge oder Mädchen. Kinder erkennen hier Verhaltensweisen als typisch Junge oder Mädchen an und lehnen oft Versuche ab, sie in das Rollenverhalten des anderen Geschlechts zu drängen. Niesel (2001) empfiehlt daher, geschlechtsspezifische Bedürfnisse auch unter Entwicklungsaspekten anzuerkennen. Kleine Kinder auf dem Weg zur Geschlechtskonstanz sind oft sehr rigide in den Zuweisungen. Erst im Grundschulalter wird differenzierter mit Fragen der Geschlechtlichkeit umgegangen.

Unter dem Aspekt der Partizipation scheinen gezielte Angebote der Fachpersonen wichtig, die sich mal an die gleichgeschlechtliche, mal an die gemischtgeschlechtliche Gruppe wenden. Eine größere Ausgewogenheit im sozialen Umgang von Mädchen und Jungen ist möglicherweise auch zu erreichen, wenn die Fachpersonen eine hohe Sensibilität für Statusfragen entwickeln und beiden Geschlechtern Möglichkeiten zur Selbstpräsentation einräumen. Kulturübergreifende Studien belegen, dass Jungen sich in Gesellschaften, in denen Männer einen deutlich höheren Status als Frauen haben, besonders stark von Mädchen absondern. Geht es um Statusfragen, spielt erlebte Macht und erlebter Einfluss eine große Rolle. So resümiert Niesel die Ergebnisse kulturvergleichender Forschung: „Ganz allgemein kann man sagen: Jungen beeinflussen Mädchen und Jungen, Jungen lassen sich von Mädchen nicht beeinflussen, Mädchen beeinflussen nur Mädchen" (Niesel, 2001, o. S.).

Für die Arbeit in der Krippe bleibt festzuhalten, dass insbesondere im dritten Lebensjahr die Wahrnehmung der eigenen Geschlechtlichkeit im besonderen Fokus der kleinen Kinder steht. Dies fällt mit dem raschen Wortschatzzuwachs und der nun rasch voranschreitenden Sprachentwicklung zusammen. Besondere Bedeutung für die Wahrnehmung und Bedeutung von Geschlecht hat auch die Sauberkeitserziehung in dieser Zeit. Blank-Mathieu (2001), die in ihrer Studie kleine Jungen ab drei Jahren interviewt hat und herausfinden wollte, inwieweit Erzieherinnen als Sozialisationsinstanzen das „männliche" Selbstkonzept von Jungen prägen, stellt fest, dass sich Jungen an Männern oder älteren Jungen oder ihrer Gruppe orientieren, nicht so sehr an der Erzieherin. Der Einfluss der Fachkräfte auf die Sozialisation der Jungen scheint wohl eher gering zu sein, denn in keinem der Interviews ist näher auf die Person der Erzieherin eingegangen worden.

Der Ruf nach mehr Männern in der KiTa gilt vor diesem Hintergrund sowohl für Männer als Väter als auch für Männer als Pädagogen. Vor diesem Hintergrund ist ein besonderes Qualitätsmerkmal einer KiTa, wenn es gelingt, mehr Väter anzusprechen und einzubinden. In ihrer Monografie „Fathers and Early Childhood Programs" führen Fagan und Palm (2004) zahlreiche Barrieren für diese Einbeziehung an. Neben mangelnder Verfügbarkeit der Väter aus beruflichen Gründen spielt eine große Rolle, dass das Personal meist fast ausschließlich aus Frauen besteht und auch die Aktivitäten eher Frauen als Männern entgegenkommen. In Interviews mit Vätern berichten diese von deutlich gezeigten Irritationen oder exkludierendem Verhalten der Fachpersonen (ebd., 2004).

In Bezug auf Männer als Kollegen im frühpädagogischen Bereich erbrachte eine Interviewstudie von Kunert-Zier (2005) mit Erzieherinnen höchst ambivalente Haltungen: Erzieher sollen einerseits typische Männlichkeit einbringen, werden dafür auf der anderen Seite aber als „Chauvis" kritisiert. Für die wenigen Männer, die mit Kleinkindern arbeiten, sind nicht nur diese Aspekte belastend, sehen sie sich doch auch mit dem potenziellen Vorwurf des sexuellen Missbrauchs konfrontiert.

Für die Ausbildung von Fachpersonen bleibt festzuhalten, dass sowohl die Kultur- als auch die Gender-Perspektive als Querschnittaufgaben Berücksichtigung finden müssen. Beim Kompetenzaufbau stehen neben der Arbeit an Einstellungen und Haltungen mit dem Ziel, die Selbstreflexivität zu erhöhen, die Entwicklung hoher Analysefähigkeiten im besonderen Fokus. Zentral ist des Weiteren der reflektierte Umgang mit Stereotypien in positiven und negativen Konsequenzen.

3.2.3 Perspektive Entwicklung

Die Bildung, Erziehung und Betreuung von Kindern bis drei sowie die Zusammenarbeit mit den Eltern einschließlich der Entwicklungsberatung setzen auf der Seite der Fachperson die dezidierte Kenntnis spezifischer Meilensteine der Entwicklung und unter inklusionspädagogischem Aspekt der speziellen Probleme entwicklungsauffälliger und behinderter Kinder in den verschiedenen Entwicklungsschwerpunkten – Kommunikation und Sprache, Wahrnehmung, Kognition, Motorik, Bindung – voraus. Da die Herausforderungen der frühen Kindheit mit ihren grundsätzlichen Entwicklungsaufgaben heute im Fachdiskurs unter dem Aspekt gegenseitiger Ko-Regulation betrachtet werden (Papoušek, Schieche & Wurmser, 2010), benötigen Fachpersonen in Krippe oder KiTa ein Wissen sowohl in Bezug auf die grundsätzlichen Entwicklungsaufgaben des Kindes als auch auf die seiner Eltern. Zentral ist des Weiteren, dieses Wissen im Kontext der institutionellen Bedingungen zu reflektieren, was besonders deutlich wird angesichts der vielfältigen Übergänge, die zu bewältigen sind, den Transitionen und Mikrotransitionen.

Entwicklungsaufgaben von Kindern bis drei

In den ersten drei Lebensmonaten stehen beim Baby in der Regel die physiologischen Regulationsprozesse um die Nahrungsaufnahme und Verdauung, Energiehaushalt, Wärmeregulation und Immunologie im Vordergrund. Auf der Verhaltensebene sind die Regulationen von Trink-, Schlaf-, Wachheits- und Aktivitätszyklen (Stern, 2007) in ihrer Manifestation und in ihren Übergängen zu leisten. Das Kind ist noch so mit den postnatalen Anpassungsprozessen beschäftigt, dass die dafür benötigten Energien nur kurze Zeiten des aufmerksamen Wachens für Spiel und Interaktion frei lassen.

Als eine Regulationsstörung kann in dieser Zeit exzessives Schreien auftreten. Da viele Kinder, die im ersten Trimenon als Schreibabys auffallen, schlagartig im zweiten damit aufhören, ist diese Regulationsstörung in früheren Jahren in der Regel unter dem Begriff der „Säuglingskolik" diskutiert worden. Heute wird exzessives Schreien als das Produkt eines Teufelskreises von Selbstregulierungsschwierigkeiten des Babys und erschwerten ko-regulativen Abstimmungen durch die Eltern betrachtet. Das Risiko für Störungen im emotionalen und Verhaltensbereich ist deutlich erhöht, wenn das Schreiproblem länger als drei Monate auftritt, es in Verbindung mit weiteren Regulationsstörungen wie Fütterproblemen oder dysphorischer Unruhe erscheint, multiple Belastungen der betroffenen Familien und Anzeichen gestörter Eltern-Kind-Interaktion vorliegen (Papoušek et al., 2010).

In der Betreuung von Säuglingen spielt in dieser frühen Zeit der Umgang mit deren Rhythmizität insbesondere im Sinne der zirkadianen Rhythmen eine große Rolle. Unter zirkadianem Rhythmus ist die Phasenverschiebung in der Verteilung von Aktivität und Ruhe im 24-Stunden-Tag zu verstehen. Die Aktivitätszeit verlängert sich zunehmend am Tag, und die Ruhezeit in der Nacht nimmt zu. Als Ursache für diesen Prozess werden einmal die Zeitgeberwirkung des Lichtes als stimulierender Faktor sowie die soziale Interaktion diskutiert.

In der KiTa ist ein responsiver Umgang mit den individuellen Rhythmen der Kinder unabdingbar. Im Säuglings- und Kleinkindalter kann sich das Bedürfnis nach Ruhe unterschiedlich zeigen und stark schwanken. Die Fachpersonen müssen daher „ihre Kinder lesen" lernen. Wichtig ist ein professioneller Umgang mit den Übergängen im Institutionsalltag, den Mikrotransitionen (siehe unten). Viele Kinder haben Schwierigkeiten beim Übergang zum Schlafen und nach dem Schlafen beim Übergang wieder zum Wachsein. Sie weinen dann viel, brauchen Unterstützung bei der Selbstberuhigung und Regulationshilfen des Erwachsenen.

Im Alter von drei bis sieben Monaten erfolgt ein biopsychosozialer Schub, der eine Regulation auf einer höheren Integrationsebene ermöglicht. Viele Mütter beginnen in dieser Zeit, Nahrung zuzufüttern, was erneute Umstellungs- und Anpassungsprozesse für das Kind erforderlich macht. Auch werden bei vielen Kindern die Nachtschlafzeiten länger. In dieser Phase wird die ausgeprägte soziale Kommunikationsfähigkeit des Kindes deutlich. Es zeigt intensiven und ausdauernden Blickkontakt, soziales Lächeln und Lautieren. Diese Zeit stellt eine wichtige Einübungsphase dar für Aufmerksamkeitsregulierung, für Erfahrung von Selbstwirksamkeit und Erfahrungsintegration im Zwiegespräch und Spiel sowie für selbstgesteuertes Explorieren der Umwelt mit Augen, Hand und Mund. Die zunehmende Koordination von Mund, Hand, beider Hände und Augen, die ersten Greifversuche, erlauben die Eroberung der Welt im Nahbereich. In den zyklischen Wechseln der Verhaltenszustände werden die Phasen aktiver, wacher Aufmerksamkeit länger. Schwierigkeiten in dieser Phase zeigen sich in motorischer Unruhe, Spielunlust und Dysphorie.

Im Alter von sieben bis neun Monaten lassen sich wesentliche Meilensteine der Entwicklung ausmachen. Die Kinder zeigen Objektpermanenz, Silbenplappern, und sie beginnen sich eigenständig fortzubewegen (krabbeln). Ihr Explorationsradius und mit ihm die Vorstellungswelt erweitern sich erheblich. Typische Spielvarianten sind daher Wegwerfen und Nachschauen, Verstecken und Wiederfinden und die Varianten der Guck-guck-da-Spiele (H. Papoušek, 2003). Mit den neuen Fähigkeiten wird es zunehmend wichtig, dass Kinder ihr Bindungsverhalten ausbalancieren müssen, d. h. eine Balance entwickeln zwischen Bindungssicherheit und Exploration. Sie müssen den Umgang mit dem Fremden lernen, mit Personen sowie mit Umgebungen. Kinder nutzen ihre Mütter dabei als

Sicherheitsbasis: Sie rückversichern sich wesentlich über den Blickkontakt. In einer so genannten „Haltenden Umgebung", in der sich die Kinder gut aufgehoben fühlen, zeigen sie ausgeprägteres Explorationsverhalten. Sie haben damit die Chance, einen größeren passiven und aktiven Wortschatz aufzubauen. Der Umgang mit Vertrautheit und Fremdheit (Ausprägungen des „Fremdelns") wird dabei wesentlich über dialogische und kommunikative Kompetenzen von Kindern und Eltern regulierbar.

Mit ca. 18 Monaten ergibt sich der dritte biopsychosoziale Entwicklungsschub. Durch das freie Laufen hat sich der Radius des Kindes erweitert. Große Fortschritte sind im Bereich der Sprache zu sehen, wo nun der so genannte Wortschatzspurt beginnt. Wichtigste Meilensteine sind daneben das Selbsterkennen im Spiegel, die Mentalisierung als Fähigkeit, die Gefühle und Absichten des Gegenübers aus dessen Perspektive zu verstehen, die Regulation von Autonomie und Bindung und eine zunehmende Symbolisierungs-, Vorstellungs- und Phantasietätigkeit. Das Spiel verändert sich vom sensomotorischen Explorieren und funktionellen Manipulieren im ersten Lebensjahr zu den differenzierteren Möglichkeiten des Als-ob-Spiels. Das Spiel wird allmählich stärker auf das Handlungsresultat fokussiert (Zollinger, 2015), es liegt auf der Ebene der Symbole und der Repräsentation.

Mit der beginnenden Autonomiephase sind Entwicklungsaufgaben im Bereich der emotionalen Regulation wie Frustrationstoleranz und Impulskontrolle zu leisten. Die Auseinandersetzung mit sozialen Regeln und Grenzen beginnt. Das Bedürfnis nach expandierender Exploration kann bei eingeschränkter motorischer Entwicklung nicht adäquat befriedigt werden. Bei einer Diskrepanz von Erkundungsdrang und motorischen Möglichkeiten werden die Kinder schnell unzufrieden, wollen herumgetragen und passiv unterhalten werden. Exzessives Trotzen, oppositionelles Verhalten, Klammern und übermäßige Trennungsangst können Ausdruck einer Regulationsstörung sein.

Sauberwerden ist eine weitere Entwicklungsaufgabe des Kindes. Das Kind entwickelt ein aktives Verhältnis zum Festhalten und Loslassen seiner Körperprodukte. Oft weinen Kinder, wenn ihr „Pipi" oder „A-A" zu schnell weggespült wird. Sie müssen erst den Entwicklungsschritt vollziehen, dass die Darmtätigkeit zu ihnen gehört. Die Kontrolle gelingt umso leichter, je mehr das Kind das Gefühl hat, Herr über seinen eigenen Körper zu sein, und je mehr die Bezugspersonen in der Kontrolle des kindlichen Körpers nachlassen können.

Die Bedeutung von Transitionen und Mikrotransitionen

In der pädagogischen Arbeit mit kleinen Kindern, die auf vielen unterschiedlichen Ebenen ihre Selbstregulation erst entwickeln, ist insbesondere in Übergangssituationen, den Transitionen, ein dezidiertes Fachwissen für eine responsive Abstimmung erforderlich (Gutknecht & Sommer-Himmel, 2014). Im frühpädagogischen Kontext werden die biografisch bedeutsamen großen Transitionen – wie der Übergang von der Familie in die KiTa – von den so genannten kleinen, den Mikrotransitionen, unterschieden, die sich auf Wechsel im Tagesverlauf der Institution beziehen. Transitionen (Cowan, 1991; Welzer, 1993) sind krisenhafte, zeitlich begrenzte Phasen in der Entwicklung, welche das Kind bzw. die ganze Familie und ihr Lebensumfeld betreffen.

Der Übergang des Kindes von der Familie in die Kita
Mit dem Eintritt in eine KiTa erleben Kleinstkinder oft erstmals die Trennung von den nahen Bezugspersonen, was mit einer oft hohen Stressbelastung einhergehen kann. Auch die Eltern müssen sich trennen, loslassen, in eine neue Rolle finden. Pädagogische Fachkräfte begleiten von daher Kinder *und* Eltern.

Für die Buchungsberatung ist wichtig zu sehen, dass bei vielen Kleinstkindern der Besuch einer Kinderkrippe mit einem deutlich erhöhten Stresslevel verbunden ist (Ahnert, 2010; Belsky, 2010). Die Ursachen für diese Erhöhung werden nicht nur in der Qualität der Krippen gesehen. Auch die Situation des Kindes außerhalb der Institution kann mitverursachend wirken, beispielsweise wenn neben Familie und Kinderkrippe zu viele weitere Betreuungsarrangements in Anspruch genommen werden. In der Buchungsberatung muss der gesamte 24-Stunden-Rhythmus und der Wochenrhythmus des Kindes thematisiert werden, um einen Überblick über mögliche Stressoren zu gewinnen, aber auch um Anknüpfungspunkte zu finden, die die Transition erleichtern können. Die Familie eines Krippenkindes muss darüber aufgeklärt werden, dass sowohl stressabfedernde Entspannungsphasen als auch ausreichend gemeinsam verbrachte „Qualitätszeit" zuhause als Gegengewicht zum Krippenalltag von zentraler Bedeutung sind.

Die Nutzung eines Eingewöhnungskonzepts unterstützt die Fachkräfte bei der Bewältigung der Transitionsbegleitung. Bindungstheoretisch orientierte Eingewöhnungskonzepte wie das Berliner Modell (Laewen, Andres & Hédervári, 2011) fokussieren darauf, dass das Kind die Möglichkeit bekommen soll, eine Sicherheit gebende Beziehung zu (mindestens) einer Fachkraft aufzubauen. Transitionstheoretisch verankerte Konzepte wie das Münchner Modell setzen darauf, dass das Kind die KiTa als Bildungseinrichtung kennenlernen kann und der Übergang dadurch optimalerweise zu einem erwünschten Ereignis wird (Winner, 2009). Die Trias einer elternbegleiteten, bezugspersonenorientierten und abschiedsbewussten Eingewöhnungsgestaltung (Haug-Schnabel & Bensel, 2006) gilt als wichtiger Qualitätsfaktor. Ein gut eingewöhntes Kind beteiligt sich an kooperativ gestalteten Pflegehandlungen, es isst und trinkt in der Einrichtung. Es bewegt sich frei und exploriert seine Umgebung. Es findet in ein vertieftes Spiel mit sich selbst und mit anderen. Wenn die basale Beziehungsnahme nicht gelingt, ist einem Kleinstkind keine Partizipation in der Institution möglich. Es reagiert möglicherweise mit ziellosem Wandern, mit Nahrungsverweigerung, anhaltendem Weinen, mit Überanpassung. In der Beziehung zu anderen Kindern kann ein Kleinkind die Erfahrung machen, dass es als beliebt gilt, aber auch, dass andere Kinder ihm gegenüber gleichgültig oder sogar ablehnend sind. All diese Erfahrungen – ob positiv oder negativ – wirken und haben einen Einfluss darauf, ob ein Kind gern oder weniger gern eine Einrichtung besucht (Dollase, 2014). Fachpersonen müssen Sorge tragen für ein „entspanntes Feld", als Voraussetzung für Spiel (Hauser, 2013).

Mikrotransitionen – die Übergänge im Tagesverlauf
Mikrotransitionen sind die kleinen Übergänge im Alltag, die unterschiedliche Bereiche betreffen können:

- Wechsel von Aktivitäten,
- Raumwechsel,
- Wechsel von Spielpartnern,
- Wechsel der Bezugsperson, z. B. beim Schichtwechsel.

Kleine Kinder bis drei, aber auch Kinder mit Behinderungen, zum Beispiel mit Autismus-Spektrum-Störungen, zeigen große Irritationen oder Verhaltens-Schwierigkeiten, wenn diese Wechsel nicht gut vorbereitet werden. Oft sind mit den kleinen Übergängen im Tagesablauf Wartezeiten für die Kinder verbunden, die quälend und frustrierend empfunden werden können. Auch die pädagogischen Fachkräfte können aus der Fassung geraten, denn es ist anspruchsvoll, die Emotionen einer größeren Gruppe von Kleinstkindern zu regulieren. Vorhersehbarkeit der Abläufe ist hier außerordentlich wichtig. Um Kindern die Übergänge zwischen alltäglichen Aktivitäten in der Krippe zu erleichtern, ist es sinnvoll, bei Routinen und anderen Aktivitäten drei Zeitpunkte und deren pädagogische Gestaltung in den Blick zu nehmen: den Zeitraum vor, während und nach dem Übergang. Gezielte Strategien können eingesetzt werden wie die Visualisierung von Abläufen, wiederholtes Ankündigen der Aktivitäten, die kommen werden, ritualisierte Übergangslieder, die das thematisieren, was geschehen soll (z. B. Aufräumlied).

Eine Besonderheit stellt der Übergang in den Schlaf und aus dem Schlaf dar. Die Schlaf-Wach-Regulation im Kleinkindalter ist eine Entwicklungsaufgabe und ein noch sehr störanfälliger Prozess (Kramer, 2013). Beim Übergang zur Ruhezeit spielen auch die räumlichen Gegebenheiten in der KiTa eine große Rolle: Gibt es einen festen Ruheraum? Oder ist immer eine Art „Bettenbau" erforderlich, weil im Spielraum auch geschlafen wird? Oft ist es sinnvoll, dass eine Kollegin die Situation im Waschraum begleitet und eine andere die Kinder im Schlafraum empfängt. Der Übergang in den Ruhebereich sollte sich optimalerweise wie der Eintritt in eine etwas andere Welt gestalten (Kramer, 2013). Alle Abläufe und Aktivitäten sollten auf Spannungsabbau ausgerichtet sein: Um die Selbstregulation der Kinder beim Schlafen zu unterstützen und sie möglichst allein in den Schlaf finden zu lassen, sollten Lieder und Musik zeitlich begrenzt erklingen. Eine gute Unterstützung für das Schlafen in der Krippe ist die Nutzung eines Kuscheltiers als so genanntes Übergangsobjekt, das eine Brückenfunktion zwischen dem Zuhause der Kinder und der Krippe haben und helfen kann, Fremdheit zu überwinden und das Kind zu entspannen, damit es in den Schlaf findet. Ein Kind, das in der Krippe einen Tagesschlaf von ca. 60 bis 90 Minuten hält, durchläuft dabei die Schlafphasen von Halbschlaf-, Tiefschlaf- und REM-Phase. Sehr ungünstig ist ein Wecken des Kindes in der Tiefschlafphase. Hier findet der Erholungsprozess im Schlaf statt und auch die höchste Ausschüttung der Wachstumshormone. Ein Kind sollte in dieser Zeit möglichst nicht geweckt werden, allerdings darf ein *sanfter Weckversuch* erfolgen. Wenn es allerdings dann nicht aufwacht, sollte es weiterschlafen dürfen. In vielen Einrichtungen gibt es bereits Räume für Eltern, in denen eine Wartezeit überbrückt werden kann. Die Aktivitäten nach dem Schlaf sollen das Kind wieder sanft in den Tag zurückholen.

3.2.4 Perspektive Behinderung/Special Needs

Die Professionelle Responsivität der Fachperson stellt gerade bei Kindern mit Behinderungen die grundsätzliche Voraussetzung für gelingende Partizipation dar. Die Kompetenz ist darin zu sehen, dass sie um typische Erschwernisse weiß, die spezifische Behinderungsformen für die Interaktion und in besonderer Weise für das Spiel mit sich bringen. Für Fachpersonen in Krippe oder KiTa ist ein Überblick über bedeutsame Interaktionsveränderungen bei Sinnes-, Körper- oder geistigen Behinderungen daher außerordentlich wichtig. Sie müssen wissen, in welcher Weise veränderte Interaktionsmuster die Bewältigung der kindlichen Entwicklungsaufgaben verkomplizieren und die Beziehungsnahme zum Kind beeinträchtigen können. Hier ist eine responsive Zusammenarbeit mit den Eltern erforderlich, damit die Fachpersonen möglichst zügig lernen, beispielsweise die spezifischen Körpersignale eines Kindes mit einer Körperbehinderung zu entschlüsseln. Oft ist eine enge Kooperation mit anderen Berufsgruppen erforderlich (Frühförderinnen, Ergo-, Physio- und Sprachtherapeut/inn/en, Psycholog/inn/en etc.).

Kinder mit Hörbehinderungen

Wenn Fachpersonen in der Krippe oder KiTa ein Kind mit einer Hörbehinderung in ihrer Kindergruppe betreuen, sind sie ohne entsprechende Expertise oft in gleicher Weise verunsichert, wie dies auch die hörenden Eltern eines hörbehinderten Kindes sind. Das Wissen, dass das Kind nichts von dem Gesagten hören kann – sowie das Fehlen der Stimme als Mittel der Regulation –, erschweren es, die intuitiv-didaktischen Kommunikationsformen in responsiver Weise einzusetzen. Dies betrifft in besonderer Weise den in der intuitiven Didaktik beschriebenen Bedeutung unterstellenden Kontakt. Zollinger beschreibt diese Schwierigkeit wie folgt:

> ... es ist, als ob sich über das Sprechen ein Schleier der Unsicherheit, Irritation legen würde. Dieser Verunsicherung begegnet das Kind auch häufig im Blick; dieser ist nicht ungetrübt freudig, erwartungsvoll, stolz, entzückt, sondern oft auch bedrückt, voller Sorge. (Zollinger, 2004, S. 60)

Wie bei vielen Behinderungsformen, bei denen die erwartbaren kindlichen Reaktionsformen ausbleiben, wird oft aufseiten der Fachperson mit einer starken Lenkung der Interaktion gearbeitet. Häufig sind intrusive Verhaltensweisen zu beobachten. Die vermehrte Kontrolle strukturiert zwar die Interaktion, allerdings wird es für das Kind dadurch sehr schwierig, eigene flexible kommunikative Fähigkeiten zu entwickeln. Defizite im pragmatischen Bereich erschweren mit zunehmendem Alter, an kooperativen Rollenspielen mit anderen Kindern teilhaben zu können. Gehörlose Kinder sind oft nicht in der Lage, im Rollenspiel zum „Script des Drehbuchs" beizutragen, sie „erwarten" keine

Antwort und kommentieren das Spiel eher, als es dialogisch weiterzuentwickeln (Sarimski, 2005, S. 51). Die Fachperson in Krippe oder KiTa erweist sich in diesem Kontext responsiv, wenn sie als kompetente Andere das Symbolspiel des Kindes erweitern hilft. Hilfreich kann sein, wenn sie sich im Sinne einer „Fading-Strategie" sanft in das Spiel der Kindergruppe ein- und ausfädeln kann. In gezielter Weise muss sie Blickkontakt auf Augenhöhe des Kindes suchen sowie visuelle und taktile Signale in den Förder- und Bildungsprozessen einsetzen. In den alltäglichen Routinen muss die Position des Kindes zum Licht berücksichtigt werden, damit es in der Interaktion einen guten Blick auf das Gesicht der Sprecherin hat. Für die Ausnutzung von Hörresten müssen auditive Reize einbezogen werden.

Gehörlose Eltern, die ein ebenfalls gehörloses Kind bekommen, sehen die Zukunft für ihr Kind oft ganz klar in der kulturellen Gemeinschaft der Gehörlosen verortet. In der von ihnen verwendeten Gebärdensprache kommen dabei ebenfalls intuitiv-didaktische Verhaltensweisen zum Einsatz, die als Signerese bezeichnet werden (Horsch, 2004).

Während hörende Kinder ein emotional-auditives Angebot über viele Elemente der Motherese bekommen, erhalten gehörlose Kinder ein emotional-visuelles. Mütter gehörloser Kinder modifizieren in responsiver Weise ihr Gebärdenangebot, indem sie ...

- schwierige durch einfachere Handformen ersetzen,
- ihre Gebärden sehr deutlich verlangsamen,
- einen erhöhten, vergrößerten Gebärdenradius benutzen, der dennoch auf das Gesichtsfeld des Kindes abgestimmt bleibt,
- durch viele Wiederholungen mehr Zeit geben, die Gebärde zu sehen und einzuordnen,
- mit dem Kind auf dem Schoß ihre Gebärden im Gebärdenraum des Kindes ausführen,
- kleine überschaubare bedeutungstragende Einheiten inszenieren und semantische Konstruktionen verwenden, die das Kind bereits versteht,
- eine überaus „sprechende" Mimik einsetzen, die in der Gebärdensprache eine linguistische Funktion hat (das Hochziehen der Augenbrauen kennzeichnet z. B. Fragen),
- rhythmisierte Berührungen und zärtliche Gesten einsetzen, um die Aufmerksamkeit des Kindes zu fokussieren oder zu teilen.

Als gesichert gilt, dass sich die Gebärdensprache nach vergleichbaren Mustern wie der Lautspracherwerb entwickelt. Die Kinder durchlaufen ein Stadium manuellen Lallens, das den Phasen des vokalen Lallens vergleichbar ist. Im Sinne der Kontinuitätshypothese wird das gleiche Phonem-Inventar präferiert wie auch in der Lautsprache (Schnattinger & Horsch, 2004). Sowohl hörende als auch gehörlose Kinder im Alter von ca. 9–13 Monaten verwenden Vokalisationen und Gesten, die dann mit ca. 12 Monaten einen Dekontextualisierungsprozess durchlaufen, d. h. aus Gesten werden Gebärden und aus Vokalisationen (Protowörtern) werden Worte. Gehörlose Kinder erwerben ihre Sprache – trotz der größeren Bildlichkeit – nicht schneller als Kinder, die hören. Sowohl die Ein-

Gebärden-Äußerungen (um 12 Monate) als auch die Zwei-Gebärden-Äußerungen (um 18 Monate) entsprechen dem Auftreten von Ein- respektive Zwei-Wort-Äußerungen hörender Kinder. Auch der Pronomenerwerb in der Gebärdensprache verläuft vergleichbar mit dem der Lautsprache. Kritisch zu reflektieren ist, ob Gebärden tatsächlich so viel leichter wahrgenommen und produziert werden können, wie es oft angenommen wird. Schnattinger und Horsch führen einige Argumente an, die dieser Auffassung entgegenstehen (vgl. 2004, S. 159 ff.):

- Das Kind nimmt die Gebärden seiner Bezugspersonen wahr, muss sie aber spiegelverkehrt reproduzieren.
- Die visuelle Rückkopplung wird erschwert durch die Ausführung der Gebärden weg vom Körper oder in Gesichtsnähe.
- Ob der visuell-motorische Sprechapparat tatsächlich früher ausgereift ist als der oral-auditive, ist noch ungeklärt.

Voraussetzung für den Erwerb von Gebärden ist ebenso wie in der Lautsprache die Bedeutungsentwicklung, das Erkennen, mit Sprache etwas bewirken zu können. Der Einsatz unterstützender Gebärden muss responsiv und nicht im Sinne eines „intellektualistischen Überstülpens" erfolgen. Die Entdeckung der Welt erfolgt ausgehend von der Sicherheitsbasis des mütterlichen Körpers. Auch der „Entwicklung der Hände" im Sinne von Explorationsbewegungen, Hand-Auge-Koordination, Beachtung der Mittellinie, muss insbesondere auch aufgrund ihrer Bedeutung für die Sprache die notwendige Aufmerksamkeit geschenkt werden.

Kinder mit schweren Sehbehinderungen

Kinder mit schweren Sehbehinderungen benötigen eine für ihre Orientierung in der Kinderkrippe oder Kindertageseinrichtung möglichst konsistente Umgebung, die mithilfe auditiver und taktiler Schlüsselreize strukturiert wird, um größtmögliche Partizipation des Kindes zu gewährleisten.

In der Interaktion mit blinden Kindern erhalten Fachpersonen viel weniger positive Rückmeldungen auf ihre Ansprache und Zuwendung, denn blinde Kinder antworten oft nicht mit einem Lächeln, wenn sie hochgenommen werden. Oft reagieren sie eher passiv auf sozialen Kontakt (Sarimski, 2012). Wenn einem Kind bedeutende Anteile des Sehvermögens fehlen, sind es in erster Linie die Hände, die die Funktion nützlicher und intelligenter Sinnesorgane übernehmen müssen. Die Hände sind dann nicht nur Werkzeuge, um Handlungen auszuführen und damit etwas zu bewirken, sie müssen Stimme sein für Gefühle, Gedanken, Betonungen – ein einzigartiges Ausdrucksmittel. Um ein kleines Kind hier zu unterstützen, muss eine Begegnung weniger über den Face-to-face-Kontakt als über die Hände hergestellt werden. Dies ist überaus anspruchsvoll, da sehende Personen gemeinhin in den Gesichtszügen des Kindes nach Zeichen der Freude, des Erkennens und Verstehens, des Unbehagens, der Aufmerksamkeit suchen. Die „Sprache der Hände, zu den Händen zu sprechen" und die „Sprache der Hände, von Händen zu lesen" (Miles, 2001, S. 5) erfordern das Können, ein Lächeln, ein Staunen, Zeichen von Interesse des Kindes in den Händen zu erkennen, responsiv mit den Händen zu sein. Statt des Blickkontakts und der Mimik muss die explorierende Aktivität der Hände beobachtet werden. Mangelnde Responsivität zeigt sich hier in einer typischen „Einseitigkeit des Dialogs" (vgl. Sarimski, 2012), in einer übermäßigen Lenkung der Interaktion, einer einseitigen Themenbestimmung durch den erwachsenen Interaktionspartner und das vermehrte „Aufträge-Erteilen".

Im Spiel mit blinden Kindern sind häufig Unterstützungshilfen erforderlich, die dem Kind beispielsweise erleichtern, zwischen konkreten Alltagsgegenständen und Spielsachen zu unterscheiden. Um das Explorationsverhalten zu erweitern, sollte das Interesse, das Auffinden und Wiedererkennen von Gegenständen oder Spielsachen erleichtert werden. Gegenstände sollten dazu mit taktilen Erkennungshilfen (Sandpapier) ausgestattet oder Spielsachen mit Düften besprüht werden. Spezialspielzeug mit „Light-up-Effekt" hilft Sehreste auszunutzen, ebenso wie Abbildungen und Alltagsgegenstände, die starke visuelle Kontraste aufweisen wie z. B. ein schwarz-weißes Handtuch oder eine Wickelplatzunterlage mit schwarzen Punkten auf rotem Grund (Nedwed, 2008). In der Interaktion ist in der Arbeit mit kleinen Kindern von besonderer Bedeutung, dem Kind das Vorhandensein von Personen oder Gegenständen bewusst zu machen. Die Fachperson gibt hier Unterstützung in der Regel durch die Verbindung von Berührung und verbaler Information. Letztere bezieht sich dabei sehr häufig auf Ortsangaben und Richtungen, dabei ist eine hohe sprachliche Sensibilität erforderlich, denn Hinweise wie „da", „dort" etc. werden von einem blinden Kind nicht verstanden, Unterscheidungen wie rechts, links, oben und unten müssen erst als Konzepte erworben werden. Fachpersonen in Krippe oder KiTa müssen diesen Konzepterwerb unterstützen. Bei der Betrachtung einer angemessenen Lernumgebung für Kinder mit Sehbehinderungen ist es wichtig, diese Lernumgebung in Hinblick auf die Ermöglichung von Seherfahrungen zu analysieren. Es ist ungünstig, wenn das Kind ständig nur an weiße Decken schaut oder in einer dunklen Kuschelecke liegt (Nedwed, 2008).

Auch Sehen muss in beziehungsvollen Interaktionen gelernt werden. Eine bloße Abbildung der Reize auf der Netzhaut, ohne dass das Kind bewusst darauf schaut, ist nicht ausreichend. Ein kontrastreiches Mobile über den Platz zu hängen, auf dem das Kind abgelegt wird, oder Unmengen an Spezialspielzeug um das Kind herum zu drapieren, ist sinnlos. Die Aufmerksamkeit muss in der Interaktion gezielt auf diese Gegenstände gelenkt werden. Spannungsreiche Geschichten können zu einer Lauflichtschlange erzählt werden, Landschaften aus einer mit Farblicht bestrahlten Deckenumgebung entstehen, in denen kontrastreiche Figuren ein interessantes Leben führen. Die Fütterinteraktion kann wesentlich erleichtert werden, wenn Hilfsmittel eingesetzt werden wie eine schwarz-weiß gestreifte Fläschchen-Ummantelung, ein kontrastreicher Löffel, ein Teller, auf dem die Nahrung nach einem festen Schema angeordnet liegt. Die Nahrung sollte gut zu sehen sein und sich vom Teller abheben. Überlegenswert ist, ob der Teller kontrastreich gestaltet werden soll oder ob er unifarben bleibt, damit sich bestimmte Nahrungsmittel gut abheben. Eine Fütterhilfe kann sein, wenn die Fachperson lange bis zum Ellbogen reichende schwarz-weiße Armüberzieher trägt, damit das Kind das Herannahen des Löffels besser wahrnehmen kann.

Möglicherweise fällt in einer KiTa erstmals auf, dass ein Kind nicht richtig sieht oder hört. Die Früherkennung von Beeinträchtigungen der Sinneswahrnehmung kann nicht hoch genug bewertet werden, denn wenn die sensible Phase in diesen beiden Bereichen vorüber ist, können bestimmte Defizite im Hören oder Sehen nicht mehr, z. B. durch eine Operation, korrigiert werden.

Kinder mit Bewegungsbehinderungen

Die meisten Kinder mit Bewegungsbehinderungen weisen durch prä-, peri- oder postnatalen Sauerstoffmangel eine infantile Cerebralparese auf, die sich in spastischen Lähmungen oder in athetotischen (ruckartigen, ausfahrenden) oder ataktischen (unkoordinierten) Bewegungsmustern zeigt (Sarimski, 2005). Sehr häufig liegen auch zentrale Sprechstörungen wie Dysarthrien vor, die so schwer sein können, dass die Kinder auf alternative Kommunikationsformen angewiesen sind (Gebärden, Symbolsysteme), die auch in der KiTa benutzt werden sollen. Darum braucht die Pädagogin in der Krippe ein Fachwissen im Kontext der Unterstützten Kommunikation, um eine gelingende Interaktion aufbauen zu können. Für die Pflegeinteraktion in der Krippe oder KiTa ist anzumerken, dass vielfach schwerwiegende Fütter-Störungen bestehen, weil Defizite im oral-motorischen Bereich vorliegen (Zungenstoß, Hyper- und Hypotonien, mangelnde Kieferkontrolle). Dies macht auch die Fütterinteraktion zu einer komplexen und schwierigen Alltagshandlung in einer Institution. Die Mahlzeiten bei diesen Kindern dauern nicht nur sehr lange, das Essen wird auch immer wieder herausgestoßen. Die Fachkraft steht unter dem besonderen Druck, in den Zeiten, in denen sie verantwortlich ist, bei einem oft extrem schwierigen Nahrungsaufnahmeprozess dennoch für eine ausreichende Nahrungsmittel- sowie Flüssigkeitszufuhr (Gefahr der Dehydration) zu sorgen.

Bei vielen Kindern sind zudem jahrelange krankengymnastische Behandlungen indiziert, um Kontrakturen vorzubeugen und grundsätzlich die Pflegefähigkeit aufrechtzuerhalten. Die Körperkompetenz der Fachpersonen im Handling der täglichen Pflegehandlungen für die Kinder ist in besonderer Weise gefordert. Durch die vielfältigen Einschränkungen können die kommunikativen Signale der Kinder oft nicht oder nur schwer erkannt werden. Das Lesen der Körperzeichen erweist sich nämlich als höchst anspruchsvoll: Wie soll eine Kommunikation aussehen, wenn das Lächeln des Kindes gar kein Lächeln ist, sondern der Ausdruck einer spastischen Verkrampfung der Gesichtsmuskulatur? (Gutknecht, 2007).

Mangelnde Responsivität in der Interaktion mit Kindern mit Bewegungsbehinderungen zeigt sich darum in der Regel in einer zu starken Lenkung der Interaktion, da ja Blickkontakt, Gesten und Gebärden, aber auch Lautierungen nur unter großen Schwierigkeiten vom Kind koordiniert werden können. Die Wechselseitigkeit in den Abstimmungsprozessen bleibt häufig aus. Sarimski betont deshalb, dass das Kind so möglicherweise eine *„gelernte Hilflosigkeit"* erwirbt und damit *„eine subjektive Abhängigkeit von Hilfen der Erwachsenen auch dort, wo Selbständigkeit möglich wäre"* (Sarimski, 2005, S. 80).

Die Einseitigkeit in den Interaktionsmustern, die sich z. B. in der Überbetonung von Fragen zeigt, die ausschließlich Ja-Nein-Antworten zulassen, verengt vielfach den Aufbau vielfältigerer kommunikativer Funktionen. Fachpersonen in der Krippe oder KiTa sollten hier die Strategien der intuitiven Didaktik sowie Maßnahmen aus dem Bereich Unterstützter Kommunikation nützen. In der Regel ist zwingend erforderlich, sich im Team über die Möglichkeiten einer Optimierung von Kommunikationsprozessen bei diesen Kindern regelmäßig auszutauschen. Wenn die positiven Fähigkeiten und das körperliche Ausdrucksverhalten des Kindes wahrgenommen und für bedeutungsvoll angesehen werden, erlebt sich das Kind in veränderten Bedeutungen, die sich direkt auf seine momentane Lebensqualität auswirken. Berührungs- und Bewegungsinteraktionen sind auch bei behinderten Kindern elementar für ihre Selbstaktualisierung. Dabei ist besonders wichtig, die Körperzeichen als Ausdruck respektive als mögliche Antworten lesen zu lernen.

Kinder mit geistigen Behinderungen

Kinder mit einer geistigen Behinderung (schwere Formen: IQ < 50, leichte Formen: IQ 50–70) zeigen nicht nur eine verlangsamte Entwicklung, sondern auch spezifische Beeinträchtigungen insbesondere ein langsameres Tempo bei der Verarbeitung von Informationen, begrenzten Arbeitsspeicher und Schwierigkeiten beim Erkennen relevanter Informationen (Sarimski, 2005). Dies erschwert den Kindern vielfach, sich erfolgreich in Tätigkeiten zu erleben. Die Kinder zeigen weniger zielgerichtete Aktivitäten und Motivation im Spiel und meiden herausfordernde Aufgaben. Sie geben anderen weniger Gelegenheit zur dialogischen Antwort. Auch bei diesen Kindern bedeutet Responsivität, zu stark lenkende Interaktion zu vermeiden und alternative Kommunikationsmöglichkeiten zu kennen.

Gerade bei geistig- und mehrfachbehinderten Kindern ist in den vergangenen Jahren insbesondere die Kommunikation über Gebärden im Zusammenhang mit Unterstützter Kommunikation vermehrt diskutiert worden. Für die Arbeit mit jüngeren Kindern bietet die „Gebärden-unterstützte Kommunikation" (GuK) eine wichtige präverbale Verständigungsmöglichkeit, ohne dadurch eine spätere lautsprachliche Entwicklung zu blockieren (Wilken, 2010). Verstehen und Sprechen der Lautsprache sollen damit gezielt unterstützt werden. Begonnen wird mit natürlichen Gebärden und Spielen, die für kleine Kinder ab ca. acht bis neun Monaten typisch sind, wie z. B. das „*Winke-winke*" zum Abschied. In der Gebärden-unterstützten Kommunikation werden insbesondere für kleine Kinder motorisch leicht umsetzbare Gebärden für Begriffe verwendet. In der Arbeit mit geistig behinderten Säuglingen und Kleinkindern sind Gebärden und Gesten Brücken zum Verstehen. Sie können den Weg in die Lautsprache ebnen oder zum alleinigen kommunikativen Ausdrucksmittel werden. Die Fachperson in Krippe oder KiTa muss daher in responsiver Weise ausdrucksstarke Gebärden, Mimik und Gesten in der Erziehung sowie in ihren Förder- und Bildungsangeboten für diese Kinder nutzen. Ziel ist dabei die bewusste Erweiterung der Kommunikation um verständnisfördernde Mittel. In der Entwicklungsberatung muss häufig auch den Eltern ein Zugang zu den alternativen Kommunikationsmöglichkeiten ermöglicht werden, da oft große Ängste bestehen, dass durch den Gebärdengebrauch der Weg in die verbale Sprache verhindert werden könnte. Bei noch kleinen Kindern müssen Gebärden dosiert und ausgewählt eingesetzt werden, um kein funktionalistisches Be-üben zu praktizieren und unerwünschte „Nebenwirkungen" zu vermeiden:

- Es sind zum Teil Konflikte in der Aufmerksamkeitsfokussierung zu beobachten, z. B. beim Betrachten von Büchern: Auf was soll das Kind schauen? Auf die Gebärde oder auf das Bilderbuch?
- Bei hörenden Bezugspersonen verändert sich bei gleichzeitigem und zu vielem Gebärden oft die natürliche Prosodie der gesprochenen Lautsprache. Dies ist durchaus schwerwiegend, da die gerichtete Aufmerksamkeit des Säuglings und Kleinkindes auf die prosodischen Konturen der Sprache als wichtigster Schritt für das Entdecken der linguistischen Merkmale der Muttersprache zu bewerten ist.

Für die Lautsprache gilt als belegt, dass es kontraproduktiv ist, Worte, womöglich bei überdeutlichem Sprechen und übertriebener Muskelkontraktion, beizubringen. Das Ausschalten der natürlichen Prosodie beim überdeutlichen Sprechen steht in einem negativen Zusammenhang mit dem Grammatikerwerb (Horsch, 2004). Bezogen auf Gebärden sollte das Kleinkind darum nicht ersatzweise und funktionalistisch mit ihnen „beturnt" werden. Das Kind soll Interesse an der Gegenstandswelt bekommen, Lust haben, nach dieser Welt die Hände auszustrecken, um diese Welt zu begreifen, zu befühlen, zu explorieren. Die Hände, die einmal Gebärden ausführen sollen, müssen darum den eigenen Körper und den der Bezugsperson explorieren dürfen in emotional bedeutungsvollen Situationen.

Chronisch kranke Kinder

Chronisch kranke Kinder in Kinderkrippen oder KiTas haben Erkrankungen wie beispielsweise Asthma bronchiale, Neurodermitis, Mukoviszidose, Allergien, rheumatische Erkrankungen, Diabetes oder cerebrale Anfallsleiden. Chronische Erkrankungen sind nicht nur durch einen langandauernden Krankheitsprozess ohne Aussicht auf Heilung charakterisiert, sondern häufig auch durch unbekannte oder nicht behebbare Krankheitsursachen. Dabei ist der Krankheitsverlauf oft unbestimmt und in der Regel immer wieder durch unvorhergesehene Phasen akuter Verschlechterung gekennzeichnet. Für Kinder in KiTas kommt es dadurch zu sehr vielen, teilweise auch sehr langen Unterbrechungen im Besuch der Einrichtung. Die Gestaltung des Übergangs von der Familie in die Institution ist für alle Beteiligten erheblich anspruchsvoller und häufig mit dem Gefühl verbunden, mit dem Beziehungsaufbau immer wieder von vorn anfangen zu müssen. Betroffene Familien müssen die Eigenarten der Erkrankung kennenlernen, ihr Leben danach ausrichten und auf vieles verzichten, was ihnen zuvor wichtig war. Eine chronische Erkrankung erfordert einen hohen therapeutischen Aufwand, häufige Arztbesuche und wiederholte Krankenhausaufenthalte. Neben den medizinisch-therapeutischen Maßnahmen, die Eltern und Kinder neu lernen müssen, muss die psychosoziale Belastung der Chronizität bewältigt werden.

Die Kompetenzen der Eltern in Gesundheitsfragen im Kontext chronischer Erkrankungen sind sehr unterschiedlich. Von den Pflegewissenschaften wird seit vielen Jahren eine Abnahme der elterlichen Kompetenzen im Umgang mit Gesundheitsfragen von Kindern und Jugendlichen festgestellt (Holoch, 2002). Dies ist auch abhängig von der Begleitung, die sie über das psychosoziale Netzwerk vor Ort erfahren und betrifft vielfältige Bereiche wie beispielsweise die Ernährung, die Körperpflege und den Umgang mit kleinen Verletzungen.

3.2.5 Zusammenfassung und Literaturtipps

Zusammenfassung

Den reflexiven Umgang mit intuitiv-didaktischen Verhaltensweisen müssen Fachpersonen in Krippe oder KiTa zu ihrem Professions-Habitus im Umgang mit Säuglingen und Kleinkindern machen. Die Komplexität der Interaktionsanforderungen wächst, wenn die Perspektiven Entwicklung, Kultur und Subkultur, Gender und Inklusion hinzukommen. Hier wird deutlich, dass weder ein Inventar intuitiv-didaktischer Verhaltensweisen vorhanden ist, noch angeeignet werden kann, sondern dass es um Abstimmungsprozesse geht, die ein hohes fachliches Können und Wissen voraussetzen. In der Arbeit mit Kindern mit Behinderungen ist Responsivität erforderlich, um nicht einer „gelernten Hilflosigkeit" des Kindes Vorschub zu leisten. Hierzu gehört ein profundes Wissen um die in typischer Weise veränderten Interaktionsformen. Des Weiteren ist die Fähigkeit wichtig, sich der Maßnahmen aus dem Bereich der Unterstützten Kommunikation bedienen zu können.

In Bezug auf Kinder aus anderen kulturellen Kontexten wird eine sensiblere Sicht auf das Handeln in der Kindergruppe erforderlich. Gerade im Prozess der Transition von der Familie in die KiTa sind häufig besondere Unterstützungshilfen erforderlich, die den einander widersprechenden Erziehungswerten im Sinne einer eher individuumszentrierten oder einer gemeinschaftszentrierten Orientierung geschuldet sind.

Fachkräfte interagieren jeweils anders mit Jungen und Mädchen und müssen sich oft „selbst auf die Spur kommen". Wichtig ist eine Sensibilisierung auf typische Interaktionsfallen, die bei einer Orientierung an „Gleichbehandlung" häufig sind. Jungen und Mädchen Partizipation zu ermöglichen, ist das Leitziel einer geschlechtssensiblen und -bewussten Pädagogik.

Literaturtipps

Georgas, J., Berry, J. W., Vijver, F. J. R. van de, Kagitçibasi, C. & Poortinga, Y. H. (2010). *Families across cultures: A 30-nation psychological study*. Cambridge: Cambridge University Press.
   Das Buch gibt einen hervorragenden Überblick über Familien und Familienleben, Werte und Erziehungsorientierungen auf der Basis der kulturvergleichenden Forschung. Es enthält Porträts von Familien aus über 30 Ländern, die von führenden Wissenschaftlern erstellt worden sind.

Borke, J. & Keller, H. (2014). *Kultursensitive Frühpädagogik*. Stuttgart: Kohlhammer.

Das ebenfalls in dieser Reihe erschienene Buch gibt einen hervorragenden Überblick zur kulturvergleichenden Entwicklungspsychologie und der kultursensitiven pädagogischen Arbeit in der KiTa.

Nedwed, B. (2008). *Kinder mit Sehschädigung. Ein Ratgeber für Eltern und pädagogische Berufe.* Idstein: Schulz-Kirchner.
Ein Beispiel eines sehr informativen, praxistauglichen und günstigen Ratgebers, der sich an Eltern und pädagogische Fachkräfte richtet und viele Möglichkeiten aufzeigt, wie ein Kind mit Sehbehinderung unterstützt werden kann.

Rohrmann, T. & Wanzeck-Sielert, C. (2014). *Mädchen und Jungen in der Kita. Körper, Gender, Sexualität.* Stuttgart: Kohlhammer.
Für den Bereich der Kinder bis drei sind wichtige Erkenntnisse zusammengetragen wie die deutlichere Ausprägung der Geschlechtertrennung beim „Offenen Konzept" oder die Relevanz der Umsetzung einer gender-sensiblen Pädagogik bei zwei- bis dreijährigen Kinder.

Sarimski, K. (2012). *Behinderte Kinder in inklusiven Kindertagesstätten.* Stuttgart: Kohlhammer.
Das Buch gibt nicht nur einen profunden Überblick über die im Alltag einer inklusiv arbeitenden Kindertageseinrichtung möglicherweise auftretenden Behinderungsformen von Kindern, sondern auch eine Fülle von Hinweisen auf das veränderte Spiel bei behinderten Kindern und Möglichkeiten des pädagogischen Umgangs, der Assistenz oder der Entwicklungsbegleitung.

3.3 Beispiele für bildungsrelevante Alltagsinteraktionen in Krippe oder KiTa

Das Können der Fachperson in der Arbeit mit dem Kind oder der Kindergruppe liegt darin, unterschiedliche Interaktionsklassen im Institutionsalltag auf einem sehr hohen Niveau durchdringen zu können. Im Folgenden soll über die Beschreibung einiger exemplarischer Interaktionsklassen deren Anforderungsprofil verdeutlicht werden. Betrachtet werden

- Bildungsprozesse in Erzählinteraktionen,
- Pflegeinteraktionen am Beispiel der Fütterinteraktion,
- Interaktionsmuster im Kontext von herausforderndem Verhalten: Beißen.

3.3.1 Erzählen

Kinder erwerben die Fähigkeit, Sprache für einen Zuhörer verständlich zu konstruieren, erst nach und nach im Austausch mit einem ko-regulierenden und kokonstruierenden Anderen. Erzählen ist dabei ein hochkomplexes Thema in der Frühpädagogik, da hier die schwer vermittelbare und erfassbare Einschätzung der eigenen kommunikativen Kompetenzen in den Blick gerät. Die erzählende Pädagogin gerät daher in gleicher Weise in den Fokus wie das erzählende Kind. Erzählinteraktionen verlaufen hochgradig regelhaft, denn jeder individuellen Erzählinteraktion liegt dasselbe „Gerüst" zugrunde, das aus abstrakten Regeln über den Ablauf von Erzählinteraktionen besteht, über den die Teilnehmer eine Vorstellung haben. Erwartungen über den folgenden „Schritt" können aufgebaut werden (Hausendorf & Quasthoff, 2004). Die Fähigkeit, in Interaktion zu treten, also zu kommunizieren, mit der daraus sich entwickelnden Fähigkeit über sich, andere und die erlebte Welt zu erzählen, bildet die Grundlage für die Beschulungs- und Bildungsfähigkeit (Katz-Bernstein & Schroeder, 2007). Um Kinder in ihrer Erzählkompetenz zu fördern, müssen Fachpersonen in Krippe oder KiTa auf der Basis des Wissens um die Entwicklung der Erzählfertigkeiten vielfältige „Kommunikationsjobs" übernehmen. Die erwachsenen Zuhörer helfen dem Kind beispielsweise bestimmte Aspekte der Erzählung genauer zu thematisieren, sie reagieren auf Elemente der Erzählung, indem sie diese enorm dramatisieren, sodass das Kind Freude an der Reaktion, die es auslöst, empfindet. Didaktische Hilfen, wie die Weitergabe eines Erzählsteines, unterstützen bei der Beendigung einer Erzählung.

Mit dem Erwerb von Erzählstrukturen wird das Kind zunehmend in die Lage versetzt, Geschichten zu verstehen und zu erzählen. Es kann gedanklich auf Entdeckungsreise gehen und erleben, dass die Welt voller Geschichten ist – witzigen, traurigen, magischen, unheimlichen, bösen, seltsamen –, auf der anderen Seite erwirbt das Kind mit ihnen aber auch die Fähigkeit zu verhandeln und zu argumentieren. Es lernt, sich selbst zu betrachten und mit der Betrachtung Anderer einen Perspektivwechsel vorzunehmen. Innere Regungen und Absichten können imaginär verarbeitet werden. Je komplexer der Wortschatz und die Grammatik, umso mehr kann mitgeteilt werden (vgl. Katz-Bernstein, 2000).

Für Kinder bis drei Jahren bilden insbesondere die täglichen Routinen und Spielsituationen den Rahmen, in dem situativ angepasste Erzählinteraktionen stattfinden. Eine mögliche Form stellt der „Memory Talk" dar (Nelson, 2009).

Memory Talk zur Entwicklung des autobiografischen Gedächtnisses

Bei der Herausbildung eines autobiografischen Gedächtnisses ist die soziale Praxis eines „Memory Talks" von großer Bedeutung. Dabei werden vergangene Ereignisse, Erlebnisse und Handlungen thematisiert. Um eine Vergangenheit und eine Zukunft im autobiografischen Sinn konstruieren zu können, muss das Kind sich erinnern lernen – dies wird über den „Memory Talk" eingeübt. Dabei gestalten, formen und stützen die erwachsenen Bezugspersonen die Berichte des Kindes.

Kinder lernen durch den Memory Talk, wie sie Erinnerungen formulieren und sie in eine abrufbare Form bringen können. Beim Erzählen bilden die Äußerungen der Bezugspersonen ein Gerüst für die Erinnerungen des Kindes. Bestimmte Momente/Elemente aus der erzählten Vergangenheit werden von ihnen über emotionale Markierungen als wichtig gekennzeichnet. Kinder lernen dadurch, vergangene Erfahrungen in detaillierter episodischer Form zu erinnern. Entscheidend ist dabei nicht der Detailreichtum der erinnerten Inhalte, sondern die Konzentration auf die emotionalen Aspekte der berichteten Geschehnisse. Für Fachpersonen in der Krippe bietet der „Memory Talk" eine wichtige Strategie zur Aufarbeitung kleiner Erlebnisse, dem Spaziergang vorbei an der Baustelle, dem Ausflug in den Wald etc., wobei immer die emotionalen Bezüge herausgearbeitet werden müssen. Anfänglich bestätigen und wiederholen Kinder nur, aber bereits mit circa 2 ½ Jahren fangen sie an, eigene Details zum Erlebten beizutragen. Ab circa drei Jahren können Kinder oft schon relativ zusammenhängende Geschichten aus ihrer Vergangenheit erzählen.

Malerzählungen

Wenn Kinder zu Beginn des zweiten Lebensjahres die Handlungen Anderer beobachten und nachzuahmen beginnen, interessieren sie sich in erster Linie für die Funktion der Dinge. Bei der Verwendung von Farbe zeigen sie einen oft wahllosen Gebrauch aller zur Verfügung gestellten Stifte oder Farbsorten. Häufig ist zu beobachten, dass sie erst helle und dann dunkle Farben wählen und mehrere Farbschichten übereinander gemalt werden. Diese Art des Schichtens gehört zum frühen Experimentieren. Die belebenden Sinneseindrücke durch Farbe kann eine Fachperson durch Farbauswahl steuern, indem sie eine einzige Farbe, Komplementärfarben oder Farbklänge zur Verfügung stellt.

Bei den Erfahrungen, die Kinder beim Malen machen, handelt es sich zunächst in erster Linie um Wahrnehmungs- und Bewegungserfahrungen bei der Ausführung langsamer und schneller, gehackter und lockerer, sanfter und fließender Bewegungen auf dem Papier. Die Gebilde, die entstehen, sind z. B. Kritzel und Knäuel, Zick-Zack und Kreuz. Als früheste Art des bildnerischen Ausdrucks von Kindern gilt das so genannte „Spurschmieren". Kleinkinder sammeln dabei vielfältige Materialerfahrungen und hantieren gern mit flüssigen und teigigen Substanzen wie Wasser, Sand oder weicher Knete. Das Kind hat zu dieser Zeit oft noch kaum Interesse an seinem Werk. Es interessiert sich auch häufig noch nicht für die Spuren, die es hinterlässt, sondern nur für die Sinneserfahrung und/oder die Bewegungsaktivität. Oft lässt es sein Bild, wenn es fertig ist, einfach liegen. Es lernt erst, dass über ein Bild gesprochen werden kann, dass es eine Bedeutung haben und aufgehängt werden kann. Bei den Hiebkritzeln, die im Alter von 12 bis 15 Monaten produziert werden, bewegt das Kind die Arme mit dem Stift in der Hand vom Schultergelenk aus. Beim Schwingkritzeln (15–20 Monate) entstehen „Strichlagen" aus der Ellbogenaktivität heraus. Kreiskritzel, die so genannten Urknäuel, produziert es etwa ab ca. 18 Monaten. Beim zirkulären Kritzeln liegt der Stift schon lockerer in der Hand, das Resultat sind rhythmische Bewegungen aus dem Handgelenk.

Wenn kleine Kinder die Sinnes- und Bewegungserfahrungen beim Malen genießen, können sich die Fachpersonen über das transmodale Spiegeln mit ihnen synchronisieren. Sie nehmen dann den Rhythmus oder den Duktus der Bewegungen auf, singen vielleicht einige Male zur Malbewegung eines Kindes kleine Phrasen wie „Hin und Her und Her und Hin" oder „immer immer rundherum". Erst können die Hände des Kindes, später auch Werkzeuge wie der Pinsel auf dem Papier tupfen, hüpfen oder Karussell fahren. Hier kann es günstig sein, wenn die Pädagogin auch ein Blatt vor sich hat und mitmacht. Die Fachperson stellt viele Möglichkeiten zur Materialerfahrung zur Verfügung und benennt die Wahrnehmungseindrücke: „Fühl mal, das ist weich, ganz weich!" Sie arbeitet über Aufmerksamkeitsfokussierung, um das Kind auf die Ergebnisse seines Handelns hinzuweisen. Die Arbeit aus der Bewegung heraus ist zunächst zentral, daher eignet sich das Malen im Stehen, mit großen Pinseln oder Walzen sehr gut für kleine Kinder.

Die entscheidende Veränderung des Malens tritt ein, wenn Kinder im Alter zwischen 18 und 24 Monaten tatsächlich auf das Resultat ihrer Handlungen zu achten beginnen. Nun wird ein Stift nicht mehr zum Papier gehalten, weil er dorthin gehört, sondern weil er dort etwas bewirkt. Das Kind führt die Bewegungen aus und schaut dabei, was es auf dem Papier hinterlässt. Plötzlich entsteht „etwas", eine Form (Zollinger, 2015). Kinder, die diese Entdeckung gemacht haben, fangen dann bald an, insbesondere mit Kreis und Linien zu experimentieren (Tastkörper, Kopffüßler). Linien stellen eine offene Form dar und sind gar nicht einfach in der Gestaltung, denn eine Linie malen bedeutet, in der Bewegung anhalten zu können, die Malbewegung abzubrechen (ebd., 2015).

Erst wenn das Kind – je nach Sprachkompetenz – ab ca. 2 ½ Jahren damit beginnt, „etwas" malen zu wollen, sind – gestützt durch die Fachperson, die Scaffolding-Strategien einsetzt – Erzählinteraktionen möglich. Kinder erfassen dann, dass ihr Malen etwas bedeutet und sie diese Bedeutungen mit dem Erwachsenen teilen können. Kleine Kinder bringen dann ihr Bild oder erzählen, was ihr Gemaltes – für den Erwachsenen oft nur Striche und Linien – bedeutet. Diese Bedeutungen sind noch nicht konstant, sondern verändern sich noch häufig, wenn das Kind sie verschiedenen Kindern oder Erwachsenen erzählt.

Erzählt wird zum Bild des Kindes, aber auch zu denen, welche die Fachperson möglicherweise selbst entstehen lässt. Kinder verfolgen oft sehr interessiert diesen Malprozess des Erwachsenen und kommentieren ihn auch: „Das wird ein Ball, nein, eine Sonne … ". Auch die Fachperson kann ihren Malprozess, wenn die Aufmerksamkeit der Kinder gerade darauf gerichtet ist, im Sinne des Self-Talkings begleiten: „Jetzt male ich noch einen See … und hier sind Kinder, … die baden, … der Junge bekommt ein Eis in die Hand, … und oben male ich die Sonne". Bei kleinen Kindern werden also in einer von der Fachperson getragenen guten Stimmung, einer Malatmosphäre, „Erzählminiaturen" eingesetzt. Die Atmosphäre wird dabei erzeugt durch die Art und Weise, wie sie durch den Raum geht, mit welcher Ruhe die Malutensilien verteilt werden und die Kinder bei der Vorbereitung des Malens einbezogen sind. Das Kind zieht für das eigene Malen wesentliche Impulse aus den Worten des Erwachsenen. Fachpersonen müssen der Hingabe des Kindes an die Malbewegung und Sinneserfahrung lange einen großen Raum einräumen und nicht zu früh auf das gegenständliche Malen fokussieren.

3.3.2 Pflege und Partizipation

Eine Notwendigkeit zur wechselseitigen und respektvollen Kooperation zwischen dem Erwachsenen und dem Kind besteht in der Pflege. Für die Umsetzung und Sicherstellung ist daher erforderlich, dass eine Einrichtung ein spezifisches Pflegekonzept entwickelt. Alle Mitarbeiterinnen sollten in ihrem Handling der Kinder in etwa aufeinander abgestimmt sein. In der Bewegungsinteraktion sollen die Impulse des Kindes von der Fachperson unterstützt werden. Ihre Wahrnehmung muss daher für die Signale des Kindes auch auf der Ebene des Körpertonus geschult sein. Die Qualität der Pflege zeigt sich sehr an dem Ausmaß an Partizipation, das ermöglicht wird. Viele der im Kontext der Pikler-Pädagogik vorgeschlagenen Strategien werden auch in den Pflegewissenschaften diskutiert und in einen erweiterten theoretischen Zusammenhang gestellt. Wichtig ist in diesem Zusammenhang, dass in den letzten Jahren ein tiefgreifender Paradigmenwechsel stattgefunden hat, der sich bis in eine veränderte Namensgebung der Grundberufe auswirkte: Krankenschwester oder Krankenpfleger werden jetzt als Gesundheits- und Krankenpfleger/-in bezeichnet. Einen großen Einfluss in diesem Prozess hatte dabei die Rezeption der Theorien des Medizinsoziologen Aaron Antonovsky.

Antonovskys Salutogenese-Theorie (1997) bildet Gesundheit und Krankheit auf einem Kontinuum ab mit den Polen Gesundheit als einem Zustand des körperlichen Wohlbefindens und Krankheit als Zustand körperlichen Missempfindens. Über die Lebensspanne hinweg bewegt sich der Mensch zwischen diesen beiden Polen hin und her. Es gibt danach nur ein Befinden von bedingter Gesundheit oder bedingter Krankheit. Interventionen müssen aus dieser Perspektive auf der Identifikation und Förderung vorhandener Ressourcen beruhen und damit salutogenetisch orientiert sein. Diese Sicht beinhaltet die konsequente Ablehnung einer defizitorientierten und insbesondere pathogenetischen Perspektive auf den Menschen.

Professionelles Pflegehandeln

„Was ist Pflege?" war eine der Kernfragen der ersten überwiegend aus den USA kommenden Pflegetheoretikerinnen, die, insbesondere durch die dort sehr viel frühere Akademisierung, wegweisende Impulse für die Pflegetheorie setzen konnten. Da Pflege als Praxishandlung zunächst auf grundlegende Bedürfnisse von Menschen fokussiert, verwundert es nicht, dass die ersten Pflegetheorien Bedürfnistheorien waren. Henderson (Henderson, 1966; s. auch E. Gräßel & C. Gräßel, 2001) hat 14 Komponenten der Krankenpflege beschrieben, die sie aus der Vorstellung universeller menschlicher Bedürfnisse abgeleitet hat:

1. Normal atmen.
2. Ausreichend essen und trinken.
3. Abfallprodukte des Körpers ausscheiden.
4. Sich bewegen und eine gewünschte Stellung beibehalten.
5. Schlafen und ruhen.
6. Passende Kleidung wählen – sich an- und ausziehen.
7. Die Körpertemperatur in einem normalen Bereich durch passende Kleidung und Veränderung der Umwelt halten.
8. Den Körper rein und gut gepflegt halten und die Haut schützen.
9. Gefahren in der Umwelt vermeiden und verhindern, Andere zu verletzen.
10. Mit Anderen kommunizieren durch das Ausdrücken von Emotionen, Bedürfnissen, Ängsten oder Meinungen.
11. Seinen Glauben ausüben.
12. So arbeiten, dass man ein Gefühl der Erfüllung hat.
13. Spielen oder an verschiedenen Formen der Erholung teilnehmen.
14. Lernen, entdecken oder die Neugierde befriedigen, die zu einer normalen Entwicklung und Gesundheit führt, und die verfügbaren Gesundheitseinrichtungen nutzen.

Hendersons Theorie beruht maßgeblich auf dem motivationspsychologischen Ansatz des Psychologen Maslow (1981), der fünf Grundbedürfnisse des Menschen in einer Bedürfnispyramide dargestellt hat (s. Abb. 1). In der von ihm entwickelten Hierarchie bilden die physiologischen Bedürfnisse eine Basis, auf die

Beispiele für bildungsrelevante Alltagsinteraktionen in Krippe oder KiTa

dann Sicherheit und Geborgenheit, Verlangen nach Liebe und Zugehörigkeit sowie das Bedürfnis nach Selbstachtung und schließlich das Bedürfnis nach Selbstverwirklichung aufbauen. Er ging davon aus, dass erst die Grundbedürfnisse gestillt werden müssen, bevor sich der Mensch den höher angesiedelten Bedürfnissen zuwenden kann. An der Idee einer solchen Hierarchisierung ist zwar vielfältig Kritik geäußert worden, dennoch wird Maslows Ansatz auch heute in der Pädagogik für Kinder bis drei Jahren als relevante Referenztheorie geschätzt (vgl. Gonzalez-Mena & Widmeyer Eyer, 2009). Diskutiert wird die Bedürfnishierarchie insbesondere im Zusammenhang von kindlicher Selbstregulation, die durch eine respektvolle Pflege gefördert werden kann.

Abb. 1: Bedürfnishierarchie nach Maslow
(Abbildung aus Zimbardo, P. G. & Gerrig, R. J. [2004]: *Psychologie* [16. aktualisierte Auflage S. 540])

Interessant ist nun, dass in den Pflegewissenschaften die Bedürfnistheorien heute recht kritisch gesehen werden, denn die Erfassung von menschlichen Bedürfnissen hat sich als schwieriger herausgestellt, als vorher angenommen. Alternative Modelle versuchen daher heute nicht die Bedürfnisse, sondern die „Lebensaktivitäten" von Menschen zu erfassen, um Pflegenden eine bessere Orientierung geben zu können (Roper, Logan & Thierney, 2009). Die Aufgabe der Pflege wird dann darin gesehen, Menschen in diesen Aktivitäten zu unterstützen. Das Pflegemodell nach Roper et al. (2009, S. 30) nennt die folgenden Aktivitäten:

- Für eine sichere Umgebung sorgen
- kommunizieren
- atmen
- essen und trinken
- ausscheiden
- sich sauber halten und kleiden
- regulieren der Körpertemperatur
- sich bewegen
- arbeiten und spielen
- seine Geschlechtlichkeit leben
- schlafen
- sterben.

Die Lebensaktivitäten können für die Disziplin der Frühpädagogik einen ersten Orientierungsrahmen darstellen, in dem benannt wird, für welche Bereiche eine eigene disziplinspezifische Sicht entwickelt werden muss, die eine Grundlage für die Informationssammlung oder Reflexion professionellen Handelns in der KiTa bieten kann.

Von unterschiedlichen Pflegetheoretikerinnen ist kritisiert worden, dass die Bedürfnistheorien und die Modelle der Lebensaktivitäten das Ziel einer Orientierung an den Bedürfnissen von Patienten nicht sicherstellen konnten, sondern – obwohl anders intendiert – vielfach einer abzulehnenden funktionsorientierten Pflege weiter Vorschub leisteten (Holoch, 2002). Modelle zu den „Aktivitäten des Lebens" vermögen zwar das „Was", aber noch nicht das „Wie" der Pflege zu umreißen.

Neuere Ansätze, die Pflege als Interaktion verstehen (Peplau, 1997), fokussieren auf die Wichtigkeit einer Pflege, die den Menschen in den Mittelpunkt stellt, der der Pflege bedarf. Als besonders wichtig wird die Beziehung zwischen Fachperson und Klient angesehen. Reflektiert wird insbesondere, wie viel Unabhängigkeit und Eigenaktivität der Person zugestanden wird, die pflegebedürftig ist. Gibt es eine aktive Pflegerin, die erwartet, dass das Gegenüber Pflegehandlungen passiv hinnimmt, erträgt, folgsam erduldet? Oder ist die Beziehung auf Wechselseitigkeit angelegt, auf Kooperation? Die pflegende Person kann erst dann erfolgreich sein, wenn sie die Perspektive desjenigen einnehmen kann, der ihrer Hilfe bedarf (Peplau, 1997).

Ziele und Methoden von Pflege

Kinder in Krippe oder KiTa bauen über kooperative Pflegehandlungen mit den Fachpersonen nach und nach Selbstpflege- oder Selbstfürsorgekompetenzen auf (Bekel, 1999; Orem, 1997). Die Begriffe Selbstpflege oder Selbstfürsorge gehen auf die Pflegetheoretikerin Dorothea Orem zurück, die in ihrer Konzeption die zunehmende Autonomie des Individuums im Pflegeprozess betont, was die pflegende Fachperson unterstützen soll. Das Konstrukt der Selbstpflege und des Aufbaus von Selbstpflegekompetenz wird hier durchaus als günstig eingeschätzt, um Pflegeprozesse in Krippe oder KiTa zu reflektieren. Allerdings ist Orems Theorie nur eingeschränkt zu befürworten, da sie über das Postulat des Selbstpflegedefizits nur über Umdeutungen eine Ressourcenorientierung erkennen lässt.

Kritik erfuhr Orems Ansatz insbesondere von Vertreterinnen der pflege-ethischen Caring-Konzepte, die Pflege kulturübergreifend als fürsorgliches Handeln betrachten. Fürsorgliches Handeln ist die menschliche Antwort auf das Faktum, dass menschliches Leben durch eine fundamentale gegenseitige Abhängigkeit gekennzeichnet ist. Fürsorge hat daher nicht nur kulturspezifische, sondern auch -übergreifende Aspekte. Achtsamkeit, Solidarität und professionelle Verantwortung werden als konstitutiv für die „gute Pflegebeziehung" diskutiert. Orems Konzept, so die Kritik, folge hier recht einseitig dem abendländischen Ideal des autonom denkenden und handelnden Individuums. Fürsorgliches Handeln sei aber immer abhängig vom sozialen Kontext und drücke sich in unterschiedlichen Kulturen auch in unterschiedlichen Praktiken aus.

In den letzten Jahren sind einige Ansätze entstanden, die das Ziel einer entwicklungsfördernden Pflege verfolgen. Es handelt sich dabei sowohl um sonderpädagogische als auch um pflegepädagogische Ansätze. Beispiele sind das bereits oben dargestellte „Kinaesthetics Infant Handling" von Maietta und Hatch, (2004), die „Basale Interaktion in der Pflege" von Bienstein und Fröhlich (2012) sowie das NIDCAP-Konzept (Newborn Individualized Developmental Care and Assessment Programme) nach Als (Als, Lawhon, Duffy & McAnulty, 1996). Pflege wird dabei auch als Förderpflege verstanden, die vielfältige Entwicklungsanreize zu geben vermag. So bietet beispielsweise das NIDCAP-Konzept ein standardisiertes Modell für das methodische Vorgehen in der individuellen, entwicklungsfördernden Pflege frühgeborener Kinder. Bei der Pflege werden im Sinne eines „Minimal Handling" dem Kind nur die notwendigsten Bewegungen abverlangt. Für die Frühpädagogik sind aus diesem Konzept insbesondere die Beruhigungshilfen von Bedeutung sowie die Art der Interaktionsaufnahme:

- *Nest-Lagerungen:* Das Baby wird so gelagert, dass ihm eine Begrenzung aus zusammengerollten Tüchern oder handelsüblichen Lagerungskissen hilft, Arme und Beine symmetrisch gebeugt zu halten. Dies gilt für die Rücken- und Seitenlage sowie auch für die Bauchlage.
- *Selbstberuhigung:* Dem Kind wird die Möglichkeit einer Hand-Mund-Koordination gegeben. Es beruhigt sich selbst, indem es am eigenen Händchen oder Finger saugt. Durch das Zusammenführen und Berühren beider Hände können Kinder sich und ihren Körper kennenlernen. Ein leichtes Abstützen der

Füße hilft den Kindern, ihr Umfeld abzustecken und gibt ein Gefühl der Sicherheit. Manche Kinder schützen sich selbst vor äußeren Reizen durch Schlaf oder Abwendung.
- *Interaktion:* Eine Kontaktaufnahme mit dem Kind vollzieht sich so, dass sich die Fachperson dem Kind stets von vorne nähert. Jede Interaktion beginnt damit, dass sie leise mit dem Kind spricht. Das Reichen eines Fingers zur Beruhigung oder das ruhige und flächige Auflegen einer Hand auf den Kopf des Kindes sind zwei Methoden, die große Wirkung zeigen.

Im Folgenden soll im Kontext Professioneller Responsivität genauer auf die Fütterinteraktion als einer zentralen Alltagshandlung in Krippe oder KiTa eingegangen werden.

Die Fütterinteraktion

In der Fütterinteraktion mit einem Baby oder Kleinkind ist aufseiten der Fachperson immer eine reflexive Betrachtung der eigenen Biografie in Bezug auf Essen und Trinken, auf Ernährungsregeln, auf Macht und Ohnmacht im Kontext Essen und Trinken erforderlich. Nach Oepping und Francke (2009) meiden viele Teams eine Reflexion des persönlichen Ess- und Trinkverhaltens, wodurch der gesamte Bereich der Ernährung leicht zur Tabuzone wird. Die Gestaltung der Essenssituation in der Einrichtung muss vom professionellen Team intensiv reflektiert werden, gerade weil hier eine Arbeit mit Kindern stattfindet, die sich oft noch nicht sprachlich äußern können.

Responsive Assistenz im Kontext Essen und Trinken

Essen und Trinken bilden eines der komplexesten pädagogischen Arbeitsfelder in der frühkindlichen Bildung, welches bisher noch kaum differenziert ausgeleuchtet worden ist (Oepping & Francke, 2009). Beim Übergang vom Neugeborenen- in das Säuglings- und schließlich Kleinkindalter sind vom Kind verschiedene Entwicklungsaufgaben zu lösen, deren Begleitung von der Fachperson Expertise erfordert, die weit über ein rein intuitives Handeln hinausgeht.

Der Qualität der Beziehung kommt beim Füttern eine große Bedeutung zu. Darum sollte das Kind von einer fest zugeordneten Bezugspädagogin und nicht durch etwa ständig wechselnde Praktikantinnen gefüttert werden. Die vertraute Person kann dem Kind die notwendige Ruhe in der Zuwendung geben, sie kann die Entwicklungsschritte mit Sorgfalt begleiten. Die Mahlzeiten sollten freudvoll eingenommen werden können. Häufig sind aber Gleichgültigkeit und Gewalt in Fütterinteraktionen zu beobachten (Vincze, 2008). In den Lehrveranstaltungen der Autorin im Bereich Praxisbegleitung erweist sich seit vielen Jahren die Fütterinteraktion als eine der am häufigsten als problematisch dargestellten Interaktionsformen.

> *Beispiel*
> *Die Essenssituation in der KiTa*
> Die Erzieherin nimmt sich keine Zeit in der Essenssituation. Sie bewegt sich hektisch, unruhig, zu schnell … Sie „knallt" den Kindern beispielsweise laut die Glä-

Beispiele für bildungsrelevante Alltagsinteraktionen in Krippe oder KiTa   97

> ser auf den Tisch, um dann ganz schnell in ihrer Arbeit fortsetzen zu können. Sie nimmt sich keine Zeit, um die Kinder dabei anzusehen, Blickkontakt herzustellen und z. B. zu sagen „So, jetzt stell ich euch schon mal euer Trinken auf den Tisch und das Essen bekommt ihr auch gleich." Sie kommentiert nicht, was sie macht, sie begleitet ihr eigenes Tun nicht sprachlich. Dann geht es ans Essenausteilen ... Sie „schnappt" sich die Teller, und wir beide geben gemeinsam – arbeitsteilig wie in einer Fabrik – das Essen auf die Teller. Sie z. B. die Nudeln, ich dann die Soße und sie danach das Gemüse. Oft ist sie so hektisch, dass sie mir die Nudeln über die Hände kippt, aus Versehen, weil sie so sehr in Eile ist ... Beim Abräumen werden Kinder, die noch etwas auf dem Teller haben, nicht gefragt, ob sie fertig sind. Die Erzieherin zieht ihnen einfach den Teller weg ... so kann keine Esskultur vermittelt werden, es fehlt an Respekt und Achtung vor den Kindern, an Höflichkeit und Benimm. Für mich ist es in einer derartigen Situation schwer, nichts zu sagen. Ich habe dann fast keine Lust mehr weiterzumachen, weil es mir sehr gegen mein eigenes Konzept geht und ich das für nicht angemessen den Kindern gegenüber halte ... (studentische Fallbeschreibung aus Gutknecht, 2010)

Die Selbstständigkeit des Kindes auf liebevolle und zielführende Weise zu unterstützen beinhaltet auch, sich vom Tempo des Kindes führen zu lassen. Umgewöhnungsprozesse auf andere Speisen oder andere Arten des Fütterns benötigen häufig ein paar Wochen. Wichtig ist, sich auf das Kind abzustimmen und möglicherweise auch einen Schritt wieder zurückzugehen, wenn das Kind Anzeichen zeigt, dass es noch zu früh ist mit einer Umstellung. Dies betrifft in besonderer Weise die Umstellung von der Fütterung auf dem Schoß zur Fütterung in einem Stühlchen oder in einem Essbänkchen, wie es in der Pikler-Pädagogik benutzt wird (s. Abb. 2).

Abb. 2: Essbänkchen nach Pikler
(aus Pikler, E. & Tardos, A. [2011]: Miteinander vertraut werden. Wie wir mit Babys und kleinen Kindern gut umgehen – ein Ratgeber für junge Eltern, S. 76)

Bewältigt werden muss vom Kind insbesondere das Aufnehmen und Verarbeiten von zuerst flüssiger und später fester Nahrung, was mit komplexen anatomischen, motorischen, neurologischen und kognitiven Reifungsprozessen einhergeht und durch ein professionell responsives Verhalten der Fachperson unterstützt werden kann. Liebevolle Zuwendung und ein warmes Beziehungsklima in der Fütterinteraktion lassen sich dabei nicht isoliert von den scheinbar rein funktionellen Thematiken betrachten. Saugen, Kauen und Beißen werden in einem Prozess gelernt, der durch zunehmende Rhythmizität, Stabilität/Mobilität und Selektivität der Bewegungsmuster unterstützt wird. Das Kind passt sich in einem Entwicklungsprozess an unterschiedliche Nahrungskonsistenzen an. In Tabelle 3 sind Altersangaben und mögliche Nahrungskonsistenz zugeordnet.

Tab. 3: Art der Nahrung in Abhängigkeit vom Entwicklungsalter des Kindes

Entwicklungsalter	Nahrungsart
1. Monat	Brust- oder Flaschenernährung
ca. 4–6 Monate	zufüttern von Breien oder Pürees
ca. 8 Monate	Getränke, Breie, Pürees, geriebene und zerdrückte Nahrung
12 Monate	Getränke, grob gehackte Nahrung, leicht kaubare Fleischsorten
18 Monate	Getränke, grob gehackte Nahrung, die meisten Fleischsorten, rohes Gemüse, Obst

Aus dem Becher trinken lernen

Wenn das Baby mit ca. sechs Monaten erstmals einen Becher angeboten bekommt, versucht es zunächst daraus zu saugen. Da es Flüssigkeiten bisher saugend zu sich genommen hat, wendet es diese ihm vertraute Bewegung an und passt sich erst nach und nach an die neue Herausforderung an. Stabilität zu finden und eine Bewegungskontrolle zu entwickeln, sind wichtig in diesem Lernprozess. Folgende Stabilisierungshilfen setzen Kinder hier häufig ein:

- Der Kiefer wird in einer geöffneten Position gehalten.
- Die Zunge wird unter den Becherrand gelegt.
- Die Kinder beißen auf den Becherrand.

Fachpersonen unterscheiden sich häufig sehr in ihrem Geschick, die erforderlichen Stabilisierungshilfen beim Trinken aus dem Becher zu geben. Es hilft dem Kind, wenn die fütternde Fachperson den Becher mit einer gewissen Druckintensität an seinen Mund hält, denn jedes Mal, wenn die Tasse weggenommen oder neu angesetzt wird, muss das Kind seinen Bewegungsablauf neu organisieren. Die Fachperson in Krippe oder KiTa muss hier also bei ihrer Assistenz entscheiden, wie viele Unterbrechungen für das Kind gut möglich sind.

Der Lernprozess, bis Kinder aus einem Becher ohne Deckel trinken können, zieht sich oft hin, bis die Kinder 24–30 Monate alt sind. Für das Kind ist es einfacher, aus einem kleineren Trinkgefäß mit großem Durchmesser und gerundetem Rand zu trinken. Koordinierte Bewegungen sind erforderlich, um das Führen des Trinkgefäßes zum Mund zu ermöglichen. Bei vielen Kindern ist das Trinkenlernen anfänglich mit Verschlucken und Husten verbunden. Angehende Fachpersonen brauchen Handling-Kompetenzen, um die Kippbewegungen des Bechers, das Ausmaß der Neigung, die Fließgeschwindigkeit der Flüssigkeit einschätzen zu lernen, aber auch, um die Schluckbewegungen und die Atmung des Kindes behutsam zu berücksichtigen.

Feste Nahrung essen lernen

Bei der Einführung von festerer Kost – dem Zufüttern – wird meist ein Alter ab ca. vier Monaten angegeben (Bodeewes, 2003). Allerdings hängt der Zeitpunkt des Zufütterns von so unterschiedlichen Faktoren ab wie der soziokulturellen Norm, dem Bildungsniveau und Alter der Mutter, der sozialen Klasse und dem Geschlecht des Kindes (Bodeewes, 2003). Auch hier wenden die Kinder zunächst das vertraute Bewegungsmuster des Saugens an: Die Nahrung wird also zunächst vom Löffel gesaugt oder geschlürft und erst nach und nach bauen sich die entsprechenden mundmotorischen Fähigkeiten auf. Auch ein Zwieback oder Keks wird vom Kind zunächst saugend „bearbeitet".

Eigenständig essen lernen

Ab dem Alter von ca. acht Monaten (Wolke & Skuse, 1992) fangen Kinder in der Regel an, Interesse am eigenständigen Essen zu entwickeln. Bei Unterbindung durch Erwachsene opponieren sie oft mit Wutanfällen. In dieser Entwicklungsphase fallen häufiger Fütterprobleme auf wie beispielsweise das Verweigern von Essen mit bestimmter Konsistenz oder das Ausspucken von Nahrungsbestandteilen (Bodeewes, 2003). Im Alter von 12–18 Monaten kaut das Kleinkind bereits mit rotierenden Mundbewegungen grob gehackte Nahrung. Es versucht, die Speisen allein mit dem Löffel aufzunehmen. Mit 18 Monaten kann das Kind neben dem nun voll entwickelten Kauen bewusst von harten Nahrungsmitteln abbeißen. Wenn das Kind den herannahenden Löffel gut sehen kann, das Füttertempo angemessen ist und ein freundliches Klima herrscht, passt das Kind seine Kieferöffnung bereits antizipierend an die Größe des Bissens an (Bodeewes, 2003). Morris und Klein (2000) nennen als Indikatoren für das Selbst-essen-Wollen, dass das Kind

- eifrig am Essen teilnimmt,
- genussvoll mit Nahrung spielt,
- bestimmte Nahrungsmittel vorzieht,
- nach Nahrung, Löffel oder Becher greift und versucht, diese zum Mund zu führen,
- mit Antizipieren auf den nächsten Bissen reagiert.

Einige Nahrungsmittel wie beispielsweise Brot oder Obst können mit den Fingern gegessen werden. Für viele andere Speisen werden aber Löffel, Gabel und Messer benutzt und aus unterschiedlichem Geschirr, das somit eine spezifische „Arbeitsoberfläche" darstellt, gegessen. Hatch und Maietta beschreiben die Anforderungen in folgender Weise:

> *Löffel und Gabel verlängern unsere Hände und verändern die räumliche Beziehung zwischen der Nahrung und unserer Hand. Da die Utensilien selbst kein Scharnier oder bewegliche Teile besitzen, müssen wir die Beugung und Drehung unserer Hände und Arme einsetzen, um die Speise, die auf dem Löffel liegt, in den Mund zu führen. (Hatch & Maietta, 2003, S. 149)*

Unterstützende „Werkzeuge" erleichtern den Lernprozess: Ein kurzer Löffel kann besser gehalten werden als ein langer. Speziell gerundete oder breite Griffe sind hilfreich. Bei einer möglichst flachen Form des Löffels kann die Nahrung leichter mit der Oberlippe abgestreift werden. Günstig sind Speisen, die am Löffel kleben. Esslernteller oder Schüsseln mit erhöhtem Rand geben den nötigen Widerstand beim Beladen des Löffels.

Lernumgebung und Klima spielen auch bei den Verhaltensweisen um die Fütterinteraktion eine weitere entscheidende Rolle.

Die Gestaltung der sensorischen Lernumgebung beim Essen und Trinken

Während der Fütterinteraktion nehmen Babys und Kleinkinder Informationen aus ihrer Umgebung auf, die anregend oder beruhigend, förderlich oder störend bei der Mahlzeit sein können. Fachpersonen müssen analysieren und entscheiden, wie sich die sensorischen Eindrücke während des Essens und Trinkens gestalten (sollen). Richtungsweisend kann die Fragestellung sein: Welche Sinneseindrücke nimmt das Kind auf, wohin wird die Aufmerksamkeit über sinnliche Eindrücke gelenkt: auf die Mahlzeit, die Fütternde, auf die Umgebung, auf andere Kinder? Welche (ablenkenden) Einflüsse wirken?

Vestibuläre Wahrnehmung

Kinder sollten beim Essen keine Aufmerksamkeit darauf verwenden müssen, ihr Gleichgewicht zu halten. Vestibuläre Irritationen lenken stark ab und ziehen eine Erhöhung des Muskeltonus nach sich. Kleine Babys werden auf dem Schoß gefüttert, ältere Babys, die sitzen können, in einem Kinderhochstuhl, Kleinkinder auf einem Stuhl, bei dem die Füße des Kindes Bodenkontakt haben. Sowohl auf dem Hochstuhl als auch auf einem kleinen Stuhl für Kinder müssen die Füße Stabilität vom Boden her aufbauen können.

Propriozeptive Wahrnehmung

Eine angepasste Propriozeption (Tiefensensibilität) ist notwendig, um die Körperhaltung auf die Bewegungsplanung beim Essen und Trinken einstellen zu können und den Muskeltonus optimal angepasst zu halten: Ein zu hoher Muskeltonus wirkt den erforderlichen Bewegungsabläufen entgegen, ein zu niedriger Muskeltonus bietet eine zu schlechte Grundlage für harmonische Bewegungsabläufe. Das Gewicht der Nahrung und der Essutensilien ist besonders zu berücksichtigen: Ein schwerer Löffel gibt mehr propriozeptives Feedback als ein leichter, daher ist ein schwerer Löffel oft günstiger, um die Bewegungsabläufe zu lernen. Auch die Entscheidung, ob Plastikgeschirr oder Porzellangeschirr verwendet wird, hat nicht nur eine ästhetische Dimension, sondern berührt aufgrund des Gewichts auch die propriozeptive Wahrnehmung. Bei Schwierigkeiten mit der Flüssigkeit beim Trinken ist auf die Fließgeschwindigkeit der Flüssigkeiten zu achten, oft können musige, dickflüssige und damit „schwere" Getränke zu Anfang besser bewältigt werden. Hilfreich sind eine symmetrische Sitzhaltung und die Möglichkeit, sich auf der Tischplatte abstützen zu können, um sich auch von dort Stabilität zu holen.

Taktile Wahrnehmung

Die unterschiedliche Beschaffenheit der Nahrung wird über die taktile Wahrnehmung gespürt. In diesem Bereich liegen viele Möglichkeiten des Austausches über das Essen: Hat es eine raue, glatte oder klebrige Konsistenz? Welche Temperatur hat es und welche ist angenehm? Ungleichmäßige, raue Oberflächen der Nahrung wirken anregender als glatte und gleichmäßige. Heiß oder kalt wird mehr beachtet als lau. Sorgfältige Gestaltung der taktilen Umgebung ist auch jenseits der direkten Mahlzeit von Bedeutung: Eine nasse Windel kann beispielsweise so unangenehm kalt sein, dass sie von der Mahlzeit ablenkt, auch unbequeme Kleidung oder eine unbequeme Sitzposition können unerwünschten taktilen Input bieten.

Gustatorische Wahrnehmung

Das Erleben von Geschmack muss positiv, interessant und motivierend sein. Süß, sauer, bitter, salzig sind die Geschmacksrichtungen, die über die Geschmacksknospen der Zunge wahrgenommen werden können. Erwachsene verlieren im Alter Geschmacksknospen und brauchen dann mehr Geschmacksstoffe in der Nahrung als Kinder. Kommerzielle Nahrung für Babys sollte nicht mehr bei älteren Kindern eingesetzt werden. Auch wenn Essbewegungen verzögert sind, kann das Kind ein Bedürfnis nach intensiven Geschmackseindrücken haben.

Olfaktorische Wahrnehmung

Die Gerüche, die eine Mahlzeit umgeben, sollen angenehm sein. Geruch ist das erste, was auf die Mahlzeit hinweist und sollte nicht von ihr ablenken, wie beispielsweise der konkurrierende Geruch von Windeln und Creme. Das olfaktorische und das gustatorische System arbeiten eng zusammen, was auffällig wird bei Behinderungen der Nasenatmung. Ein starker Schnupfen lässt oft nur noch die Konsistenz der Nahrung erfahren. In der Arbeit mit Kindern mit chronischen Erkältungen können die Geschmacksreize bei der Mahlzeit stärker sein. Geruch hat eine stark emotionale Komponente. Als einer der ältesten Sinne ist er eng mit dem Gedächtnis verbunden.

Visuelle Wahrnehmung

Die visuelle Wahrnehmung spielt beim Essen- und Trinkenlernen eine große Rolle. Die Fachperson in der Krippe muss hier insbesondere überlegen, wo die Aufmerksamkeit des Kindes bei der Mahlzeit sein soll. Oft lenken starke Umgebungsreize die Kinder von der Nahrungsaufnahme ab. Leuchtende Primärfarben erregen mehr Aufmerksamkeit als bleiche neutrale Farben, glänzende Farben erregen mehr Aufmerksamkeit als matte. Zu beachten sind auch die farblichen Kontraste von Teller zum Tisch, von der Nahrung auf dem Teller, von der Farbe der Essutensilien.

Auditive Wahrnehmung

Unerwartet laute, besonders auch intermittierende Geräusche und Klänge erregen die Aufmerksamkeit. Vertraute, langanhaltende und tiefe Klänge wirken eher beruhigend. Musik kann sowohl störend als auch unterstützend bei den Mahlzeiten sein. Durch die Gestaltung des Gesamt-Settings sollte die Pädagogin eine Harmonie gewährleisten.

Organisations- und Beziehungsaspekte bei der Mahlzeitengestaltung

Das kleine Kind vollzieht einen Entwicklungsweg über die Füttersituation auf dem Schoß hin zum Essen im Pikler-Essbänkchen bis zur Mahlzeit in der kleinen Tischgemeinschaft. Beim Essen in einer Institution wie Kinderkrippe oder KiTa hängen hier Beziehungs- und Organisationsaspekte eng zusammen. Um Mahlzeiten in Ruhe einnehmen zu können, sollten auf Seiten der Fachkräfte insgesamt so wenig Unterbrechungen der Situation wie möglich erfolgen. Es muss sichergestellt werden, dass während der Mahlzeiten keine Abholung von Kindern stattfindet. Auch Telefonate oder Telefondienst während der Mahlzeiten sollten in dieser Zeit unterbleiben (Höhn & Lutz, 2013). Um häufiges Aufspringen der Fachkräfte zu vermeiden, ist es günstig, Mahlzeiten im Sinne einer vorbereiteten Umgebung genau zu planen und auf so genannten Assistenztischen alles zu richten, was benötigt wird (Höhn, 2014). Dies umfasst auch die Utensilien für das umgestoßene Glas oder die verschüttete Suppe. Die Fachkraft, die eine Kindergruppe beim Essen begleitet, sitzt möglichst auf einem höhenverstellbaren Hocker auf Rollen, um einerseits beweglich agieren zu können, andererseits aber den Blickkontaktbereich der Kinder nicht zu verlassen (ebd.).

In vielen Einrichtungen essen die Fachkräfte auch selbst mit, während sie gleichzeitig den Kindern assistieren. Dies kann mit erhöhtem Stress verbunden sein, da es zu einem Hin und Her zwischen eigener Nahrungsaufnahme und den Assistenzaufgaben kommt. Höhn und Lutz (2013) empfehlen aus diesem Grund eine klare Trennung von Assistenz bei der Mahlzeit und eigener Nahrungsaufnahme in der Betreuung von Kindern bis drei. Unter Verweis auf die Forschung zu den Spiegelneuronen wird aus dem Therapiekontext bei Kindern mit Fütter- oder Ess-Störungen allerdings betont, wie wichtig das Modell eines Essenden für das Essen-Lernen des Kindes ist (Dunitz-Scheer, Tappauf, Burmucic & Scheer, 2007).

Ess-Modelle bieten natürlich auch die anderen Kinder. Responsivität zeigt sich hier in einer sorgfältigen Analyse. Wenn möglich sollte die Fachkraft aus pädagogischen Gründen eine Kleinigkeit mitessen, um ein Vorbild zu bieten. Da hier oft nur der so genannte „Pädagogische Happen" verzehrt werden kann, müssen sowohl bei der einen als auch bei der anderen Variante Pausen im Dienstplan ausgewiesen sein, in denen regulär gegessen werden kann.

Kinder stehen oft auf, um in die Schüsseln zu schauen, hier sind konsequent durchsichtige Ess-Utensilien günstig. Aus kleinen Glaskrügen an ihrem Platz können sich die Ess-Anfänger schon selbst eingießen und auch nachnehmen. Die Fachkräfte beobachten sorgfältig den Bedarf der Kinder an Regulationshilfen: Soll sich jedes Kind hinsetzen, wo es möchte? Erhöht es die Ruhe, wenn die Sitzplätze bekannt sind, der Platz markiert und durch ein Set abgegrenzt ist? Die Bewegungen der Fachkraft sollten achtsam und dosiert sein: Ein hartes Aufsetzen von Gläsern und Schüsseln erhöht den Stress für Kinder und Erwachsene. Eine Tischdecke oder Speziallaminierungen der Tischoberflächen können helfen, den Lärmpegel zu senken (Gutknecht, 2013).

3.3.3 Wenn Kinder beißen: Herausforderung für eine Professionelle Responsivität

Beißen ist in der institutionellen Betreuung von kleinen Kindern im Alter zwischen ca. 13–30 Monaten ein häufiger vorkommendes, sehr ernst zu nehmendes Problem (Solomons & Elardo, 1991). Nicht selten führt es zum Ausschluss von Kindern aus der Krippe oder KiTa. Oft ruht auf den Fachpersonen ein hoher Druck, da die Eltern, deren Kinder gebissen worden sind, aufgebracht, empört und außer sich darüber reagieren, dass ihrem Kind in der Einrichtung „so etwas" zugestoßen ist. Die Situation kann sich aufschaukeln bis zu einer „Kriminalisierung" des Kleinkindes, das hier als „Täter" in Erscheinung getreten ist.

Entwicklungs- und umgebungsbedingte Faktoren sowie Faktoren, die den emotionalen Ausdruck betreffen, kommen als Ursache für das Beißen von kleinen Kindern infrage. Diese müssen sorgfältig analysiert werden, um dann auf dieser Basis konkrete Maßnahmen zu entwickeln. Fachpersonen sind nicht nur im Umgang mit den betroffenen Kindern gefordert – dem Kind, das gebissen hat, und dem, das gebissen wurde –, Beratungs- und Kommunikationsbedarf besteht auch bei den Eltern *beider* Kinder. Bei Andauern des Problems sind Informationen zum Umgang mit dem Problem durch die Institution zu leisten.

Ursachen für das Beißen von kleinen Kindern

Kinnell (2008) unterscheidet insbesondere die folgenden Faktoren für das Beißen von Kindern:

- *Entwicklung:* Bei manchen Kindern stehen hinter dem Verhalten des Beißens Bedürfnisse nach sensorischer Stimulation. Hierzu gehört das Bedürfnis nach mundmotorischer Exploration im Zuge der Entwicklung der Mundmotorik.

Auch das Zahnen ist ein möglicher Auslöser. Eine andere Ursache kann in dem Bedürfnis nach Aufmerksamkeit liegen. Zuweilen kann das Beißverhalten auch ein Imitationsverhalten sein, insbesondere wenn ein Kind häufiger gebissen wurde. Das Beißen kann dann als Verhaltensform in einer Gruppe um sich greifen. Auch das Bedürfnis nach Aufmerksamkeit und/oder die Verteidigung des eigenen sozialen Raumes sind mögliche Gründe.

- *Umgebung:* Überstimulation durch zu viele Spielsachen, zu viele Eindrücke, zu grelles Licht und einen zu hektischen Tagesablauf können zu Stress führen, was das Bedürfnis nach Spannungsabfuhr durch Beißen wahrscheinlicher macht. Bei manchen Kindern führen auch große Enge und fehlende Rückzugsmöglichkeiten zu einer Erhöhung der Wahrscheinlichkeit, dass sie mit Beißen reagieren. Unangemessene, insbesondere überhöhte Erwartungen an das Kind beispielsweise in Hinblick auf seine sozialen Fähigkeiten wie das Teilen des Spielzeugs mit einem anderen Kind können ebenfalls ein Verhalten wie Beißen auslösen. Das gleiche gilt für eine unangemessene Gestaltung des Tagesablaufs: Kinder können mit Beißen reagieren, wenn sie zu lange warten müssen, übermüdet oder hungrig sind oder Langeweile empfinden.
- *Emotion:* Kinder beißen aus Frustration oder Ärger, z. B. aufgrund fehlender ausreichender Sprachfähigkeiten, weil sie nicht das erreichen konnten, was sie wollten. Diesen Kindern ist häufig der Aufbau negativer Emotion vor dem Biss anzumerken. Hohe Anspannung wird von manchen Kindern auch über das Beißen abgebaut. Ähnlich wie Erwachsene versuchen, über orale Stimulation wie Rauchen oder Essen Ängste zu revidieren, reagieren manche Kinder mit Beißen zur Angstreduktion. Kinder beißen auch, um sich selbst zu schützen oder zu verteidigen.

Umgang mit dem Beißen: Fachpersonen und Eltern

Fachpersonen in Krippe oder KiTa müssen darauf vorbereitet sein, dass die Eltern der Kinder aus der Gruppe geschockt und entsetzt, ja geradezu außer sich auf „Beißen" in der Kindergruppe reagieren, insbesondere wenn ihr eigenes Kind gebissen worden ist. Eltern treten infolgedessen oft mit schweren Vorwürfen an die Fachperson heran, die in ihren Augen nicht aufgepasst und ihre Aufsichtspflicht verletzt hat: „Wo waren Sie!" Möglicherweise stellen sie ein Ultimatum: „Wenn das von Ihnen nicht unter Kontrolle gebracht werden kann, nehme ich mein Kind sofort aus der Einrichtung!" Eltern gehen in der Regel davon aus, dass „Beißen" ein vermeidbares Problem darstellt und, wenn es auftritt, durch die „richtigen Maßnahmen" schnell behoben werden kann. Fachpersonen müssen hier in der Regel mit wütenden und aufgebrachten Reaktionen umgehen und diese regulieren lernen.

Das Gespräch mit den Eltern sollte nicht als Plattform für Rechtfertigungen genutzt werden, sondern vielmehr dafür, welche Maßnahmen konkret ergriffen werden können. Hier geht es nicht nur um verschärfte Aufsicht, sondern auch um alle anderen Wege, die beschritten werden. Möglicherweise wird stärker darauf fokussiert, den expressiven Ausdruck der Kinder zu fördern, das „Nein-" und „Stopp-Sagen". Auch eine andere Raumgestaltung kann thematisiert werden. Es darf keinesfalls so getan werden, als sei ein Kind selbst für seine Sicherheit verantwortlich. Vielfach ist die Beziehung der Gruppenkräfte zu den Eltern des Kindes, das gebissen worden ist, für längere Zeit belastet, was nicht einfach zu verkraften ist. Die Fachpersonen brauchen daher unbedingt Rückhalt bei der Leitung, evtl. Supervision oder ergänzende Bildungsangebote, während sie in der Gruppe alles daran setzen, das Verhalten der Kinder zu verändern. Die Eltern des Kindes, das gebissen wurde, haben oft den Eindruck, dass die Einrichtung ihr Problem zu leicht nimmt. Da nicht selten auch ins Gesicht gebissen wird, sehen die Eltern, wie langsam ein Biss abheilt und wie entstellend er ist. Sie haben dadurch den Vorfall andauernd vor Augen. Insbesondere reagieren sie aufgebracht, wenn Beißen von den Pädagoginnen in der Gruppe als „normales, entwicklungsbedingtes Verhalten" dargestellt wird. Eine solche Aussage kommt als das Beißen bagatellisierende, möglicherweise sogar tolerierende Einschätzung bei den Eltern an. Oft kommen Forderungen von diesen Eltern wie:

- Der „Beißer" muss aus der Einrichtung entfernt werden!
- Bitte halten Sie das beißende Kind von meinem Kind fern!
- Wir möchten den Vorschlag machen, dass das beißende Kind ein paar Wochen zu Hause bleibt, damit der Kreislauf des Beißens unterbrochen werden kann.
- Wir finden, dass das beißende Kind hart bestraft werden muss, z. B. mit Essensentzug oder Spielverbot, damit es sein Vergehen auch erkennt!

Kinnell (2008) berichtet, dass Eltern möglicherweise auch die Abklärung von AIDS oder Hepatitis fordern. Ihre Arbeitsgruppe „Biting" holte hierzu Informationen vom „Center for Disease Control and Prevention" (CDC), USA, ein, danach hat es einen Fall der Übertragung von HIV bei einem Blut-Blut-Kontakt gegeben. Das Beißen ist aber nicht der übliche Übertragungsweg von HIV. Kein Risiko besteht beim Kontakt mit Speichel (Kinnell, 2008, S. 68).

Die Eltern des Kindes, das gebissen hat, wollen Vorfälle des Beißens in der KiTa manchmal nicht einfach stehenlassen und neigen bisweilen zu hart strafenden Maßnahmen (körperliche Bestrafung, Einführen unangenehmer Substanzen in den Mund (Pfeffer, Seife) oder auch Bestechung: „Wenn du aufhörst zu beißen, bekommst du ein ganz tolles Geschenk!" (vgl. Kinnell, 2008). Bei der Beratung muss darauf geachtet werden, dass Eltern nicht mit ungeeigneten Maßnahmen und schweren Strafen zu Hause auf das Problem reagieren. Günstig ist es, wenn die Maßnahmen, die in der Einrichtung als zielführend eingeschätzt werden, bei den Eltern bekannt sind, wie z. B. das Angebot von Spielen, die mit einem sensorischen Input verbunden sind. Oft tritt das Beißen aber zu Hause gar nicht auf. Auch hier dürfen sich die Fachpersonen deshalb nicht in Rechtfertigungen drängen lassen. Beschuldigungen der Eltern sollten „weich" aufgenommen werden, wie folgt beispielsweise:

Beispiel
„Ja, Sie haben recht, es tritt nur hier auf. Wir müssen darum auch hier in der Krippe nach Lösungen suchen. Möglicherweise ist es noch schwierig für Ihre Tochter/Ihren Sohn, mit den Anforderungen und manchmal auch Frustrationen in der Gruppenbetreuung fertig zu werden."

Umgang mit dem Beißen: Die Fachperson in der Arbeit mit den Kindern

Zunächst benötigt das Kind, das gebissen wurde, die ganze Aufmerksamkeit der Fachperson. Erste-Hilfe-Maßnahmen müssen eingeleitet werden. Die Fachperson in Krippe oder KiTA muss die Situation erklären und in Worten deutlich machen, dass sie mitfühlt, den Kummer versteht und das Beißen verurteilt. Dem Kind sollte vermittelt werden, dass es guten Grund hat zu weinen. Die Kinder brauchen auch angemessene Hilfen, um sich zu wehren. Diese Hilfen sind von den Fachpersonen zu vermitteln. Hierzu gehört, „Nein" oder „Stopp" zu rufen, aber auch die Körpersprache. So kann das Kind bei ausgestrecktem Arm eine Abwehr oder Stopp-Geste vollziehen. Oft ist allerdings erforderlich, dem Kind Beruhigungsmöglichkeiten anzubieten, vielleicht braucht es die Nähe seiner Bezugspädagogin, oder es möchte in einer sicheren Ecke in Ruhe und etwas abseits weiterspielen. Das Kind muss deutlich sichtbare positive Zuwendung erhalten, da Kinder, die gebissen worden sind, oft selbst anfangen zu beißen. Das Kind, das gebissen hat, braucht möglichst zeitnah eine Reaktion des Erwachsenen, da es sonst keinen Bezug mehr zu seinem Beißen herstellen kann. Die verbalen Antworten müssen sehr deutlich formuliert und an das Sprachverständnis des Kindes angepasst sein. Besser als ein Allgemeines „Es ist nicht schön, wenn du beißt" ist eine klare Situationsbeschreibung, z. B., wenn das Beißen aufgetreten ist, weil es Streit um ein Spielzeug gab. Folgende Äußerung würde eine solche Situationsbeschreibung darstellen:

> *Beispiel*
> „Du hast Anna mit deinen Zähnen weh getan. Du hast sie gebissen. Sie wollte deinen Laster haben. Du kannst sagen: Nein, Anna."

Sehr belastend wird die Problematik des Beißens, wenn sie länger anhält und ein Kind in der Einrichtung bereits stigmatisierend als „Beißer" tituliert wird. Oft greifen Fachpersonen in diesen Fällen auf Interventionsformen für ältere Kinder zurück, wie die Arbeit mit Verstärkerplänen oder die Anwendung von Time-outs. Ein kleines Kind denkt aber noch nicht reumütig über sein Verhalten nach, daher sind diese Art Maßnahmen meist ineffektiv. Häufig werden als Reaktion auf das Beißen gut gemeinte, aber unangemessene Strategien von den mit dem Problem konfrontierten Fachpersonen verwendet. Die Maßnahmen resultieren aus dem Gefühl der Ohnmacht und dem Wunsch, handeln und etwas tun zu können. Hierzu zählen Maßnahmen wie:

- Die Anwendung so genannter Time-outs, um das Kind von den anderen Kindern oder einem bestimmten Kind zu isolieren,
- entwicklungsunangemessene sprachliche Reaktionen wie „Tiraden" oder Fragen, die aufseiten des Kindes die Fähigkeit zu einem Perspektivwechsel voraussetzen,
- zurückbeißen,
- das gebissene Kind aufzufordern, sich zu wehren und zurückzubeißen (vgl. auch Kinnell, 2008).

Bei den genannten Interventionen ist zu bedenken, dass die Aufmerksamkeitsspanne von kleinen Kindern kurz ist. Da die Pädagogin sich erst dem Kind zuwenden muss, das verletzt wurde, vergeht oft viel zu viel Zeit, bis sich die Pädagogin wieder dem Kind, das gebissen hat, zuwenden kann. Letzteres kann dann den Zusammenhang mit seinem Beißen nicht mehr herstellen. Es ist darum notwendig, sich möglichst nach ein oder zwei Minuten dem Kind wieder zuzuwenden, das gebissen hat.

Das Kind muss mit ernster und fester Stimme angesprochen werden. Dysfunktional sind Fragen wie „Würdest du wollen, dass ich dich beiße?" Diese werden zwar möglicherweise mit „Nein!" vom Kind beantwortet, dennoch kann ein Kleinkind den kognitiv zweiten Schritt meist nicht leisten, dass es also auch selbst nicht beißen soll. Oft sind insbesondere bei Häufungen des Beißverhaltens eines Kindes die Fachpersonen sehr aufgebracht, berühren es oft grob und schreien es an. Kinnell (2008) beschreibt Tiraden, in denen das Wort beißen so oft wiederholt wird, dass es bei einem Kind im Kleinkindalter kontraproduktiv als Aufforderungswort hängen bleiben kann:

Beispiel
„Du hast sie gerade gebissen! Beißen gibts hier nicht. Beißen ist unmöglich. Beißen verletzt andere Menschen. Wir beißen nicht. Möchtest du etwa, dass dich jemand beißt? Hör auf zu beißen! Hör auf zu beißen! Hör auf zu beißen! Hörst du mich? Hör auf zu beißen!" (Kinnell, 2008, S. 27; sinngemäß übersetzt von Gutknecht)

Als zielführend wird das in den USA entwickelte Konzept der „positiven Verhaltensunterstützung" (Positive Behaviour Support) eingeschätzt. Es handelt sich um einen wissenschaftlich fundierten Ansatz zum Umgang mit kritischen Verhaltensweisen, der in Deutschland insbesondere im Bereich der Sonderpädagogik rezipiert worden ist (Theunissen, 2008). Zu Beginn einer Intervention steht zunächst eine Analyse aller Faktoren, die das kritische Verhalten auslösen könnten. Folgende Analysefragen sind nach Theunissen handlungsleitend:

- Was hat sich vor dem Verhalten ereignet?
- Wie verhält sich die Person?
- Was macht sie genau?
- Was hat sich nach dem Verhalten ereignet?
- Wer hält sich in der Nähe des Betroffenen auf?
- Wer ist in die Auffälligkeit verstrickt?
- Wo ereignet sich die Auffälligkeit?
- Wie ist die gegebene Situation gestaltet?
- Welche Arbeitsmaterialien werden in der Situation genützt?
- Wann tritt die Auffälligkeit auf?
- Welche Konsequenzen ergeben sich?
- Wie lange hält das Problemverhalten an? (ebd., 2008, S. 34)

Es geht also nicht um eine ungefähre Einschätzung der Situation, sondern um eine genaue Analyse des Zusammenspiels von möglichen kind- und umweltbedingten Faktoren, die zunächst über Beobachtungsfragen erhoben werden.

Wenn das Beißen von Kleinkindern in der Einrichtung auftritt, muss auch dort nach Lösungen gesucht werden. Die Fachperson sucht dabei nach Anhaltspunkten für ihre Hypothesen und gestaltet je nach dem identifizierten Bereich ihre Interventionen. Im Folgenden sind die Bereiche der Einflussnahme und die entsprechenden Möglichkeiten der Interventionen dargestellt.

Zahnen

Mundmotorik-Spielsachen zum Beißen müssen zur Verfügung stehen, insbesondere solche, die kühlbar sind oder Noppen aufweisen. Das Spielen mit Beißringen sollte von der Fachperson begleitet werden. Günstig ist es, Erfahrungen mit „harten" Lebensmitteln zu ermöglichen (Gutknecht, 2003; Morris & Klein, 2000).

Bedürfnis nach mundmotorischer und -sensorischer Exploration

Dem Kind sollten vielfältige Möglichkeiten der sensorischen Materialerfahrung ermöglicht werden, wie Spiel mit Wasser, Sand, Rasierschaum, passive und aktive Bewegung auf dem Trampolin oder einer für kleine Kinder geeigneten Schaukel.

Mundmotorik-Spielsachen, mit denen das Kind blasen kann, können wichtige Erfahrungen bieten. Geeignet sind einfache Musikinstrumente wie Kazoos, Pfeifen und Flöten. Auch der experimentelle Umgang mit Strohhalmen ist günstig (Gutknecht, 2003).

Ursache und Wirkung erfahren wollen (Kausalitätserfahrung)

Spiele und Aktivitäten, in denen das Kind immer wieder auf das Handlungsresultat aufmerksam gemacht wird, sind wichtig, auch Aktivitäten, die eine Wenn-dann-Beziehung erfahrbar machen, wie z. B. das Spuren-Hinterlassen beim Malen. Immer wieder muss die Pädagogin Bezüge herstellen: „Wenn du mir aufräumen hilfst, können wir schneller nach draußen" (Gutknecht, 2003; Kinnell, 2008; Zollinger, 2015).

Sprachliche und körpersprachliche Ausdrucksmöglichkeiten

Fachpersonen müssen jede Gelegenheit nutzen, um Gefühle sprachlich auszudrücken und dafür ein Modell geben. Sie verwenden hier wieder die Möglichkeiten des „Self-Talkings": „Was für ein Mist! Ich ärgere mich furchtbar! Immer reißt mir das Band ab!" oder des „Parallel-Talkings": „Du bist wütend, weil Nina dir dein Auto weggenommen hat!" (Gutknecht, 2003).

Imitation

Fachpersonen müssen den Fokus auf erwünschtes Verhalten legen und dieses bewusst nach außen tragen und die Aufmerksamkeit der Kinder darauf fokussieren. Auf keinen Fall dürfen Erwachsene spielerisch beißen oder spielerisches Beißen bei den Kindern tolerieren, wenn Beißen in der Gruppe ein Problem darstellt (Kinnell, 2008).

Stressreduktion

Manche Kinder reagieren sehr stark auf alle Arten von Außeneinflüssen. Große Aufregung und Freude können hier zu überschießenden Reaktionen wie Beißen führen. Fachpersonen müssen für Ausdrucksmöglichkeiten (wie zeige ich Freude), aber auch für Selbstberuhigung und Stressreduktion sorgen, z. B. durch Kindermassage, Berührungsspiele, die spannungsabbauend wirken durch langsame Bewegungen, und dem Einsatz von ruhiger Musik oder leisem Singen. Draußen sein zu können und über Aktivitäten im Freien, im Sand, mit Wasser Spannung abzubauen, ist für viele Kinder unbedingt erforderlich. Das Lesen-Können der Körperzeichen ist von besonderer Relevanz, um Müdigkeit oder Hunger bei den Kindern zu erkennen (Gutknecht, 2003).

Soziale Nähe und Distanz (Proxemik)

Wenn Kinder beginnen, mit sozialen Distanzen zu experimentieren, benötigen sie oft die regulative Hilfe der Fachperson. Diese Hilfe kann darin bestehen, dass Kissen und andere Begrenzungsgegenstände eingesetzt werden. Wenn Kinder einander zu nahe kommen, muss die Fachperson auch Worte dafür finden: *„Du bist zu nahe an Darnell, er kann sich kaum bewegen. Komm her und setz dich hierhin"* (Kinnell, 2008, S. 36, übersetzt von Gutknecht).

Umgang mit dem Beißen: Die Institution/der Träger

Im Sinne Professioneller Responsivität muss die Institution Krippe oder KiTa auf das Phänomen „Beißen" vorbereitet sein und entsprechende Informationsmaterialien zur Thematik sofort zur Verfügung stellen können. Sie ist auch verantwortlich für die Vorbereitung und Fortbildung des Personals im Umgang mit dem Beißen. Um das Vertrauen der Eltern in die Fachkräfte in der Gruppe zu erhalten, sollte ein klarer Fahrplan eingehalten und offen kommuniziert werden. Die Fachpersonen, die im Gruppendienst arbeiten, fühlen sich gestärkt, wenn die erforderlichen Schritte schon im Vorfeld bekannt sind. Ein Vorfall sollte immer in einer sachlichen Sprache dokumentiert werden. Dabei müssen verletzte Körperteile benannt, die Schwere der Verletzung sowie die eingeleiteten Erste-Hilfe-Maßnahmen beschrieben werden. Wichtig wären auch vorbereitete Elternbriefe. Eine Einrichtung hat durchaus einen Ruf zu verlieren, denn Beißen wird im Sinne „negativer Publicity" (Kinnell, 2008, S. 58) in den Sozialraum hinein weitergegeben. Kinnell kritisiert dabei eine Praxis als unangemessen, die den Ausschluss von Kindern an der Zahl der Bisse festzumachen versucht (2008, S. 65). Oft führen solche Vorschriften dazu, dass es Definitionsprobleme um den Biss gibt: Was ist überhaupt ein Biss? Wenn es blutet? Wenn Spuren zu sehen sind? Auch am Umgang mit dem Problemfeld „Beißen" lässt sich die Qualität einer Einrichtung ablesen. Ein Kindergartenausschluss sollte das letztmögliche Mittel sein.

3.3.4 Zusammenfassung und Literaturtipps

Zusammenfassung

Zum Aufbau Professioneller Responsivität ist es günstig, zentrale Interaktionsklassen daraufhin zu analysieren, welches Antwortverhalten optimalerweise gezeigt werden sollte.

Über den frühen Sprachaufbau ist beispielsweise bekannt, dass im ersten Lebensjahr musikalisch-rhythmische Prozesse, im zweiten der Wortschatzaufbau und im dritten insbesondere die Grammatik im Vordergrund stehen. Die Fachpersonen müssen hier auf die sich stetig verändernden Entwicklungsbedürfnisse eingehen. Ihre Fähigkeiten im Umgang mit Geschichten oder beim Vorlesen von Bilderbüchern zeigen sich darin, wie gut sie sich anpassen und die Zone der nächsten Entwicklung treffen können. Beim Erzählen baut das Kind auch sein autobiografisches Gedächtnis auf. Von der Fachperson sollten Strategien wie der Memory Talk eingesetzt werden, bei dem sie nach einem Erlebnis wie einem Ausflug im erinnernden Dialog mit dem Kind eine Sprache für das emotional Bedeutsame findet. Im Gruppenkontext etabliert die Fachperson beim älteren Kleinkind schon die Regeln beim Umgang mit dem Rederecht durch die Einführung von Symbolen wie Erzählstein, Erzählkissen etc.

In der auf Kooperation angelegten Pflegeinteraktion ist eine Abstimmung aller Mitarbeiter auf ein Pflegekonzept erforderlich. Die Pflege sollte sich nicht an zeitökonomischen Kriterien ausrichten, sondern grundsätzlich kind- und beziehungsorientiert erfolgen. In der Bewegungsinteraktion z. B. beim Wickeln sollten die Impulse des Kindes aufgenommen und unterstützt werden. Die Wahrnehmung der Fachperson muss daher auch für die Signale des Kindes auf der Ebene des Körpertonus geschult sein. Abstimmung in Fütterinteraktionen bedeutet, eine günstige Fütterumgebung schaffen zu können. Zudem müssen Fachpersonen in Krippe oder KiTa über eine dezidierte Kenntnis hilfreicher Möglichkeiten im Bereich der Assistenz verfügen. Kinder bauen über kooperative Pflegehandlungen mit den Fachpersonen nach und nach Selbstpflege- oder Selbstfürsorgekompetenzen auf, was als ein sehr wichtiges Ziel im Kontext zunehmender Autonomie betrachtet wird.

Treten Probleme in der Kindergruppe auf, wie das sehr häufige Beißen von Kleinkindern, müssen Abstimmungsformen gewählt werden, die sich auf das Kind *und* die Eltern beziehen. Time-outs gelten als eine dysfunktionale Strategie bei Kleinkindern. Zu bevorzugen ist die Methode der positiven Verhaltenskontrolle, die auf sorgfältiger Analyse möglicher Ansatzpunkte beruht (z. B. mundmotorisches Bedürfnis nach Exploration, Suche nach Kausalitätserfahrung, Frustration). Wichtig in der Zusammenarbeit mit Eltern ist eine extrem offene Informationspolitik. Einrichtungen müssen hierfür Materialien vorbereitet haben, die bei „Vorfällen" sofort zum Einsatz kommen können.

Literaturtipps

Bodeewes, T. (2003). *Fütterinteraktion zwischen Mutter und Kind bei füttergestörten und nicht füttergestörten Kindern.* Dissertation, Universität München.
Eine Dissertation mit einer Fülle an Informationen rund um die Fütterinteraktion, die für Krippenprofis von hoher Relevanz sind.

Gutknecht, D. (2015). *Wenn kleine Kinder beißen. Achtsame und konkrete Handlungsmöglichkeiten.* Freiburg: Herder.
Ein Praxisbuch zum Thema Beißen in der Kinderkrippe, das alle Beteiligten in den Blick nimmt: Kinder, Eltern, Fachpersonen, Leitung und Träger.

Roper, N., Logan, W. W. & Tierney, A. J. (2009). *Das Roper-Logan-Tierney-Modell. Basierend auf Lebensaktivitäten (LA)* (2. Aufl.). Bern: Huber.
Ein aktuelles Lehrbuch, das wichtige pflegewissenschaftliche Erkenntnisse vermittelt/enthält.

Vincze, M. (2008). Von der Flasche bis zum selbstständigen Essen. In E. Pikler & A. Tardos (Hrsg.), *Miteinander vertraut werden. Erfahrungen und Gedanken zur Pflege von Säuglingen und Kleinkindern* (S. 71–89; 5. Aufl.). Freiamt: Arbor.
Ein gut zu lesender Artikel zur sensiblen Gestaltung der Esssituation aus der Sicht der Pikler-Pädagogik.

Welzer, H. (2011). *Das kommunikative Gedächtnis. Eine Theorie der Erinnerung* (3. Aufl.). München: Beck.
Ein spannendes und wichtiges Buch, das viele aktuelle Ergebnisse der Gedächtnisforschung zusammenfasst. Für den U3-Bereich besonders interessant sind die Rekurse auf Säuglings- und Kleinkindforschung im Kontext der Entwicklung des autobiografischen Gedächtnisses.

4 Professionelle Responsivität in der Interaktion mit den Eltern

Die Kooperation mit Müttern, Vätern und anderen Familienangehörigen von Säuglingen und Kleinkindern weist eine Vielzahl spezifischer Besonderheiten auf, die sich sehr von dem Professionskontext unterscheiden, den Fachpersonen erleben, die mit älteren Kindern arbeiten. So muss z.B. ein erheblich höheres Maß an kontinuierlicher wechselseitiger Information zwischen beiden Parteien – beispielsweise bei der Übergabe-Interaktion – erfolgen. Dozenten und Lehrende aus den unterschiedlichen Bildungskontexten müssen auf die Interaktion mit Eltern gezielt vorbereiten:

- Welche Lebenskontexte von Familien fordern die Empathie der Fachpersonen?
- Welchen Wissenshintergrund brauchen Fachpersonen, um auch den Eltern eine „Haltende Umgebung" bieten und damit ressourcenaktivierend wirken zu können?
- Wie gelingt es, die Kommunikationsbrücke auch in schwierigen Situationen und Kontexten zu erhalten?

Aufseiten der Eltern werden den Fachpersonen häufig sehr typische Empfindlichkeiten, Ängste und Besorgnisse beggnen, die den Adaptionsprozessen im Kontext der Familiengründung geschuldet sind oder den Schwierigkeiten, die die Eltern möglicherweise selbst mit dem Übergang des Kindes in die institutionelle Betreuung haben. Professionelle Responsivität kann hier nur verwirklicht werden, wenn die Fachpersonen die Situation der Eltern und deren spezifische Entwicklungsaufgaben gut einschätzen können, wenn ihnen Wünsche und Problemlagen vertraut sind, wenn sie über ein möglichst umfangreiches Wissen in Hinblick auf diejenigen verfügen, auf deren Bedürfnisse sie eingehen, deren Belange sie unterstützen sollen.

Dabei muss betont werden, dass die Kooperation mit den Eltern, auch von bereits ausgebildeten Fachpersonen, vielfach als potenzielles Konfliktfeld wahrgenommen wird. Die Herstellung einer vertrauensvollen, respektvollen, positiv unterstützenden Beziehung zwischen Fachpersonen und Eltern wird auch international in der Frühpädagogik von den in der Regel auf Hochschulniveau ausgebildeten Fachpersonen als eine hoch anspruchsvolle Aufgabe eingeschätzt. Die Wahrnehmung der wechselseitigen Beziehung von Fachpersonen und Familien ist häufig diskrepant (Knopf & Swick, 2007). So nehmen viele Fachkräfte an, dass sie die Perspektive der Familien ausreichend berücksichtigen und bedeutungsvolle Beziehungen zu den Eltern aufgebaut haben. Eltern hingegen beklagen eine zu geringe Einbeziehung ihrer spezifischen Interessenlagen. Viel zu wenig würden sie in bedeutsame Entscheidungsprozesse mit eingebunden sein (Swick, 2004). In vielen Fällen würde die Stimme der Eltern nicht gehört oder fehlinterpretiert. Zudem belasten stereotype Vorannahmen das wechselseitige Verhältnis (Swick & Hooks, 2005). Obwohl Erziehungspartnerschaft gefordert wird, muss auf Seiten der Fachpersonen eine hochgradige Ambivalenz konstatiert werden. Die Beziehung wird oft als schwierig, anstrengend, mühsam und belastend empfunden (Knopf & Swick, 2007).

Der nachgewiesene hohe Einfluss der Familie auf den Bildungserfolg von Kindern hat zu der Forderung geführt, erheblich mehr an pädagogischer Tätigkeit in die Kooperation mit den Eltern sowie der Eltern- oder Mütterbildung zu investieren (NICHD ECCRN, 2003). Selbst dann, wenn die Kinder 30 Stunden und mehr in einer Krippe/KiTa verbringen, übersteigt der Einfluss von Eltern/Familie den des pädagogischen Fachpersonals um ein Vielfaches. Gerade die Eltern, die es nach professioneller Einschätzung „am nötigsten haben", kommen nicht zu Elternabenden oder Gesprächen in die Einrichtungen und lassen sich nicht oder nur schwer zu einer Annahme von pädagogischen Angeboten aktivieren.

Einig ist man sich heute darüber, dass kooperative Formen der Zusammenarbeit mit den Eltern gefunden werden müssen. Dabei gelten alle Formen und Ansätze als problematisch, bei denen versucht wird, Eltern „richtige" Verhaltensweisen beizubringen und „falsche" abzugewöhnen: Ein belehrender Interaktionsstil wird als hochgradig kontraproduktiv eingeschätzt. Insbesondere für den Personenkreis unterprivilegierter, bildungsferner Eltern wird festgestellt, dass problemorientierte Beratung im üblichen Sinne, die ungefragt informiert und belehrt, auf massive Ablehnung und kompromisslosen Rückzug stößt (Haug-Schnabel & Bensel, 2003).

Der Fachdiskurs fordert daher von der Fachperson, zu Interaktionsformen auf Augenhöhe mit Nicht-Professionellen zu finden (Seemann, 2003) und sich nicht als Lehrende und Belehrte, Experten und Nicht-Experten zu begegnen. Die Konzeption einer Gleichrangigkeit läuft aber durchaus der Selbsteinschätzung der Fachpersonen als Experten entgegen. Hochrelevant ist daher, einen belehrenden Interaktionsstil als solchen identifizieren zu lernen. Dieser ist nur einer von vielen möglichen, eher ungünstigen Interaktionsstilen. Dippelhofer-Stiem (2001) kritisiert ein häufig ausweichendes Verhalten von Fachpersonen, die sich selbst offensichtlich vielfach auch unterhalb der Augenhöhe der Eltern erleben. Sie fürchten die Auseinandersetzungen mit ihnen, fühlen sich ihnen nicht gewachsen, ziehen sich auf die Arbeit mit dem Kind zurück. In Deutschland nutzen derzeit überwiegend berufstätige Mütter mit einem hohen Bildungsniveau und gehobenen sozialen Background Krippen oder KiTas für die Betreuung ihrer Babys und Kleinkinder. Die Fachperson findet sich womöglich in Situationen wieder, in denen sie herablassend, mit atemberaubender Arroganz, wie ein Dienstmädchen behandelt wird. Lehrende an Hochschule und Fachschule, aber auch in Fort- und Weiterbildung müssen auch auf Situationen vorbereiten, in denen in massiver Weise soziale Distanz kommuniziert wird.

Um Professionelle Responsivität in Bezug auf Mütter/Eltern umsetzen zu können, ist ein frühpädagogisches Fachwissen erforderlich, auf das als Orientierungs- und Begründungsfolie des eigenen Handelns reflexiv Bezug genommen werden kann. Insbesondere soll es eine „Tür öffnen" und Zugang gewähren zu unterschiedlichen „Elternwelten". Dieses Wissen sollte zudem hilfreich sein, um den oft schwierigen Generationsperspektivwechsel insbesondere für junge Auszubildende und Studierende ohne eigene Kinder zu erleichtern. Derzeit gibt es keine Literatur, die in hilfreicher Weise die erforderlichen Wissensbestände enthält. Die meiste Literatur bezieht sich auf die Erziehungspartnerschaft mit Eltern von älteren Kindern. Für den Professionskontext der Kinder bis drei ist die Entwicklungsperspektive in Hinblick auf die *Eltern* aber hochrelevant. Dabei sind die Entwicklungsaufgaben der Eltern im Zuge der Familiengründung sowie die Umstellungsprozesse, die im Kontext des Transitionsprozesses von der Familie in die Institution auftreten, zu beachten. Die Perspektive Inklusion ist relevant, wenn Elternschaft unter besonderen Bedingungen thematisch wird, wenn es also um Eltern/Familien mit Zuwanderungsgeschichte, mit Kindern mit Behinderung oder in riskanten Lebenslagen geht.

4.1 Eltern in Transitionsprozessen: Der Übergang des Kindes in die KiTa als Thema der Eltern

In den ersten Monaten im Zusammenleben insbesondere mit dem ersten Kind ist eine Vielzahl von Anpassungs- und Entwicklungsaufgaben aufseiten der Mütter/Väter/Eltern auszumachen. Diese Zeit ist für viele junge Familien eine krisenhafte Umbruchsituation, in der das Elternpaar für sich den Übergang von der Dyade zur Triade zu leisten hat (Cowan & Cowan, 1994). Die grundsätzlichen Entwicklungsaufgaben der Eltern, die in den letzten Jahren ausgemacht worden sind, beziehen sich

- auf die Beziehungsaufnahme zum Kind (Gloger-Tippelt, 1988),
- auf die Entwicklung eines Vertrauens in die eigenen intuitiven elterlichen Beziehungskompetenzen (H. Papoušek & M. Papoušek, 1987; M. Papoušek, Schieche & Wurmser, 2010),
- auf die Bewältigung der Transition von der Berufsidentität zur Elternidentität mit allen Herausforderungen der „primären Triade" (Fivaz-Depeursinge & Corboz-Warney, 2001),
- auf die Entwicklung einer Balance zwischen den eigenen und den kindlichen Bedürfnissen im Sinne von Reorganisation (Stern, 2006),
- auf die Erziehungskompetenzen (Tschöpe-Scheffler, 2009).

In der Vergangenheit sind die diversen Anpassungs- und Umstellungsprozesse insbesondere aufseiten der Mütter zum Forschungsthema geworden. Forschungslücken bestehen in Bezug auf die Perspektive der Väter.

4.1.1 Auswirkungen der Familiengründung auf die Paarbeziehung

Sozialpsychologische Studien der letzten Jahrzehnte bestätigen, dass infolge der Familiengründung bei den Paaren die wechselseitige Zufriedenheit mit der Beziehung oft sinkt. Etwa bei 80 % aller Paare verschlechtert sich die Partnerschaftsqualität in den fünf Jahren nach der Geburt des ersten Kindes (Reichle & Franiek, 2008). Diese Befunde treffen dabei keineswegs nur auf Paare zu, die aus dem westlichen Kulturkreis kommen, wie es die Studie von Luo (s. Studienbox) zeigt.

> **Studie**
>
> Luo (2006) hat das Absinken der Partnerschaftszufriedenheit bei der Transition zur Elternschaft als Phänomen in der chinesischen Gesellschaft untersucht. Befragt wurden 201 Mütter und 163 Väter sechs Wochen vor und sechs Wochen nach der Geburt ihres ersten Kindes. Luo kam zu folgenden Ergebnissen:
> - Konsistent negative Effekte auf psychische Gesundheit und Partnerschaftszufriedenheit treten durch den mit dem Übergang zur Elternschaft verbundenen Stress auf.
> - Stress hat ungünstige Effekte sowohl auf die psychische Gesundheit der Mutter nach der Geburt als auch – im Vergleich zum Level vor der Geburt – auf die Partnerschaftszufriedenheit.
> - Soziale Unterstützung und Zufriedenheit mit der Partnerschaft haben einen günstigen Einfluss auf den Adaptionsprozess in Bezug auf Elternschaft.
> - Obwohl sie mehr soziale Unterstützung erhalten, fühlen sich Frauen mehr durch Stress belastet, zeigen mehr psychische Symptome und empfinden eine geringere Partnerschaftszufriedenheit.

Um die neuen Aufgaben zu bewältigen, kommt es zu Umverteilungen im Zeitbudget eines Paares. Frauen sparen Zeit durch die Reduzierung der Erwerbstätigkeit gefolgt von Freizeitaktivitäten, Regeneration (hier insbesondere Schlaf) und Aktivitäten mit dem Partner. Männer reduzieren am stärksten im Bereich Regeneration, Freizeitaktivitäten, Haushalt und Aktivitäten mit der Partnerin (Reichle & Franiek, 2008).

Als besonders sensibel gilt in Bezug auf das partnerschaftliche Verhältnis die Frage: Wer macht was? Die aktuellen Ergebnisse der Elternprozessforschung belegen hier, dass die Frauen – ob erwerbstätig oder nicht – den Grundbedarf an Fürsorge im Sinne einer Pflichtaufgabe decken *müssen*, wohingegen Männer insbesondere bei verfestigter Ernährerrolle eher im Sinne einer „Kür" diejenigen sind, die fürsorglich sein *können* (Walter & Künzler, 2001). Wesentliche Entwicklungsaufgabe für die Paare ist die Reorganisation der Partnerschaft in einer Weise, mit der beide Partner zufrieden sein können. Die Elternprozessforschung weist hier eine Traditionalisierung im Sinne konservativer Rollenverteilung nach, die mit zunehmender Kinderzahl weiter verfestigt wird – dies trotz der Debatten um die veränderte Vaterrolle. In der Regel ändern sich auch die Sozialbeziehungen des Paares: Oft ziehen sich kinderlose Freunde zurück. In der großen US-amerikanischen Studie „Listening to Mothers" (Declercq, Sakala, Corry & Applebaum, 2006), in der die aktuellen Erfahrungen von 1573 Frauen um Schwangerschaft und Geburt untersucht worden sind, konnte festgestellt werden, dass typische Schwierigkeiten, wie sie sich nach der Geburt eines Kindes ergeben, im Vorfeld häufig unterschätzt werden:

- der massive Schlafmangel,
- die hormonellen Umstellungen, mit denen oft der so genannte Babyblues verbunden ist,

- die sich häufig länger als erwartet hinziehende nachgeburtliche körperliche Erholungsphase, dies besonders ausgeprägt bei Müttern mit einer Kaiserschnittgeburt (Declercq et al., 2006).

Die Sorge für die physischen und psychischen Grundbedürfnisse eines Säuglings fordert die meist mütterliche Bezugsperson zunächst rund um die Uhr. Noch im Alter von zwei Jahren ist ein Zeitaufwand im Umfang einer Vollzeitbeschäftigung zu konstatieren (Walter & Künzler, 2002). Insbesondere beim ersten Kind wird das permanent „Zur-Verfügung-stehen-Müssen", die Intensität, die das Baby auch körperlich fordert, als eine Herausforderung erlebt.

4.1.2 Die Gebundenheit an den kindlichen Organismus

Mit der Geburt vollzieht sich die Trennung von Mutter und Kind, sie sind nicht mehr ein Organismus im Organismus, die eine organische Kommunikation miteinander pflegen, sondern zwei getrennte Personen. Für die Versorgung des Kindes ist nun notwendig, dass die Mutter dessen Bedürfnisse erkennt und dass das Kind seine Bedürfnisse ausdrückt. Die Gebundenheit an den somato-psychischen Prozess des Kindes ist dabei eine der wesentlichen Bedingungen für die Responsivität der Mutter – und gleichzeitig ein Faktum für ihre Erschöpfung. Solange eine Frau stillt, ist sie mit dem Organismus des Kindes verbunden, sie kann beispielsweise auch an ihrem eigenen Körper, an den Botschaften aus ihren Organen und nicht erst durch das Geschrei des Kindes wahrnehmen, dass die Zeit für eine Mahlzeit gekommen ist. Das Schreien ihres Kindes löst bei ihr den Milchfluss aus. Bei Frauen in Kulturen mit einer Erziehungsorientierung der Verbundenheit, die bis zu vier Jahren stillen, die ihr Kind viele Stunden am Tag am Körper tragen, Co-Sleeping praktizieren und daher wahrnehmen können, ob es schwitzt, friert, müde oder hungrig ist, behält die Kommunikation in einer Art Übergangsraum die organisch-leibliche Qualität so lange bei, bis mit dem Verfügen über die Sprache eine nächste Ebene erreicht wird. Responsivität im Kontakt mit einem Baby und Kleinkind wird in der westlichen Kultur möglicherweise nicht zuletzt auch deshalb so anspruchsvoll empfunden, weil die nachgeburtliche, körperliche Kommunikationsbrücke in der Regel verhältnismäßig früh abgebrochen wird. Mütter sind somit gebunden an die Erfordernisse der insbesondere somatischen Prozesse des Kindes, ohne selbst Signale aus ihrem eigenen Körper oder direkt vom Körper des Kindes zu erhalten. Nach Sichtermann (1992) liegt die Schwierigkeit darin,

> ... der Fälligkeit von Stoffwechselprozessen gewahr zu werden – anhand der Signale, die das Kind gibt, nach Möglichkeit aber schon vorher – denn wenn das Kind erstmal Signale gibt, also seines eigenen Bedürfnisses inne geworden ist, hat es meist nicht mehr viel Geduld. Das Problem ist also eines des Timings. ... Deine Zuständigkeit zwingt dich nicht nur dazu, Signale zu beachten, sondern schon die Signale der Signale und mehr: Du solltest auch den schweigenden, den verschlossenen Zustand des Kinderkörpers wissen oder erahnen. Selbst wenn Ruth noch nicht das Signal eines Signales gibt, solltest du wissen, dass sie heute Abend eher müde sein wird als sonst,

weil sie einen erlebnisreichen Nachmittag hatte. Dass sie die Windel von heute morgen schneller durchhaben wird, weil sie zwei Flaschen Bananensaft getrunken hat ... Was ihr Körper ihr sagt, aber nicht dir, was sie nur unvollkommen und oft zu spät übersetzt in Meldungen an dich, das musst du erschließend wissen. Denn du bist zuständig, als wäre es dein eigener Körper. (Sichtermann, 1992, S. 40)

Als die Zuständige für den somato-psychischen Prozess des Kindes ist für die Mutter oder die Bezugsperson eine Abkopplung nicht möglich, denn der kindliche Körper mit seiner Organsprache hat das Privileg jederzeitigen Widerrufs. Und dieser Widerruf muss auch gehört werden: *„Sonst verträgt er doch Kartoffelbrei – heute hat er davon gebrochen!", „Sonst ist sie doch müde nach dem Baden, heute will sie gar nicht zu Ruhe kommen!"* Der Beobachtungsfaden zum Kind darf somit nicht abreißen, denn es muss eine stets neu zu erwerbende Kenntnis über den aktuellen Ablauf des körperlichen Prozesses erworben werden, keine noch so gute subjektive Theorie vermag hier dauerhafte Sicherheit zu geben (ebd., 1992). Der eigene somato-psychische Prozess der Mutter ist in diesem Zusammenhang vielfachen Eingriffen ausgesetzt. Ihr Hunger, ihre Notdurft, ihr Schlaf und Ruhebedürfnis unterliegen nach der Geburt eines Kindes für viele Jahre einer neuen Dringlichkeitsskala (ebd., 1992). Oft genug kann sie nicht auf die Toilette gehen, wenn sie muss, oder schlafen, wenn sie müde ist. Aktualisiert werden dadurch häufig Stockungs- und Störpotenziale des mütterlichen Organismus – Schlaflosigkeit, Verstopfung, Übergewicht –, denn alle sich unwillkürlich vollziehenden Körperfunktionen können „Gefäße der Körpererinnerung" an unbewältigte Konflikte sein (Sichtermann, 1992).

Insbesondere jungen Fachkräften ohne eigene Kinder fällt es oft sehr schwer einzuschätzen, was permanente Zuständigkeit in der mütterlichen Alltagspraxis mit einem Säugling oder Kleinkind bedeutet. Die Reorganisation wird von den Müttern unterschiedlich gut bewältigt. Oft gibt es Schwierigkeiten, Termine einzuhalten, das Kind zu einer festgelegten Zeit in die Einrichtung zu bringen. Differenzen kommen auch in der Zusammenarbeit mit Eltern vor, denen Bildungs- oder Förderaufgaben von pädagogischer Seite abverlangt werden, die also zusätzlich zur alltäglichen Belastung üben, fördern oder bilden sollen.

Stern (2006) fasst die spezifischen psychodynamischen Reorganisationsprozesse von Müttern in einem Konzept der „Mutterschaftskonstellation" zusammen. Dieses Konzept bietet eine Erklärung, warum in der institutionellen Betreuung sehr leicht ein hoch emotionalisiertes Klima im Kontext von Fragen zur Pflege, Ernährung etc. entstehen kann.

4.1.3 Die Bedeutung der Mutterschaftskonstellation

Die Themen, die das Denken und Fühlen der Mutter beherrschen und ihre Entwicklungsaufgaben verdeutlichen, stellen nach Stern (2006) eine organisierte Gruppe von Ideen, Wünschen, Ängsten, Erinnerungen und Motiven dar, die von ihm als Mutterschaftskonstellation bezeichnet werden. Die Mutterschaftskonstellation kann über die ersten Lebensjahre des Kindes andauern und stellt eine Organisationsachse dar, um die sich das psychische Leben der Mutter dreht:

- um ihren inneren Diskurs mit ihrer eigenen Mutter,
- ihren Diskurs mit sich selbst als Mutter und
- ihren Diskurs mit dem Baby (Stern, 2006).

Dies ist kein universales, sondern ein insbesondere im westlichen Kulturkreis anzutreffendes Phänomen. Eine Reihe von typischen Fragestellungen sind damit verbunden.

Thema: Leben und Wachstum des Babys

Gelingt es mir, mein Kind zu ernähren? Schaffe ich es, eine gute Stillbeziehung aufzubauen? Habe ich genug Milch für mein Kind? Gelingt es mir, für sein Überleben zu sorgen? Gedeiht das Kind bei mir?

Es geht um die Frage, ob die Mutter in der Lage ist, ihr Baby am Leben zu halten – nach Stern ein zentrales Lebensthema, das sich gerade bei der Geburt des ersten Kindes erstmalig auftut, denn hier sieht die Mutter ihre Verantwortung für das Leben eines anderen Menschen. Aktiviert werden können in diesem Kontext Ängste, dass möglicherweise aufgrund vollkommener eigener Unzulänglichkeit, aufgrund fehlender mütterlicher Kompetenz, mangelnder biologischer Vitalität das Baby gesundheitlich gefährdet wird, es sogar sterben könnte: Sie könnte das Kind aufgrund eigener Übermüdung aus Versehen ersticken, wenn sie es zu sich ins Bett geholt hat, um es zu stillen. Sie könnte es nicht richtig ernähren, es könnte zu wenig trinken und dehydrieren. Diese Ängste veranlassen Mütter, beispielsweise immer wieder an das Babybett zu treten und zu lauschen, ob das Kind noch atmet. Sie machen die Mütter hochgradig empfindlich, verwandeln Bemerkungen der Großeltern wie z. B. die, dass das „Baby ja gar keine Pausbacken habe", in einen massiven Vorwurf (Stern, 2006, S. 213).

Fachpersonen, die Säuglinge in ihrer Gruppe betreuen, bewegen sich in diesem hochsensiblen Feld bei allen Fragen zum Stillen, Abstillen, zur Flaschenfütterung, bei Fragen der Nahrungsumstellung, die mit den Müttern im Gespräch thematisiert werden. Die Ernährungsfragen einschließlich Fragen um das Stillen sind im Kontakt mit den Müttern aus diesem Grund niemals nur technische Themen. Die Sorge der Mütter, dass zentrale Bedürfnisse des Kindes möglicherweise in der Einrichtung nur unzureichend befriedigt werden könnten, wird neben dem Ernährungsthema sehr leicht auch bei Fragen der Hygiene und der Pflege ausgelöst. Die hochgradige Emotionalisierung, die von Fachpersonen vielfach wahrgenommen wird, kann mit den Ängsten um diese Überlebensfrage zusammenhängen, die bei „Vorkommnissen in der Einrichtung" aktiviert werden können: Die Mutter stellt einen wunden Po bei ihrem Baby fest und wurde nicht vorher darauf hingewiesen; die Mutter holt ihr Kind ab und trifft es mit einem nassen Pullover an, dabei fragt sie sich, ob das Kind schon mehrere Stunden so in der Einrichtung herumläuft. Alle Verhaltensweisen, die aus Sicht der Mütter Hinweise auf eine Gleichgültigkeit der Fachpersonen geben könnten, unterminieren das Vertrauen, das aber vonseiten der Fachpersonen aufgebaut werden muss, damit ihnen das Kind anvertraut werden kann.

Thema: Bindung als primäre Bezogenheit

Gelingt es mir, eine tiefe emotionale Bindung zu meinem Kind herzustellen? Kann ich seine Bedürfnisse erkennen, es trösten, mich an ihm freuen? Gelingt es mir, einen natürlichen, selbstverständlichen Kontakt zu etablieren? Kann ich lieben, oder bin ich hölzern, unzulänglich, leer?

Bei diesem Themenkomplex, der sich nach Stern (2006, S. 215) über weit mehr als ein Jahr hinweg als bedeutsam erweist, wird auf die direkte Fähigkeit der Mutter fokussiert, ein responsives Verhalten ihrem Baby gegenüber zu zeigen. Im Zentrum stehen Fragen der Bindung, der Sicherheit und Zuneigung, die sich auch daran erkennen lassen, dass die Mutter die Verhaltenssignale erkennen und prompt darauf reagieren kann. In gleicher Weise werden die Möglichkeiten thematisch, sich unbefangen auf das kindliche Spiel einlassen zu können.

Für die Fachpersonen bedeutet dies, dass die Zuversicht der Mütter in ihre mütterlichen Kompetenzen nicht erschüttert werden darf. Die Schwierigkeit liegt hier darin, dass auch dann, wenn sich die Fachperson in Krippe oder KiTa warmherzig, zugewandt und freundlich dem Kind gegenüber verhält, wenn es gelingt, eine ernsthafte Beziehung aufzubauen und dem Kind als Sicherheitsbasis zur Verfügung zu stehen, Schwierigkeiten auftreten können. Gerade eine unsichere Mutter reagiert oft mit Gefühlen der Trauer, Eifersucht oder Angst auf die sich entwickelnde Beziehung ihres Kindes zur Fachperson. Diese muss professionell mit der Sorge der Mutter umgehen, die Liebe des Kindes zu verlieren. Die Mutter muss als Adressatin professionell responsiven Handelns wahrgenommen und gestärkt werden. In vielen Äußerungen sollte die Wichtigkeit ihrer Person für das Kind betont werden. Negative Interaktionsspiralen zwischen Mutter und Fachperson sind manchmal auf Unsicherheiten zurückzuführen.

Manche Mütter leben deutlich auf, wenn Fachpersonen ihnen lächelnd das Kind überreichen und dabei Worte sagen wie: „Ich glaube, sie/er will jetzt zu Ihnen!" oder „Da kann nur die Mama helfen". Zur Stärkung der intuitiven mütterlichen Kompetenzen eignen sich auch Babymassagekurse, bei denen die Mütter ihren Kindern diese Massage zuteil werden lassen, die Fachpersonen aber konsequent mit Modellen (Massagepuppen) arbeiten.

Thema: Unterstützende Matrix (Holding Environment)

Wo finde ich Unterstützung für mich und mein Baby? Wer bemuttert mich? Kann ich Unterstützung für mich schaffen und annehmen?

Damit die Mutter die ersten beiden Aufgaben erfolgreich meistern kann, nämlich das Überleben des Kindes zu sichern und eine Bindung zu ihm zu schaffen sowie seinen affektiven Bedürfnissen gerecht zu werden, braucht sie ein unterstützendes Netzwerk. In traditionellen Gesellschaften handelte es sich dabei in der Regel um ein weibliches, mütterliches Netzwerk, das Unterstützung in Fragen des Stillens, der Wochenbettpflege und im Umgang mit dem Baby geben konnte. Weibliche Verwandte wie die eigene Mutter, Schwestern oder Tanten, aber auch die Hebamme gehörten dazu. Für die heutige Gesellschaft gilt dabei, dass die Institution der Großfamilie als Beistand für die Mutter weitgehend verschwunden ist. Keine andere soziale Einheit bietet einen ernsthaften Ersatz. Nach Stern „stehen der Ehemann und das Paar unter einem wachsenden Druck, sich die notwendige stützende Matrix allein zu schaffen – eine fast unmögliche Aufgabe" (2006, S. 216).

Das Netzwerk der meist weiblichen Personen hat die Aufgabe, der Mutter körperlichen Schutz zu bieten, ihre vitalen Bedürfnisse zu befriedigen, Abschirmung vor sonstigen Anforderungen zu gewährleisten, damit sie sich den neuen Aufgaben „hingeben" kann. Es gibt insbesondere Anleitung und Hilfe in den vielen spezifischen Fragen, die sich auf die Versorgung des Kindes, insbesondere das Stillen, aber im ersten halben Jahr nach der Geburt auch auf die Mutter selbst beziehen. Ohne Frage kann das weibliche Netzwerk auch destruktiv wirken, der Mutter mit Skepsis begegnen, sich selbst als die bessere Mutter implementieren, mit ihr rivalisieren, die Mutterrolle untergraben.

Wenn bereits Säuglinge in die Betreuung einer KiTa aufgenommen werden, befinden sich die Mütter im doppelten Sinne in einem Transitionsprozess: Der persönliche Übergang in den Status Familie muss geleistet werden, aber auch der Übergang des Kindes in die Institution, was in der Regel sowohl für das Kind als auch für seine Eltern eine Herausforderung darstellt. Die Fachpersonen sind hier entscheidend gefragt, denn auch in der Studie von Declercq et al. (2006) benennen Mütter, die ihr Kind in eine Einrichtung geben, die Trennung von ihrem Kind als die für sie schwierigste Aufgabe.

Thema: Reorganisation der Identität in der neuen Rolle

Schaffe ich es, meine neue Rolle als Mutter anzunehmen und positiv zu besetzen? Schaffe ich es, mich in den neuen Anforderungen gut zu organisieren, den Alltag mit meinem Kind gut zu managen?

Fragen der Reorganisation stellen sich als vollkommen neue „psychische Arbeit" dar, bei der die Einfindung in die neue Rolle als Mutter, Elternteil und Hausfrau im Fokus steht. Um in der ersten Zeit mit dem Baby Ordnung in das Chaos zu bringen und Rhythmisierungen zu leisten, müssen wohlwollende Modelle zur Orientierung da sein, die die Mutter in der neuen Rolle stärken. Offensichtlich vollziehen Fachpersonen hier immer eine Gratwanderung, da im einen Fall ihre Aktivität, im anderen gerade ihre Passivität eine unterstützende Wirkung entfalten kann.

Das Wissen um die im Konzept der Mutterschaftskonstellation dargestellten Empfindlichkeiten, Ängste, Bedürfnisse und Fragestellungen ist in der Ausbildung eine wichtige Grundlage, um das Verhalten der Mütter verstehen zu können. Obgleich sich viele der genannten Beispiele auf das erste Lebensjahr des Kindes beziehen, lassen sich die Konflikte mit Müttern im Kontext von Pflege, Gesundheit, Ernährung auch beim älteren Kleinkind in der Aktivierung der beschriebenen Themenkomplexe erklären. Obwohl Stern sein Konzept auf Mütter bezogen hat, wird hier davon ausgegangen, dass die beschriebenen Fragestellungen auch für Väter Bedeutung haben. In Deutschland ist es in der Regel die Wiederaufnahme der Berufstätigkeit der Mutter, die dazu führt, dass ein Säugling oder ein Kleinkind in einer Krippe oder KiTa aufgenommen wird. Die erste Trennung vom Kind ist dabei häufig mit großen Ambivalenzen verbunden. Es bestehen Zweifel, ob das Kind Fremden anvertraut werden kann, aber auch Unsicherheiten in Bezug auf die Erwartungen der Einrichtungen. Die gesellschaftliche Akzeptanz einer solchen Entscheidung ist erheblich geringer als bei älteren Kindern. Oft muss dieser Schritt vor Anderen gerechtfertigt werden. Millionen Eltern in den OECD-Ländern müssen ihre Entscheidung in dieser wichtigen Frage zudem vor dem Hintergrund finanzieller Engpässe treffen.

4.2 Elternschaft unter herausfordernden Bedingungen

Um eine Professionelle Responsivität gerade in Hinblick auf Eltern umzusetzen, die mit und unter besonderen Herausforderungen leben, sind Kenntnisse über deren Lebensrealitäten erforderlich. Zukünftig werden für die Betreuung von Familien aus anderen Kulturen vermehrt Kenntnisse aus der interkulturellen Pädagogik von Bedeutung sein sowie Handlungsstrategien aus der Sozialarbeit für Familien, die in prekären Lebensumständen in sozialen Brennpunkten leben. Elternentlastung ist eine zentrale Aufgabe: Entlastete Eltern können sich ihren Kindern besser zuwenden und besser mit ihnen kommunizieren.

4.2.1 Eltern von Kindern mit Behinderungen

Das Leben mit einem behinderten Kind fordert den Eltern einen großen Krafteinsatz – physisch wie psychisch – ab. Ernährung, Betreuung und Pflege des Kindes und daneben die Vielzahl an Arztbesuchen und Therapien summieren sich für sie schnell zu einem Fulltime-Job (Sarimski, 2005). Daneben muss die Auseinandersetzung mit der Behinderung geleistet werden. Als besonders schmerzhaft wird dabei insbesondere von Eltern, deren Kinder eine manifeste Behinderung aufweisen, das eigene Zurückgeworfensein in eine Randgruppe mit allen dazugehörigen Folgen empfunden (Thurmair & Naggl, 2007). Die Frage nach der Lebensperspektive für sie selbst und für das Kind kann tiefgehende Krisen auslösen. Gerade in Familien mit einem behinderten Kind ergibt sich häufig eine konservative Rollenaufteilung, in deren Rahmen der meist besser verdienende Vater den Lebensunterhalt der Familie erarbeitet und die Mutter die Arztbesuche, die Fahrdienste zu Förderung und Therapie, die Pflege des behinderten Kindes übernimmt. Das auch bei Familien mit nicht behinderten Kindern häufig anzutreffende und oft als belastend wahrgenommene Phänomen der Traditionalisierung findet sich hier verschärft.

Für die feinfühlige Versorgung des Kindes muss die Mutter seine Bedürfnisse erkennen und das Kind seine Bedürfnisse ausdrücken. Mütter behinderter Kinder nehmen die somato-psychische Verbindung mit ihrem Kind allerdings oft zeitverzögert auf, da aus lebensnotwendigen Gründen sich Andere ihres Kindes bemächtigen: Ärzte, Therapeuten, Frühförderinnen. Für sie ist es daher oft sehr schwierig, das Gefühl zu entwickeln: *Ja, das ist mein Kind und ich als Mutter weiß, was für Bedürfnisse es hat.* Die Gefahr, die Fachpersonen als Konkurrenz in der Beziehung zu ihrem Kind zu erleben, sowie die Erfahrung von Hilflosigkeit bei dem Versuch, Nähe und Sicherheit zu geben, kann nach Sarimski (2005, S. 58) die Mutterschaftskonstellation in ihrem emotionalen Kern infrage stellen.

Mütter von beispielsweise schwerst mehrfachbehinderten Kindern sind in besonderer Weise den Belastungen des permanenten – Tag und Nacht – Zuständigseins unterworfen. Die Zuständigkeit für ein Kind, das sich nur schwierig füttern lässt, weil es beispielsweise mit Spasmen und Zungenstoß beim Essen reagiert, das würgt oder im Schwall erbricht, das immer wieder an der Lebensgrenze ist, kann weniger leicht einer anderen Person anvertraut werden, denn diese muss sich den Umgang mit solchen Grenzsituationen zutrauen. Die Mutter ist oft ganz auf ihre eigene Kraft angewiesen und kann nicht mit Ablösung rechnen.

Wenn das Empfinden einer somato-psychischen Einheit unter den erschwerten Bedingungen von Entwicklungsauffälligkeiten oder Behinderungen gelungen oder errungen ist, bleibt es wiederum häufig länger bestehen als bei nicht behinderten Kindern, denn das Kind kann relevante Entwicklungsaufgaben oft noch nicht meistern.

Auch der Transitionsprozess beim Übergang in die Krippe ist oft schwierig zu leisten. Der Übergang öffnet den Eltern einerseits neue Perspektiven, geht aber auch einher mit dem Wagnis der Leere, mit Gefühlen von Abschied und Trauer. In der Arbeit mit den Müttern sind in diesem Kontext Gespräche wichtig, die diese Leerstelle respektive diesen Freiraum thematisieren: Woraus können Sie Kraft ziehen? Was hat Sie erfüllt, als Sie noch nicht Mutter waren? Was möchten Sie tun, wenn Sie wieder mehr Zeit für sich haben? (Gutknecht, 2007).

Angesichts von Entwicklungsauffälligkeiten, Behinderungen und Regulationsstörungen werden den zukünftigen Fachpersonen vielfach sehr erschöpfte Mütter gegenüberstehen. Kooperation hat dabei die grundsätzliche Funktion, das Vertrauen der Eltern in die eigenen Fähigkeiten zur Bewältigung der besonderen Aufgaben und Anforderungen zu stärken. Der Balanceakt, der grundsätzlich von den Fachpersonen in der Kooperation mit den Eltern behinderter Kinder zu leisten ist, besteht darin, das eigene Beziehungshandeln nicht in Konkurrenz oder Abwertung zum Beziehungshandeln der Mutter zu implementieren. Gerade besonders engagierte Fachpersonen können hier dazu neigen, mit einer Art vordergründiger „Berufsfröhlichkeit" auf die Kinder zuzugehen, wodurch ein aufgesetztes und wenig authentisches Beziehungsklima entstehen kann. Intendiert ist dabei häufig, „die Behinderung zu überspielen". Ein solches Klima erschwert wirkliche Begegnungen mit den Eltern, in denen sich in der Sprache auch negative, zornige, traurige Gefühle ausdrücken dürfen, in denen alles gesagt werden darf.

In der sonderpädagogischen Literatur finden sich viele vernichtende und anmaßende Aussagen von Fachpersonen zum Erziehungsverhalten von Müttern (Jonas, 1997), denen einseitig die Verantwortung für das *gelungene* oder *misslungene Kind* (Hack-Zürn, 1994, S. 108) zugeschoben wird:

> *Die Erschütterung und Verunsicherung der Mütter ist unbeschreiblich groß. Sie geben ihre autonome Lebensplanung auf, haben kein Vertrauen in ihre mütterliche Kompetenz und gestalten das Leben ihres Kindes und damit ihr eigenes Leben weitgehend therapeutisch-pädagogisch durch die Übernahme professioneller Standards. (Jonas, zitiert nach Hack-Zürn, 1994, S. 109)*

Die Konfrontation mit kritisierenden Fachpersonen, die den Eltern einen intrusiven Kommunikationsstil oder ein zu geringes Engagement im Kontext der häuslichen Förderung vorwerfen, kann Gefühle des Versagens und der Selbstentwertung auslösen. Als besonders kritisch zu bewerten sind in diesem Kontext auch „fachliche Einschätzungen", vorgebracht im Sinne eines Annahmepostulats *„Sie müssen die Behinderung Ihres Kindes akzeptieren!"* Diese stellen eine Beratungsfalle dar, in der einseitig aus der Perspektive des Kindes heraus argumentiert wird.

In vielen Situationen in Krippe oder KiTa kann die Kompetenz der Eltern gezielt eingeholt werden. Am Beispiel eines Kindes mit einer Körperbehinderung wird dies sehr schnell deutlich: Das Handling beim Wickeln und beim Tragen, beim An- und Ausziehen muss immer in enger Kooperation mit Mutter oder Vater besprochen werden. Häufig müssen die Kinder in Beugehaltung transportiert oder gelagert werden. Auch Fragen der Ernährung sind von Relevanz, da Kinder mit Körperbehinderungen häufig sehr viel länger breiige Nahrung zu sich nehmen und Nahrung mit gemischter Konsistenz (Mus mit Stückchen) ablehnen. Bei allen Behinderungsformen ist die Art und Weise der wechselseitigen Interaktion zwischen Kind und Bezugsperson zu beobachten und sind die Verständigungsmöglichkeiten zu erfragen. Die Kompetenz der Fachperson zeigt sich nicht darin, dass sie bereits alles weiß, sondern darin, dass sie gezielt nachfragt, um aufseiten der Mütter/Eltern die Sorgen im Transitionsprozess zu minimieren, dass das Kind nicht verstanden und seine Bedürfnisse nicht befriedigt werden könnten. Ein solches Vorgehen erspart auch dem Kind den harten Bruch zwischen dem Lebensort Familie und dem der KiTa.

Möglicherweise werden Entwicklungsauffälligkeiten erst im Kontext des Ausbleibens von relevanten Entwicklungsaufgaben erkannt. Manchmal ist es die Fachperson, die erste Hinweise geben kann. Dann kann es zu Konflikten aufseiten der Fachpersonen kommen, zwischen dem Aussprechen oder dem Verschweigen unangenehmer Einschätzungen bezüglich der Entwicklung des Kindes. Zu den Aufgaben der Fachperson bei der Entwicklungsberatung gehört, die eigenen Wahrnehmungen in einer wertschätzenden Art und Weise den Eltern zu kommunizieren. Dies erfordert eine große Professionalität, denn damit müssen auch mögliche Gefühle und Verhaltensweisen der „Gegenseite" ausgehalten werden wie Abwehr, Verleugnung, Bagatellisierung, Angst, Wut, Traurigkeit oder Schmerz.

Diskrepanzen in der Einschätzung des Kindes führen häufig zu Problemen in der wechselseitigen Kooperationsbeziehung zwischen Fachpersonen und Eltern. Wenn der Transitionsprozess des Kindes mit Behinderung in die Tageseinrichtung erfolgreich gemeistert wurde, treten Fachpersonen und Eltern in einen Prozess ein, in dem beide Seiten den Eindruck haben, sozusagen an einem Strang zu ziehen. Sie befinden sich in einer „Sphäre des Optimismus". Viele Hoffnungen werden an die Förderung geknüpft, nicht zuletzt an den Einfluss der nicht behinderten Kinder. Oft wird unterschätzt, dass Eltern mit der Inanspruchnahme von Krippe und KiTa, Frühförderung und Therapien häufig alles daran setzen, „die Behinderung des Kindes ungeschehen zu machen" (vgl. Luxburg, 1994, S. 53). Vor einem solchen Hintergrund kann der Fall eintreten, dass Fachpersonen plötzlich Störfaktoren in der Beziehung zu den Eltern wahrnehmen – beispielsweise deren „Wunschdenken". Thurmair und Naggl (2007) beschreiben für die Frühförderpädagogin typische Verhaltensweisen, die auch für Fachpersonen in Krippen und KiTas als Kommunikationsfallen bewertet werden können:

- *Verschonung:* Um den guten Kontakt nicht zu gefährden, bagatellisiert die Fachperson und spricht in einer äußerst verharmlosenden Weise über das Kind: „Sprache spielt für sie noch keine so wichtige Rolle" (vgl. Thurmair & Naggl, 2007, S. 120).
- *Vermeidung:* Die Fachperson versucht über ihr Kommunikationsverhalten eine Steuerung vorzunehmen, sodass Eltern den Wunsch nach einem nicht behinderten Kind möglichst nicht äußern. Sie kommentiert: „Wir müssen mit weniger zufrieden sein", oder „Sie dürfen nicht enttäuscht sein, wenn ..." (vgl. Thurmair & Naggl, 2007, S. 121).

Die Lösung liegt darin, fachbegründet, aber mit Wärme Stellung zu beziehen, ohne Zustimmung zur eigenen Einschätzung zu erwarten. Damit wird durchaus das Risiko eingegangen, die Eltern zu enttäuschen.

4.2.2 Eltern in riskanten Lebenslagen

Eltern aus unterprivilegierten Schichten und sozio-ökonomisch benachteiligten Familien gelten als eine schwierige Klientel. Obgleich hier ein objektiv eher höherer Beratungsbedarf besteht (Haug-Schnabel & Bensel, 2003), kommen diese Eltern häufiger nicht zu den Elternabenden in die Krippe oder KiTa. In Hinblick auf die Optimierung von individuellen Entwicklungschancen von Kindern hat sich herausgestellt, dass Maßnahmen zur Erhöhung von Elternkompetenz am ehesten angenommen werden, wenn eine entsprechende Unterstützung der Mütter/Eltern bereits im ersten Lebensjahr des Kindes beginnt (Haug-Schnabel & Bensel, 2003). Offensichtlich ist insbesondere aufseiten von jungen Müttern in der Phase der Transition zur Elternschaft eine größere Bereitschaft als zu allen späteren Zeitpunkten vorhanden, sich beraten zu lassen. Reichle und Franiek (2008) betonen unter Verweis auf Fälle schwerer Vernachlässigung von Säuglingen und Kleinkindern, dass in diesem Bereich ein großer Bedarf an Unterweisung besteht. Defizite in der Versorgung von kleinen Kindern bis drei Jahren sind schwerwiegend und bedrohen bereits bei kurzzeitiger Dauer das Kindeswohl. Mögliche Formen und Ebenen der Vernachlässigung sind in Tabelle 4 aufgeführt.

Als Belastungsfaktoren gelten unter anderem eigene Vernachlässigungs- und Misshandlungserfahrungen in der elterlichen Lebensgeschichte, Gewalt in der partnerschaftlichen Beziehung, psychische Probleme der Eltern wie Sucht, (mütterliche) Depressionen, fehlendes Wissen um die Bedürfnisse von Kindern, unrealistische Erwartungen, Isolation und mangelnde soziale Unterstützung sowie Merkmale der familialen Lebenswelt (Armut, Alleinerziehendenstatus, kinderreiche Familie). Haug-Schnabel und Bensel (2003) identifizieren in einer Studie zu niederschwelligen Angeboten für diese Zielgruppe in Deutschland eine Reihe von Gründen für die Nicht-Inanspruchnahme von familien- und erziehungsunterstützender Hilfen, die bereits ein Schlaglicht auf die von der Mittelschicht abweichenden Orientierungen werfen:

- Zeitmangel,
- ungünstige Öffnungs- und Kurszeiten,
- unterschiedliche Widerstände gegen die Standortwahl (zu weit weg, zu nah an der Wohnung, wo man uns kennt, in einer Einrichtung des sozialen Brennpunktes, die gemieden wird),
- mit Alkohol und Zigarettenverbot gekoppelt und somit nicht akzeptabel,
- fehlende Möglichkeit der Kinderbetreuung.

Tab. 4: Ebenen und Formen von Vernachlässigung (vgl. Haug-Schnabel & Bensel, 2009)

Ebenen der Vernachlässigung	Formen der Vernachlässigung
Körper	unzureichende Versorgung mit Nahrung, falsch zubereiteter Nahrung, Flüssigkeit, sauberer Kleidung, Hygiene, Wohnraum und medizinischer Versorgung Missbrauch, Misshandlung
Emotion	Mangel an Wärme in der Beziehung zum Kind, fehlende Reaktion auf emotionale Signale, Missbrauch, Misshandlung
Kognition und Sprache	Mangel an Konversation, Spiel und anregenden Erfahrungen
Erziehung, Bildung, Förderung	fehlende erzieherische Einflussnahme, fehlende Beachtung eines besonderen und erheblichen Erziehungs-, Bildungs- oder Förderbedarfs
Betreuung	unzureichende Beaufsichtigung: Kind bleibt längere Zeit allein und auf sich gestellt, keine Reaktion auf eine längere unangekündigte Abwesenheit des Kindes, Gefahren durch Gegenstände, die für Kinder nicht zugänglich sein sollten (Medikamente)

Vielfach werden die zur Verfügung gestellten Hilfen von diesen Eltern als zusätzliche Belastung wahrgenommen. Für die Inanspruchnahme von Hilfen müssen sie eine Kraft aufbringen, die ihnen aufgrund der multiplen Probleme gerade nicht zur Verfügung steht. Aus diesem Grund erweisen sich die überwiegenden „Kommstrukturen" bei Hilfemaßnahmen als Hürde: Das Aufsuchen von Ärzten für die Vorsorgeuntersuchungen, Wege zu Therapeuten oder Beratungsstellen, selbst Vergünstigungen werden nicht genutzt, wenn hierfür Wege erforderlich sind und/oder Anträge ausgefüllt werden müssen. Langwierige Begutachtungspraktiken bei Frühfördereinrichtungen, die eigentlich als niederschwelliges Angebot gedacht sind, müssen ebenfalls als suboptimal eingeschätzt werden. Haug-Schnabel und Bensel stellen daher fest, dass diesen Eltern Zeit, Verständnis und Motivation abgehen, drohende psychosoziale Notstände ihrer Kinder zu sehen. Sie erkennen Krisen nicht und suchen keine Hilfen (2003, S. 10).

Für die Gruppe der Hochrisikoeltern hat sich gezeigt, dass Angebote nicht greifen, die a) nicht passgenau sind und die b) auf ein „gemischtes Elternpublikum" hin ausgerichtet sind. Im Kontext von Ausgrenzungsempfindungen sind auch mögliche Erfahrungen der Beschämung oder des Gesichtsverlusts zu sehen, z. B. durch Erziehungsansprüche, die ein Großteil der Elterngruppe einer Krippe oder KiTa teilt, die aber für Eltern aus der Hochrisikogruppe als nicht umsetzbar in der eigenen Situation erscheinen. Themen, die für Mittelschichtsfamilien passend sind, werden als weit ab von der eigenen Realität wahrgenommen. Die Ablehnung von Angeboten hängt vielfach auch mit eigenen sehr negativen Erfahrungen dieser Eltern in ihrer Bildungsbiografie zusammen. Bildung muss dabei als zentrale Ressource angesehen werden, die, wenn sie fehlt, einen Mangel in zahlreichen Lebensbereichen zur Folge hat (Haug-Schnabel & Bensel, 2003). Günstige Rahmenbedingungen liegen in der Herstellung von Situationen und Angeboten, in denen Möglichkeiten für ein zwangloses Miteinander vorhanden sind. Elternbildung und -kooperation muss en passant und nicht in Form von Belehrung und Information erfolgen. Statt Elternabenden beispielsweise zu den „Gefahren von Medien im frühen Kindesalter" ist für diese Zielgruppe ein Elterncafé günstiger. Der Begriff „Familienbildung" ist zudem für manche Eltern mit der Vorstellung verbunden, familienbildende Angebote zielten darauf ab, Erziehungsfehler zu erkennen und durch geeignete Maßnahmen abzubauen. Gerade Eltern, die wenig Vertrauen in ihre elterlichen Kompetenzen haben, scheuen sich daher oftmals, vorhandene oder befürchtete Schwierigkeiten durch die Teilnahme an familienbildenden Angeboten „öffentlich" zu machen (zitiert nach Haug-Schnabel & Bensel, 2003). Sehr erfolgreich sind die „Early Excellence Center" in England, die Eltern in die Gestaltung der Betreuung und Erziehung ihrer Kinder in der Institution einzubeziehen. Als günstig haben sich dort Projekte erwiesen wie Familiencafés, das Sonntagsfamilienfrühstück, Babygruppen oder die Betreuungsidee „freier Samstag für Eltern".

Für die Responsivität der Fachperson ist in Hinblick auf die Eltern notwendig, die eigenen Angebote immer auch in Hinblick auf mögliche Beschämungsrisiken und Ausgrenzungsgefährdungen zu betrachten. Auffällig ist, dass in den Einrichtungen in Deutschland – anders als in vielen anderen Ländern – „Gehstrukturen", also institutionalisierte Besuche zu Hause beim Kind, gar nicht in der Elternkooperation vorgesehen sind. Auch die Gehstruktur hat allerdings, wie Studien aus dem Bereich der pädagogischen Frühförderung zeigen, durchaus spezifische Nachteile: So kann das Aufsuchen der Familien von diesen sehr wohl auch als unerwünschte Kolonisation empfunden werden (Seemann, 2003). Für die Hochrisikogruppen ist allerdings erwiesenermaßen die Gehstruktur als einzig zielführend nachgewiesen, schon durch die häufig hochgradige Isolation, in der diese oft schwer zu erreichenden Familien leben (Haug-Schnabel & Bensel, 2003).

Um Kommunikationsbrücken zu bauen, sind Projekte günstig, die Eltern in der Elternbildung einsetzen. Auch Fachleute in die Einrichtungen zu holen, erweist sich vielfach als hilfreich: Erziehungsberatung wird viel eher wahrgenommen, wenn die Person, die sie durchführen könnte, bekannt ist. Änderungen im elterlichen Erziehungsverhalten lassen sich am ehesten aufbauen, wenn ressourcenorientiert vorgegangen wird im Sinne eines Anknüpfens an Verhaltensstilen, die bereits gut oder hinlänglich sind. Von den Fachpersonen sollte hier eine Ressourcenanalyse in Bezug auf diese Eltern vorgenommen werden, die zeitliche, materielle, bildungsspezifische, aber auch energetische Aspekte umfasst.

Vor dem Hintergrund einer Informationsgesellschaft, die suggeriert, dass alles verstehbar sei, wenn man nur über genügend Wissen/Informationen verfügt, muss dennoch angenommen werden, dass Fachpersonen im Kontakt mit Risikofamilien immer wieder davon eingeholt werden können, dass sie auch in ihren „geschulten" Deutungs- und Verstehensprozessen an Grenzen stoßen. Die Studie von Haug-Schnabel und Bensel (2003) zu niedrigschwelligen Angeboten in Deutschland zeigt, dass die Kenntnis der Fachpersonen über diese Zielgruppe nach wie vor als defizitär eingeschätzt werden muss.

4.2.3 Eltern mit Zuwanderungsgeschichte

Für den Interaktionskontext mit Müttern/Eltern/Familien mit Zuwanderungsgeschichte ist die Entwicklung einer spezifischen *kulturellen* Responsivität erforderlich. Für Fachpersonen, die mit Eltern von Kleinkindern arbeiten, ist hierfür ein spezialisiertes Wissen und Können erforderlich, das erheblich mehr beinhaltet als das Feiern der Feste, die die Kinder in den Institutionskontext mit einbringen. Kindererziehungspraktiken, Bildungserwartungen, Erziehungs- und Sozialisationsziele, Pflegeroutinen können sich deutlich zwischen den verschiedenen Kulturen unterscheiden. Dabei gilt, dass der Einfluss der Familie/Eltern erheblich über dem der Institution liegt, dass also ein besonderes Bemühen um Einbindung dieser Eltern erfolgen muss. Eine familienaktivierende Arbeit der Fachpersonen, bei der insbesondere das Abbauen von Berührungsängsten im Fokus steht, gilt als Voraussetzung, um die Fähigkeiten der Kinder optimal fördern zu können. Kommunikationsspezifika müssen nicht ausschließlich auf unterschiedliche kulturelle Bezugssysteme zurückzuführen sein. Störungen der Kommunikation entstehen insbesondere dann, wenn es durch diskrepante Erwartungen zu Erwartungsenttäuschungen kommt (Auernheimer, 2005). Die wechselseitigen Erwartungen werden vom Kontext mitbestimmt: Nicht nur der kulturelle Bedeutungshorizont, auch die gesellschaftlichen Rahmenbedingungen beeinflussen maßgebend die Interaktion. Um eine einseitig kulturalistische Sicht zu überwinden, unterscheidet daher Auernheimer (2005) bei der Begegnung mit dem „Anderen" folgende Dimensionen, die sich real nie in Reinform, sondern in der Regel in Verflechtungen darstellen:

- Machtasymmetrien und Kollektiverfahrungen,
- die Differenz der Kulturmuster,
- Fremdbilder und damit verbundene ethnische Grenzziehungen.

Alle drei werden im Folgenden genauer betrachtet.

Machtasymmetrien und Kollektiverfahrungen

Die Begegnung zwischen Fachpersonen und Eltern kann von vielfach nicht reflektierten Machtasymmetrien belastet sein, die sich in der Ungleichheit des rechtlichen oder sozialen Status oder durch das Wohlstandsgefälle etc. ausdrücken:

> *Wer dominant ist, kann die Beziehung auf vielfältige Weise definieren, z. B. schon durch die Art der Anrede, durch unangebracht vertrauliches oder distanziertes Verhalten. Das Zurückweisen und Aushandeln der – meist stillschweigend, non-verbal vorgenommenen – Beziehungsdefinitionen ist bei Asymmetrie immer erschwert, wenn nicht unmöglich. (Auernheimer, 2005, S. 18)*

Der Mangel an sprachlicher Kompetenz kann sich sehr negativ und behindernd auswirken. Wenn Eltern ihre Anliegen nicht differenziert vorbringen können, führt dies zu erheblichen Frustrationen. Bei Sprachverstehensproblemen verwenden viele Eltern häufig Strategien des „Ja-Sagens" und Nickens, um keinen „Gesichtsverlust" zu erleiden. Die Fachpersonen haben in diesen Fällen oft den Eindruck, dass alles verstanden worden ist, fragen sich aber, warum ihre Angebote, Vorschläge, Hinweise nicht „angenommen" werden. Werden Übersetzer hinzugezogen, hören und verstehen die Eltern vielfach das erste Mal, worüber überhaupt gesprochen worden ist. Ein häufig zu beobachtendes Phänomen ist auch die Infantilisierung der Eltern durch die Fachkräfte, dies drückt sich in der Wortwahl (Verkleinerungsformen) insbesondere aber in der Stimmführung aus. Reibungen und Missverständnisse können auch durch den andersartigen Umgang von Eltern mit Zuwanderungsgeschichte mit Institutionen und Autoritäten – z. B. der Autorität der Fachperson – entstehen. In den Kommunikationssituationen in der Einrichtung können diskrepante Erwartungen eine große Rolle spielen. In Deutschland wird in Krippe und KiTa eine hohe Mitarbeit von Eltern erwartet; erwünscht ist, dass Eltern „sich einbringen". Mütter mit Zuwanderungsgeschichte, die aus Ländern mit sehr hierarchisch operierenden Institutionen kommen, verhalten sich oft zurückhaltend, wenn sie die Kinder bringen und verlassen schnell die Einrichtung. Sie nehmen an, dass dies so erwünscht ist. Die Pädagogin wird als klare Autoritätsperson wahrgenommen. Bei ihr liegt aus Sicht vieler dieser Familien die Verantwortung für die Bildung. Dass Mitarbeit erwartet und sehr gewünscht wird, muss oft viel eindeutiger und ermutigender kommuniziert werden.

Die Erwartungen an Bildung unterscheiden sich zwischen den Kulturen. Für türkische Eltern, damit sind sowohl Eltern mit türkischer Nationalität als auch solche mit deutscher Staatsbürgerschaft, aber türkischen Wurzeln gemeint, stellt Bildung eine wichtige Voraussetzung für ein Individuum dar, um einen Beruf zu erlernen, der ökonomische Sicherheit bringt. Insbesondere bei den zugewanderten türkischen Eltern bedeutet Bildung einen Platz in einer gesellschaftlichen Hierarchie, und dies kommt auch den nicht studierten Eltern zugute. Die berufliche Position wird aber meist nicht mit Unabhängigkeit assoziiert, sondern im Kontext von Familie gesehen. Bildung der Kinder soll nicht von den Eltern und den kulturellen Wurzeln entfernen, sondern vielmehr ein Leben lang erhalten bleiben (Leyendecker, 2008).

Eine verkomplizierende Rolle können – gerade in Brennpunkteinrichtungen – mögliche Diskriminierungserfahrungen der Eltern spielen. Vergangene und aktuelle Erfahrungen von Ohnmacht und Unterlegenheit können zu einem generalisierten Misstrauen, zu demonstrativer Unterwürfigkeit und zu Aggressionen aufseiten der Betroffenen führen. All dies sind Verhaltensweisen, die gern der „fremden Mentalität" zugeschrieben werden. Solche Zuweisungen führen mitunter zu Kommunikationsabbrüchen von beiden Seiten. Möglich sind auch Rückzugstendenzen aufseiten der Eltern im Sinne des Konzepts der „erlernten Hilflosigkeit" (Seligman, 1979). Das Verhaltensrepertoire infolge von Machtlosigkeitserfahrungen ist dann so weit eingeengt, dass auch bei objektiv vorhandenen Möglichkeiten kein positiv kooperatives Verhalten gezeigt werden kann.

Differenz der Kulturmuster

In der Arena alltäglicher Interaktion und Routineabläufe erwerben kleine Kinder so genannte Scripts, über die auch die spezifischen Kulturmuster aufgebaut werden, die die jeweiligen Normalitätserwartungen des Individuums bestimmen (Auernheimer, 2005). Fachpersonen und Eltern handeln und verhalten sich auf der Basis ihres Script-Inventars, ohne dass ihnen in der Regel dessen Kulturspezifik bewusst ist. Dies betrifft unterschiedliche Begrüßungsrituale genauso wie das Managen unterschiedlichster Alltagssituationen. Ein fremdes Milieu, eine fremde Umgebung, eine fremde Institution lösen Unsicherheiten insbesondere dann aus, wenn die Kommunikationsregeln oder -stile unbekannt sind. Ein Beispiel stellen hier die bereits in der Kindheit erworbenen Regeln zum Turn-Taking dar.

Auch die Forderung nach Respekt liest sich in unterschiedlichen kulturellen Kontexten überaus vielfältig, respektvolles Verhalten drückt sich beispielsweise in Japan in hochformalisierten Höflichkeitsritualen und -abläufen aus, die in der westlichen Kultur unüblich sind. Unterschätzt wird in der Regel die kulturelle Überformung von non-verbal vermittelten Beziehungsbotschaften wie Gestik (ausufernd oder verhalten), Lautstärke beim Sprechen und räumliche Nähe und Distanz.

In der konkreten inklusionspädagogischen Arbeit in der KiTa werden die explizit zugänglichen Aspekte unterschiedlicher Kulturen häufig gemeinsam mit den Kindern exploriert. Bereits mit zwei- bis dreijährigen Kindern lassen sich unterschiedliche Kleidungsstile, verschiedene Sorten an Nahrung, kulturspezifische Gegenstände, Musik, Kunst und Fotos für Projekte verwenden, die häufig unter Einbeziehung der Eltern geplant werden. Die explizit wahrzunehmende Oberfläche der fremden Kultur wird so erfassbar und erfahrbar, dennoch können diese Annäherungen auch mit der Gefahr der Verhärtung kulturalistischer Sichtweisen und Stereotypisierungen verbunden sein. Das Vorgehen etabliert möglicherweise eine lediglich touristische Sicht auf den Anderen (Derman-Sparks & Ramsey, 2006), bei der der exotische Aspekt der fremden Kultur betont wird und die alltägliche Erfahrung abgeschnitten bleibt. Ernsthaftes Miteinander-Lernen findet zwischen den Kulturen dann nicht statt, und wichtige Fragen werden nicht gestellt:

- Werden Feste und damit auch Inhalte gefeiert, die vom Personal der Institution im Grunde abgelehnt werden?
- Was bedeutet es, Feste einer Religion zu feiern, die nicht die eigene ist?
- Wie kann der Respekt vor kultureller Diversität gelebt und transportiert werden in einer Einrichtung, die fast ausschließlich von Kindern aus der dominanten Kultur und Religion besucht wird?

Für eine professionell responsive Arbeit sind es gerade die impliziten, kulturell geprägten Orientierungen und Überzeugungen, die es zu verstehen und zu erkennen gilt, um eine höhere Qualität der wechselseitigen Interaktion erreichen zu können. Für Fachpersonen der Frühpädagogik ist insbesondere von hoher Relevanz, die eigenen Fremdbilder und damit Grenzziehungen zur anderen Kultur reflexiv zu erschließen.

Fremdbilder, ethnische Grenzziehungen, Erziehungsorientierungen

Bei der Betrachtung kultureller Orientierungen in Bezug auf Erziehungspraxen ist in den letzten Jahren insbesondere die Unterscheidung von interdependenten und independenten Erziehungsstilen diskutiert worden, da an diesen Orientierungen vollkommen divergente Verhaltensformen im Umgang mit Säuglingen und Kleinkindern festgemacht werden können (Georgas et al., 2006; Kagitçibasi, 2007; Borke & Keller, 2014):

- Die westliche Kultur lässt eine Orientierung an der Autonomie des Individuums in Hinblick auf ihre Erziehungsziele erkennen. Das Individuum wird als unabhängige Einheit, abgegrenzt von Anderen betrachtet. Typisch ist diese Orientierung für die gebildete Mittelschicht der Informationsgesellschaft. Naheliegende Erziehungs- und Sozialisationsziele der Eltern sind daher Selbstständigkeit, frühe Entwicklung von Eigenständigkeit und von Überzeugungskraft in Diskussionen.
- In nicht westlichen Kulturen, insbesondere in traditionellen Gesellschaften, ist eine Orientierung an Verbundenheit und Gemeinschaft in Hinblick auf die Erziehungsziele gegeben. Das Verhalten jedes Einzelnen wird auf Gefühle und Einstellungen Anderer abgestimmt. Diese Orientierung gilt als typisch für die traditionelle ländlich-dörfliche Gemeinschaft. Sozialisationsziele sind soziale Harmonie, Respekt und Gehorsam vor den Älteren.
- Es gibt heute auch den Typus der „autonomen Beziehungen". Hier werden die Ziele von Autonomie und Verbundenheit kombiniert.

Für die großen Gruppen von Menschen mit Zuwanderungsgeschichte in Deutschland insbesondere aus der Türkei und Russland gilt, dass hier überwiegend soziozentrisch orientierte Personengruppen aus einer Agrarkultur in ein individuumszentriertes Industrieland ausgewandert sind. Die Kontrastierung von

Individuumszentrierung und Soziozentrismus ist dabei mit der Gefahr verbunden, dass zu stark polarisiert wird, sodass auf der einen Seite die Gemeinsamkeiten zwischen den unterschiedlichen Kulturen nicht mehr wahrgenommen, auf der anderen Seite Einflüsse wie Gender, Bildung und sozio-ökonomische Ressourcen ausgeblendet werden.

In unserer Kultur steht das Erziehungsziel der Selbstständigkeit und Unabhängigkeit gerade im Institutionskontext von Krippe oder KiTa im Vordergrund. Sehr deutlich wird dies an den Ansätzen, die derzeit im Rahmen der Frühpädagogik diskutiert werden wie beispielsweise dem aus England adaptierten Programm „Wach, neugierig und klug – Kinder unter 3" (Bertelsmann Stiftung & Staatsinstitut für Frühpädagogik, 2008; Originaltitel: Birth to three matters). In den Filmaufnahmen zu diesem Programm ist das Erziehungsziel Selbstständigkeit deutlich erkennbar. Kleinkinder sollen die Verrichtungen des Alltags möglichst schnell allein erledigen können, möglichst früh sollen sich die Kinder beispielsweise allein an- und ausziehen oder selbst mit dem Löffel essen. Als positiv wird betont, dass die Kinder ihr Essen nicht etwa ausgeschöpft bekommen, sondern sich allein nehmen und damit sehr früh lernen selbstständig einzuschätzen, welche Menge sie sich zumuten können. Diese Werteorientierung ist für viele Menschen anderer Kulturen befremdlich. In der Betreuung von Kleinkindern ist daher erforderlich, eigene Ethnotheorien zu erkennen und den Gesprächsbedarf zu sehen, den Eltern haben, die von einer anderen kulturellen Orientierung ausgehen.

4.3 Zusammenfassung und Literaturtipps

Zusammenfassung

Fachpersonen müssen mit den unterschiedlichen Perspektiven, die Eltern in Bezug auf ihre Kinder einnehmen können, mit möglichen Empfindsamkeiten der Mütter und Väter, aber auch den Herausforderungen von Elternschaft vertraut sein. Sie benötigen eine Schulung in Hinblick auf den im Professionsalltag erforderlichen Generationsperspektivwechsel. Sterns Konzept der Mutterschaftskonstellation bietet eine wichtige Basis für die Empathie der Fachperson, denn es gibt Hinweise auf diejenigen Bereiche im Institutionsalltag, die mit großem Feingefühl behandelt werden müssen. Herausfordernd ist der Umgang mit Ängsten, Eifersucht oder anderen schwierigen elterlichen Gefühlslagen, auf die professionell reagiert werden muss. Dies ist nur mit hohen Sprachkompetenzen zu leisten, mit einem Gespür für Konnotationen.

In der Zusammenarbeit mit Eltern behinderter Kinder muss eine Fachperson in Krippe oder KiTa die Eltern als wichtige Ressource wahrnehmen können. Diese können in Hinblick auf die Kommunikationsbedürfnisse und -erfordernisse, die spezifischen Ernährungsgewohnheiten, das erforderliche Handling des Kindes, seine Vorlieben im Spiel über ein erhebliches Wissen verfügen. Nachzufragen ist Ausdruck ihrer Fachlichkeit. Wichtig ist eine realistische Einschätzung der elterlichen Belastung, denn das Leben mit einem behinderten Kind fordert eine oft tiefgreifende Umgestaltung der eigenen Lebenspläne. Mütter von schwerst mehrfachbehinderten Kindern sind in besonderer Weise den Belastungen des permanenten Zuständig-Seins unterworfen. Elternentlastung ist ein zentrales Thema, denn entlastete Eltern können sich ihren Kindern besser zuwenden. Die sozialräumliche Vernetzung mit einem dezidierten Wissen um mögliche Ansprechpartner wie z. B. die familienentlastenden Dienste ist unabdingbar. Diskrepanzen in der Einschätzung der Entwicklung des Kindes führen häufiger zu Problemen in der wechselseitigen Kooperationsbeziehung. Bei ausbleibenden Fortschritten des Kindes drohen Beratungsfallen wie Ausweichen oder Bagatellisieren oder das Aussprechen eines „Annahmepostulats".

Maßnahmen zur Erhöhung von Elternkompetenz werden am ehesten angenommen, wenn eine Unterstützung der Familien/Mütter/Eltern bereits in den ersten Lebensjahren des Kindes beginnt. Gerade für Familien in riskanten Lebensjahren ist vielfach belegt, dass jede Art von Belehrung zu Kontaktabbrüchen führt. Die in Deutschland oft gewünschte hohe Mitarbeit von Eltern muss Eltern mit einem anderen kulturellen Hintergrund, aus Ländern mit starker institutioneller Hierarchisierung sehr deutlich und einladend kommuniziert werden. Der aus starker Hierarchisierung erwachsende Habitus im Umgang mit Institutionen ist nur außerordentlich schwer zu überwinden.

Literaturtipps

Borke, J. & Eickhorst, A. (Hrsg.). (2008). *Systemische Entwicklungsberatung in der frühen Kindheit*. Stuttgart: UTB.
Das Buch gibt einen sehr guten Überblick über Themen von Partnerschaftszufriedenheit bis Kulturvergleich. Für Frühpädagoginnen und Frühpädagogen bietet es eine sehr gute Arbeitsgrundlage, da viele Texte gerade auch jüngere Kinder und ihre Familien in den Blick nehmen.

Haug-Schnabel, G. & Bensel, J. (2003). *Niederschwellige Angebote zur Elternbildung*. Eine Recherche im Auftrag der Katholischen Sozialethischen Arbeitsstelle (KSA) in Hamm, Arbeitsstelle der Deutschen Bischofskonferenz. Verfügbar unter: http://www.verhaltens-biologie.com/publizieren/online/elternbildung.pdf [26.04.2015].
Ein hervorragender Text, um einen Eindruck von den Schwierigkeiten in der Arbeit mit Hochrisikofamilien zu bekommen, mit einer abschließenden Analyse zu möglichen Gelingensbedingungen.

Stern, D. (2006). *Die Mutterschaftskonstellation: Eine vergleichende Darstellung verschiedener Formen der Mutter-Kind-Psychotherapie* (2. Aufl.). Stuttgart: Klett-Cotta.
Sterns Mutterschaftskonstellation – von vielen Autoren heute auch auf den Vater bezogen – bietet hilfreiche Gedanken und Konstruktion, um „das Verstehen" und die Fähigkeit zum Generationsperspektivwechsel zukünftiger Fachkräfte zur Situation von Eltern zu verbessern.

Thurmair, M. & Naggl, M. (2007). *Praxis der Frühförderung* (3. Aufl.). München: Reinhardt.
Das Buch gibt einen hervorragenden Einstieg in den Themenbereich und alle damit für Fachpersonen verbundenen Schwierigkeiten wie z. B. die „Beratungsfallen", die es in der Kommunikation mit Eltern behinderter Kinder geben kann.

5 Aufbaustrategien zur Entwicklung Professioneller Responsivität

Für einen systematischen Aufbau Professioneller Responsivität ist zielführend, dass in vielen thematisch unterschiedlichen Einheiten an den Interaktionskompetenzen gearbeitet wird. Die Verbesserung der Interaktionskompetenzen gehört dabei ohne Frage zu den Zielen eines lebenslangen Lernens. Um erste und zentrale Felder einer Gesamtmatrix in puncto Wissen und Können in diesem Bereich zu füllen, müssen zentrale Begriffe stark verankert werden. Günstig ist daher, an wesentlichen Schnittstellen mit sprachlichen Synchronisierungen zu arbeiten. Dies wird im Folgenden vorgestellt. Daran schließen sich dann drei Teile an, die 1. die Entwicklung Professioneller Responsivität in Bezug auf das Kind und 2. auf die Eltern sowie 3. die Entwicklung des professionellen Habitus thematisieren.

Die „haltende Umgebung"

Die „Holding Matrix" oder die „haltende Umgebung" sind Begriffe, die auf Winnicott (1969) zurückgehen (s. auch Stern, 2006). Gemeint ist der sichere Rahmen, den Mutter oder Vater ihrem Kind zur Verfügung stellen, innerhalb dessen es sich entfalten und erste Explorationen der Welt wagen kann. Für die Frühpädagogik ist zielführend, diesen Begriff auch im Kontext der professionsbezogenen Erwachsenenbildung von Fachkräften in der Arbeit mit Kindern bis drei zu verwenden. Die Holding Matrix soll eine Fachperson in der Krippe sowohl dem Kind zur Verfügung stellen als auch den Eltern, wenn sie beispielsweise die Mutter-/Vater-Kind-Interaktion zu stärken versucht. Eine Holding Matrix stellt aber auch die Mentorin in der Praxis optimalerweise zur Verfügung; sie stellt Bedingungen her, die ermöglichen sollen, sich auf unbekanntes Terrain zu wagen und auch unvertraute Interaktionsstile zu erproben.

Aufmerksamkeitsfokussierung, geteilte Aufmerksamkeit, „Sustained Shared Thinking"

Die Begriffe Aufmerksamkeitsfokussierung, geteilte Aufmerksamkeit, „Sustained Shared Thinking" gelten auch als Lerndimensionen der angehenden Fachpersonen, um gezielt den gemeinsamen Blick wie einen Scheinwerfer auf Praxisphänomene zu lenken. Die Lernenden müssen in die spezifische Perspektive der Experten und die damit verbundene Fachsprache hineingenommen werden. Auch die Qualität des Praxismentorings muss unter der Perspektive – den fachlichen Blick teilen können – gesehen werden. Der Blick der angehenden Fachperson muss in den ersten Praktika mit gezielten Arbeitsaufträgen auf relevante Praxisphänomene gerichtet werden. Dabei sollte mit unterschiedlichen Stilen in der Formulierung der Beobachtungsaufträge gearbeitet werden mit dem Ziel, dass sich das Konzept „Aufmerksamkeitsfokussierung" verinnerlicht. Gerade Interaktionsphänomene, an denen sich beispielsweise das Klima einer Einrichtung festmachen lässt, sollten möglichst unauslöschlich in Erinnerung bleiben. Eine *Aufmerksamkeitssteigerung* für zentrale Interaktionsphänomene kann gerade auch über „emotionale Anreicherungen" eines Beobachtungsauftrages erfolgen. So lassen sich Beobachtungen zum „Kommunizieren auf Augenhöhe mit dem Kind" oder zur „Einschätzung des kommunikativen Gesamtklimas in einer Einrichtung ganz unterschiedlich beauftragen (s. Kasten 2).

> **Kasten 2: Auftragsstile**
>
> **Sachlicher Auftragsstil:**
> 1. Bitte achten Sie auf Ihren eigenen Interaktionsstil. Kommunizieren Sie auf der Augenhöhe der Kinder?
> 2. Beobachten Sie den Interaktionsstil der Mitarbeiterinnen in Ihrer Praxiseinrichtung. Wird auf Augenhöhe der Kinder kommuniziert?
>
> **Emotional angereicherter Auftragsstil:**
> Treten Sie innerlich einen Schritt zurück und achten Sie darauf, wie der Kommunikationsstrom in Ihrer Einrichtung fließt. Gibt es zwei sehr stark getrennte Ebenen? Brandet die Kommunikation der Erwachsenen über die Köpfe der Kinder hin? Gibt es oben einen blauen, unten einen roten Bereich, wenn man das farbig markieren würde? Gibt es Lila?

Musteraufbau und Musterbruch

Viele Aspekte der Professionellen Responsivität lassen sich rascher erlernen, wenn klare Orientierungspunkte bei der Beobachtung an und für sich flüchtiger Interaktionsprozesse deutlich benannt werden. Aus diesem Grund muss die grundständige Wahrnehmung von *Mustern* für spezifisches Interaktionsverhalten aufgebaut werden. Bei der videogestützten Beobachtung von Kind-Erwachsenen-Interaktionen kann zunächst allgemein auf Blickkontakte, später auf trianguläre Blickkontakte, bei denen das Kind den Blick zwischen Person und Gegenstand hin- und herwandern lässt, fokussiert werden. Geschult werden sollte auch auf Interaktionsmuster wie z. B. Synchronisierungen in den Bereichen Bewegung, Stimme und Sprache. Sobald diese Muster rasch erkannt werden können, ist es wichtig, sie wieder zu erschüttern, damit die notwendige Flexibilität der angehenden Fachpersonen erhalten bleibt.

Den fachlichen Blick teilen

Perspektivwechsel vornehmen zu können ist eine sehr schwierige und komplexe Fähigkeit, die lebenslanger Übung bedarf. Das Einnehmen der anderen Perspektive bedeutet, einen Sachverhalt oder ein Phänomen mit dem Blick der Kollegin oder des Vorgesetzten oder auch der Eltern betrachten zu können, sich in die Perspektive einer anderen kulturellen oder subkulturellen Werteorientierung hineindenken und -fühlen zu können. Es bedeutet, bei Phänomenen, wie beispielsweise dem kindlichen Spiel, transdisziplinär zu schauen, also auch etwas von dem Blick der Psychologin, des Physiotherapeuten oder der Ergotherapeutin zu wissen. Auch hier ist von großer Bedeutung, dass Lehrende bereitwillig ihren fachlichen Blick teilen. Die Fähigkeit, kriteriengeleitet beobachten zu lernen, lässt sich durch diese Strategie sehr effektiv aufbauen.

Unter Erwachsenen in beruflichen Kontexten in einer Leistungs- und Wissensgesellschaft ist es keineswegs selbstverständlich, dass der fachliche Blick bereitwillig geteilt wird, da der Wissensvorsprung über das Fortkommen entscheidet. Multidisziplinär zusammengesetzte Teams können vor diesem Hintergrund als günstig angesehen werden, da hier in der Regel der Mehrwert des Austausches von allen Beteiligten geschätzt wird.

5.1 Fokus Kind

Im folgenden Abschnitt werden in exemplarischer Weise Möglichkeiten beschrieben, wie sich die Professionelle Responsivität dem Kind oder der Kindergruppe gegenüber aufbauen lässt.

5.1.1 Responsiv berühren – Aufbau von Berührungskompetenzen

Fachpersonen müssen eine somato-psychische Responsivität für die Arbeit mit kleinen Kindern entwickeln. Dies beinhaltet u. a. den gezielten Aufbau von Berührungskompetenzen. Die Schulung der Wahrnehmung für die Verhaltenssignale oder die körpersemantischen Zeichen der Kinder ist ein weiterer zentraler Schwerpunkt. Im Kasten 3 sind überblicksartig die wesentlichen Ziele für diesen Kompetenzaufbau aufgeführt.

Kasten 3: Merkmale somato-psychischer Responsivität

Die professionell responsive Fachperson in Krippe oder KiTa ...

- kennt basale Kategorien zur sprachlichen Beschreibung von Bewegungs- und Berührungsinteraktionen.
- kann in eine Bewegungsinteraktion mit dem Kind eintreten, die durch die Qualität der Wechselseitigkeit gekennzeichnet ist. Bewegungen werden von ihr initiiert und können vom Kind weitergeführt werden.
- analysiert und modifiziert die Umgebung des Kindes in Hinblick auf die Erweiterung seiner Bewegungsmöglichkeiten.
- kann sich in Bewegung, Stimme und Körpertonus mit dem Kind synchronisieren.
- verfügt über die Fähigkeit des transmodalen Spiegelns.
- kann Zeichen des Wohlbefindens, der Interaktions- und Spielbereitschaft – wie Blickkontaktaufnahme, gleichmäßige Atmung, entspannter Muskeltonus – erkennen.
- kann Belastungszeichen beim Kind erkennen, die in Bewegungs- und Berührungsinteraktionen möglicherweise gezeigt werden: Blickkontaktabbruch, Sich-steif-Machen, Sich-Abwenden, den Muskeltonus erhöhen, Wechsel der Hautfarbe, Wechsel der Temperatur, emotionales Schwitzen.
- verfügt über ein Repertoire basaler Berührungsformen.
- kann innerhalb dieses Repertoires unterschiedliche Berührungsqualitäten differenzieren.
- kann den eigenen Sprech- und Berührungsduktus miteinander synchronisieren.

Zur Schulung der genannten Ziele sind folgende Arbeits-Schwerpunkte bedeutsam:

- die Schulung der Wahrnehmungsfähigkeit, die sich auf die Verhaltenssignale und körpersemantischen Zeichen der Kinder bezieht,
- die Entwicklung eines basalen Inventars an Berührungsarten zur Durchführung einer responsiv gestalteten Baby- und Kindermassage,
- der Aufbau von Handling-Kompetenzen,
- eine Steigerung der Selbstwahrnehmung des eigenen Körpers,
- eine Steigerung der emotional expressiven Ausdrucksfähigkeit.

Die Wahrnehmungsfähigkeit für Körperausdruckszeichen und Signale lässt sich im hohen Maße über visuelle Medien wie Fotografie und Film erweitern und ausbauen. Für den Aufbau aktiver Berührungs- und Handling-Kompetenzen sowie der Selbstwahrnehmung muss hingegen unter fachkundiger Supervision in einen Übungsprozess somato-psychischen Lernens eingetreten werden.

Diese Übungen finden keinesfalls an den Kindern, sondern zunächst im Setting kollegialen Lernens statt. Das Erleben unterschiedlicher Berührungsqualitäten und das Feedback auf die eigene Berührung durch Andere macht erst deutlich, dass Berührungen feinsynchronisiert und immer individuell angepasst werden müssen. Responsivität in der Berührungsinteraktion zeigt sich darin, dass es nicht die Methode ist, die vorgibt, wie Berührungen und Bewegungen der Hände oder als weitere Berührungsdimension der Stimmklang eingesetzt werden. Bestimmend für das eigene Vorgehen in der späteren Berufspraxis sind in erster Linie die körpersemantischen Zeichen des Kindes, die von der Fachperson wahrgenommen werden und auf die sie sich abstimmen können soll.

In der Regel kann nur in Gruppen, in denen bereits ausgebildetes Personal sich für den Bereich Krippe weiterqualifiziert, davon ausgegangen werden, dass einzelne Fachpersonen bereits Berührungskompetenzen für den professionellen Kontext der Arbeit mit Säuglingen und Kleinkindern aufgebaut haben. Bei Anfängerinnen, die erstmals in einer Gruppe unter professioneller Anleitung Andere berühren oder berührt werden und eine Sprache für die dort auftretenden Phänomene finden sollen, muss eine Atmosphäre des Übens vonseiten der Seminarleitung aufgebaut werden, in der Erfahrungen in einem wertschätzenden Klima gesammelt werden können.

Diejenigen, die eine Berührung erfahren, an denen also geübt wird, müssen großzügig sein können und eben auch ungeschickte oder weniger optimale Berührungen ertragen. Diejenigen, die eine Berührung geben, brauchen ein ermutigendes Klima, gerade wenn die Rückmeldungen kritisch ausfallen. Es handelt sich hier um Übungen im Rahmen gemeinsamer Lernerfahrungen und nicht um Therapie. Die Seminarleitung muss für eine ausreichende theoretische Fundierung dieses Übens unter den Teilnehmenden sorgen und immer wieder den Bezug zum Feld, die Arbeit mit Kindern herstellen. An das Üben untereinander sollte sich ein „Üben am Modell" anschließen. Dabei wird mit speziellen Säuglings- oder Kinderpuppen gearbeitet, die auch das entsprechende Gewicht aufweisen. Günstig ist, die Übungen zum responsiven Berühren mit der Vermittlung einer Form der Baby- oder Kindermassage abzuschließen. Zunächst allerdings steht das Erkennen der körpersemantischen Zeichen im Mittelpunkt.

Schulung der Wahrnehmung für körpersemantische Zeichen

Tab. 5: Interaktionszeichen für Offenheit

Interaktionszeichen für Offenheit
gleichmäßige Atmung
Blickkontaktverhalten: fixieren, hinsehen, Blick zuwenden, Gegenstand/Person mit den Augen verfolgen, offene Augen, freundliches Lächeln
Muskeltonus: Eutonus der Muskulatur, weiche, gut modulierte Bewegungsabläufe, Anpassungsfähigkeit
gesunde Hautfunktion
lautieren, vokalisieren
Nahrungsaufnahme: antizipatorisches Verhalten, Rhythmizität
Kompetenzen im Bereich der Selbstregulation, Selbstberuhigung: Hand zum Mund, Hand am Körper, Augen reiben, Hände und Füße in Kontakt

Tab. 6: Interaktionszeichen für Belastung

Interaktionszeichen für Belastung
ungleichmäßige Atmung, Atmungsaussetzer, Atem anhalten, gepresste Atmung
Blickkontakt: unterbrechen, abbrechen, wegsehen, Abwendung des Kopfes, Blick nach unten, Augen schließen, Hände vor die Augen legen, starren
Unruhe, rudern mit den Armen
Muskuläre Anspannung, Versteifung des Körpers, muskuläre Schlaffheit, fahrige unkoordinierte Bewegungen, Ausweichbewegungen (möglicherweise, um der Berührung zu entgehen), Überstreckung, Abspreizung aller oder einzelner Finger, grimassieren
Hautfarbe: marmoriert, blass, rötlich, hochrot
Temperatur: Fieber
Schweißbildung: „emotionales Schwitzen" bei starken Schmerzen
wegschieben der Hand der Pädagogin
Mängel im Bereich der Selbstregulation, Fehlen von „Selbstberuhigungsmaßnahmen" wie Selbstberührungen
Nahrungsaufnahme: ausspucken von Speichel, würgen, erbrechen
häufiger Wechsel der Verhaltenszustände, quengeln, schreien

138 Aufbaustrategien zur Entwicklung Professioneller Responsivität

Professionelle Responsivität bedeutet, Interaktionszeichen für Offenheit sowie für Belastung des Kindes hinreichend sicher wahrnehmen und interpretieren zu können. Belastungszeichen bedeuten, dass Pausen einzuhalten sind und es abzuwarten gilt, bis das Kind sich erneut zuwendet. In den Tabellen 5 und 6 sind die körpersemantischen Zeichen von kleinen Kindern zusammengestellt.

Im Ausbildungskontext von Fachpersonen reicht es nicht aus, solche Tabellen zu lesen oder als Powerpoint-Folie präsentiert zu bekommen. Eine ergänzende Bild- und Filmanalyse unter Supervision von Fachpersonen, die auf diesen Bereich spezialisiert sind, ist erforderlich.

Muster erkennen: Lesen körpersemantischer Zeichen auf Fotos

Zentral bei der Arbeit über das Medium Fotografie sind Bilder, die den angehenden Fachpersonen helfen, Interaktions-Muster zu erkennen. Phänomene, die sich in der Praxis häufig wiederholen, sollen gut abgespeichert und wiedererkannt werden können. Ein hervorragendes „Lehrbuch" stellt für diesen Bereich „Körpersprache der Kinder" von Samy Molcho mit den sensiblen Fotografien von Nomi Baumgartl dar (2005). Hier finden sich z. B. zahlreiche Bilder von Trostinteraktionen, an denen sich das Phänomen der Affektspiegelung verdeutlichen lässt (s. Abb. 3). Zur Mustererkennung müssen (angehende) Fachpersonen den gespiegelten Ausdruck (Kummer, Ärger, Freude etc.) der mit den Kindern interagierenden Erwachsenen mehrfach hintereinander sehen.

Abb. 3: Affektspiegelung
Das typische Ausdrucksmuster in der Trostinteraktion ist die Affektangleichung. Das Gefühl des Kindes wird hier vom Vater aufgenommen und gespiegelt. Die Wangenspannung und die Spannung in den Lippen sind deutlich reduziert. Der Vater gleicht sich körpersprachlich und emotional an. (Foto von Nomi Baumgartl aus Molcho, S. [2007]. *Körpersprache der Kinder*. S. 153)

Das Prinzip der Begrenzung: Beruhigung und Selbstberuhigung

Die begrenzende Berührung hilft kleinen Kindern sich zu regulieren und zu beruhigen (s. Abb. 4). Weit verbreitet sind die Nestlagerungen, die dem Kind bei der Wahrnehmung seiner Körpergrenzen helfen. Kinder robben sich häufig auch im Kinderbett oder Kinderwagen mit dem Kopf an die begrenzenden Wände. Sie mögen es nicht, in der Mitte abgelegt zu werden. Die Suche nach Begrenzung wird auch beim Baden deutlich. Das Kind ist eher irritiert, wenn es in der Mitte der Badewanne in das Wasser gehoben wird, angenehmer ist es ihm, wenn Gelegenheit zum Berührungskontakt mit den Außenwänden gegeben wird. Säuglinge baden daher vielfach lieber in einem Babyeimer als in einer Wanne. Das Prinzip der Begrenzung bleibt viele Jahre eine Beruhigungsstrategie und ist daher auch beim älteren Kind zu beobachten. Im Institutionskontext ist bei der Verwendung von Begrenzungshilfen darauf zu achten, dass keine weichen Kissen oder Tücher verwendet werden, die ein Risiko für den plötzlichen Kindstod eines Kindes darstellen können.

 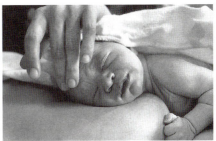

Abb. 4: Berührung und Begrenzung als Beruhigungsstrategie
Für das Baby gerade nach der Geburt sind alle Umgebungsreize fremd, und es ist hoch irritiert. Unter der leichten begrenzenden Berührung am Kopf gelingen Beruhigung und Entspannung (Foto von Nomi Baumgartl aus Molcho, S. [2007]: *Körpersprache der Kinder.* S. 12)

Responsive Berührung – Responsive Baby- und Kinder-Massage

Fachpersonen in Krippe oder KiTa mit Altersmischung sollten über ein Grundlagenrepertoire an möglichen Berührungsformen mit den Händen verfügen. Das Setting der Massage eignet sich dabei sehr gut, um ein Mindestmaß an Berührungskompetenzen recht zügig aufzubauen. Damit kann für alle Abläufe, die mit Berührungen im Krippenalltag einhergehen, eine entsprechende Achtsamkeit angebahnt werden. Auf der Basis der im Massage-Setting entwickelten Berührungskompetenzen bauen dann weitere spezielle Handling-Übungen zum Tragen, Wickeln, Füttern, An- und Ausziehen auf. Damit ist nicht gemeint, dass Fachpersonen in Krippe oder KiTa auf jeden Fall mit Massagen arbeiten sollen. Möglicherweise wird die Massage von der Fachperson in ihrem späteren Berufsalltag viel häufiger in Mutter-Kind-Gruppen weitergegeben. Die Mütter führen dann die Massage aus, und die Fachperson demonstriert am Modell einer Säuglingspuppe.

Beim Aufbau der Körperkompetenzen insgesamt spielen Synchronisierungsübungen über Bewegung und Stimme eine zentrale Rolle. Die Spannungsmodulation muss geübt werden und der Aufbau einer Körperpräsenz, die für die Arbeit mit Kindern unverzichtbar eingeschätzt wird.

Vermittelt werden Grundberührungsqualitäten, die sich in fast allen Ansätzen zu Berührung und Massage identifizieren lassen und die auf einer abgewandelten und deutlich vereinfachten Form der Atemmassage nach Schlaffhorst-Andersen (Gutknecht, 2004; Seyd, 1993) beruhen. Die manuellen Berührungsarten können dabei mit Laut und Klang, Rhythmus, Melodie und Sprechen verbunden werden. Das Gesamt der Berührungsformen und der synchronisierten Intervention über Laute und Klang wird als „Responsive Baby und Kinder-Massage" bezeichnet, da immer eine Orientierung an den körpersemantischen Zeichen des Kindes erfolgt und nicht etwa ein Programm am Kind absolviert wird. Daneben hat sich – wieder im Sinne der Musterbildung – als günstig erwiesen, zwei kontrastierende Arten der Kinder- und Babymassage vorzustellen, wie beispielsweise die Babymassage von Leboyer (2007), die mit kraftvollen Berührungen und die Schmetterlingsmassage von Reich (1997), die mit sehr zarten Berührungen arbeitet. Vor dem Hintergrund dieser Muster sollten folgende Berührungsarten vermittelt werden:

- die ruhende Hand
- die streichende Hand
- die klopfende Hand
- die vibrierende Hand
- die schüttelnde Hand.

Diese Formen der Berührung werden in der jeweils möglichen Dynamik zwischen kraftvoll und zart geübt. Berührungen brauchen in der Ausführung große Sorgfalt in der Dosierung ihrer Stärke, ihres Drucks oder ihrer Leichtigkeit. Die Bewegungen müssen von einem Bewegungsfluss getragen sein, der in Spannungsaufbau und -abbau abwechselt sowie Phasen der Ruhe zulässt (Gutknecht, 2004).

In der Arbeit mit kleinen Kindern spielt die synchronisierte Berührung von Klang und Hand/Haut eine wichtige Rolle. Im Rhythmus von Liedern oder Versen wandern, streichen, klopfen die Hände auf dem Körper. Die Berührungssituation findet oft auf dem Schoß, in einer Kuschelecke oder auf einer Matratze statt. Manche Kinder lieben es, wenn die Berührung durch eine weiche Puppe erfolgt, die an ihrem Körper hüpft, schleicht, sich hochkämpft oder herunterrutscht. Responsive Berührungen, zu denen der Name des Kindes gesprochen und die mit einer streichenden Bewegung verbunden werden, sprechen gerade auch schwerbehinderte Kinder an. Sie fangen an zu lauschen, wenn Berührung und Klang zusammenwirken. In der responsiven Massage ist bei der Verwendung von Liedern nicht der vorgegebene Takt ausschlaggebend. Die Fachperson kann sich ganz vom Lied lösen: Ihr Atem kündigt die Berührungen an, Zeitverzögerungen oder Lautdehnungen verweisen darauf, dass gleich eine Streichung beginnt, rhythmisches Bewegen der Beine bedeutet: Gleich klopft sie! Jeder Mensch reagiert dabei unterschiedlich auf die verschiedenen Lautgruppen der

Sprache (vgl. Gutknecht, 2004). Die Verbindungsmöglichkeiten von Klang und Berührung stellen sich folgendermaßen dar:

- Strömungslaute (F, S, CH, SCH) können mit fließenden, streichenden Bewegungen verbunden werden,
- Plosive oder Stopplaute (P, T, K, B, D, G) sind günstig bei kurzen impulshaften Bewegungen,
- Klinger (L, M, N, NG) lassen sich mit der ruhenden Hand und mit sanften Bewegungen verbinden,
- Halbklinger (W, J, S) eignen sich für Bewegungen mit zu- und abnehmendem Druck, die an- und abschwellen,
- Bei den Vokalen (A, E, I, O, U, Ä, Ö, Ü, AU, EI, EU) dominieren Bewegungsformen wie die ruhenden Hände, an- und abschwellende Bewegungsmuster, Vibrationen und Streichungen.

Lernen, responsiv zu berühren

Für den Aufbau von Berührungskompetenzen ist es günstig, mit einfachen Übungen zur „ruhenden Hand" zu beginnen (s. Kasten 4).

> **Kasten 4: Differenzierung von Berührungsqualitäten: Die ruhende Hand**
>
> **Übung:**
> Die Aufgabe wird in Dreiergruppen durchgeführt: Eine Person ist diejenige, die die Berührung erfährt. Sie sitzt daher auf einem Hocker oder Stuhl, sodass ihr Rücken für die anderen beiden aus der Dreiergruppe zugänglich ist. Eine Person führt nun die Berührungsform der ruhenden Hand an der sitzenden Person aus, die andere ist zunächst Beobachterin, danach später ebenfalls Ausführende.
>
> **Auftrag:**
> Die Hände ruhen mit ihrem Eigengewicht auf den Schulterblättern.

Bei dieser Art des Übens sollen unterschiedliche Berührungsstile wahrgenommen und Worte dafür gefunden werden. Die Person, die die Berührung erhält, soll auf die Bewegung lauschen, hinspüren und in einer Feedback-Runde mitteilen, wie sie die unterschiedlichen Berührungsarten empfunden hat. Folgend ein transkribiertes Feedback aus einer videografierten Unterrichtseinheit:

> *Beispiel*
> 01 die erste Berührung die war ganz warm – aber ich hatte wirklich das Gefühl
> 02 dass 'n Kontakt hergestellt is
> 03 also ich hatte das Gefühl, dass –
> 04 die Haut unter dem unter der Hand wirklich irgendwie mit der Hand in Kontakt tritt
> 05 und bei der zweiten Berührung hatte ich eigentlich das Gefühl eigentlich lastet was auf mir
> 06 also ich hatte das Gefühl als würde mir eigentlich –
> 07 als würde ich nicht berührt werden sondern als würde –
> 08 wäre mir was auf die Schultern geladen worden sein

> 09 die Berührung war auch sehr kalt
> 10 also das ist dann richtig tief eingedrungen eigentlich diese Kälte
> 11 und ich hatte wie gesagt das Gefühl und die dritte Berührung, die war sehr leicht und ähm
> 12 es war nicht so der Kontakt da
> 13 also bei der ersten Berührung wars intensiv dass der Kontakt eben da war.

Eine solche Rückmeldung kann zu schweren Selbstzweifeln führen. In der Gruppe muss daher ein Grundvertrauen aufgebaut werden, das alle teilen: Wir können alle unsere Berührungskompetenzen erweitern und am effektivsten gelingt dies über Feedback. Diejenigen, die berühren, werden dabei immer mit der „subjektiven Anatomie" der Übungspartnerin in Kontakt kommen (Uexküll et al., 1997). Oft ist beispielsweise die Mitte des Rückens, die die ausführende Person sieht, nicht die, die empfunden wird. Lehrende müssen die Ausführenden in ihrem Selbstwert stützen, wenn diese mit sehr irritierenden Rückmeldungen konfrontiert werden. Die Arbeit mit dem Körper führt zu einer Erweiterung der Erkenntnisse über sich selbst und über sich selbst in der Begegnung mit Anderen. Das Miteinander der Teilnehmenden verändert sich über diese Art des Übens, das auch seine schwierigen Seiten hat wie Körpertherapeut Tilmann Moser verdeutlicht:

Es ist [...] eine Illusion zu glauben, dass das, was die Hand spürt, nur deshalb immer authentisch und das Ganze sei, weil der Körper doch spricht und der Körper könne ja nicht lügen. Der Körper wie der Atem können aber genauso gut einer Selbstentfremdung unterliegen oder vom Kern der Person entfernt oder abgespalten sein, wie andere seelische Phänomene auch, selbst wenn die Körperzeichen weniger leicht entstellte Botschaften geben mögen. (Moser, 1994, S. 86)

In der Lernsituation, die eben keine therapeutische ist, werden unterschiedliche Berührungsqualitäten mitgeteilt. Die Rückmeldungen beziehen sich häufig auf Inhalte wie die empfundene Wärme oder Kälte, Gewichtsempfindungen wie Leichtigkeit und Schwere, die „Präsenz der Hand", die Art des hergestellten Kontakts, Empfindungen von Flüchtigkeit oder Tiefe. Angesprochen und bedauert wird oft der Verlust des Intuitiven über die Bewusstmachung.

Wichtig zu beachten ist, dass das Wissen explizit werden muss und durch Habitualisierung wieder implizit werden soll. Daher wird das Intuitive verloren und optimalerweise wiedergefunden, ein Prozess, der mit vielen Irritationen einhergehen kann.

Von ähnlich großer Bedeutung wie in einem verbalen Austauschprozess sind Anfang und Ende der Berührung. Derjenige, der berührt, muss beim Lösen der Hände den Muskeltonus deutlich absenken, damit bekommt der oder die Andere erst die Chance, tief durchzuatmen und Spannungen zu lösen.

> *Beispiel: Phänomene beim Ein- und Ausstieg bei Berührungen*
> Fall 1
> 01 Also ein ungeschickter Zurückzug von den Händen
> 02 eigentlich eine ganze Berührung quasi wieder kaputt machen kann –

03 also dass es extrem wichtig ist – wie lös ich mich wieder

Fall 2
01 ganz positiv der Abgang
02 also das war, also das stimmt was (...) sagt
03 dass alles dann noch mal umkehren kann
04 da hab ich da in dem Moment
05 das war son gelungener Abgang das da für mich – ja – das war schön insgesamt

Damit sich Expertise, Blick und Spürsinn aufbauen und erweitern können, erhalten Teile der Gruppe gezielte Beobachtungsfragen (s. Kasten 5). Die Ergebnisse müssen nach der Übungssequenz ins Plenum eingebracht werden.

> **Kasten 5: Beobachtungsfragen im Kontext „Responsiv berühren"**
> - Wie sitzen diejenigen, die berührt werden? Verändert sich ihre Sitzhaltung unter dem Einfluss der Berührung?
> - Verändert sich die Arm- oder Beinhaltung?
> - Verändert sich die Gesichtsfarbe?
> - Forcieren sie ihre Atembewegung, weil zu viel Aufmerksamkeit auf den eigenen Körper gelenkt wird?
> - Wie setzen diejenigen, die aktiv berühren, Annäherung und Lösung der Berührung um?
> - Sind die Finger der aufliegenden Hand deutlich gespreizt oder dicht zusammen? Liegt der Daumen auf oder ist er abgespreizt? (Verspannte Hände sind oft an gespreizten Fingern und einem nicht aufliegenden Daumen zu erkennen.)
> - Zucken die Hand oder einzelne Fingerglieder?
> - Verfärben sich die Fingerkuppen, weil zu großer Druck ausgeübt wird?
> - Gibt es Hinweise, dass der Muskeltonus in der Hand unterschiedlich verteilt ist?
> - Wie stehen diejenigen, die die Berührung geben? (Es ist sehr viel günstiger in der Schrittstellung als in der Parallelstellung zu stehen, da hier jederzeit das Gewicht verlagert werden kann.)

Einen großen Einfluss auf die Berührungsqualität hat die Art und Weise der intentionalen Gerichtetheit der Berührenden. Um dies deutlich zu machen und einen Bezug zum Feld herzustellen, eignen sich Filme mit Pflegeinteraktionen zwischen Erwachsenen und Kindern gut, so z. B. der Film von B. Martino „Lóczy – Wo kleine Menschen groß werden. Der Traum Emmi Piklers (2000)". Ebenfalls günstig sind Aufnahmen gelungener Interaktion aus dem Pikler-Institut und im Kontrast dazu Aufnahmen aus rumänischen Waisenhäusern. Bei der Darstellung der Pflege im rumänischen Waisenhaus fehlt jede Form der Hinwendung zum Kind vonseiten der Fachpersonen: Die Füße der Kinder werden in die Hand genommen, als wenn die Fachperson einen Gegenstand putzt, ohne Wahrnehmung, dass ein Mensch mit diesen Füßen in Verbindung ist.

Um erfahrbar zu machen, welchen Einfluss die intentionale Gerichtetheit bei Berührungsinteraktionen hat, eignet sich ein leicht abgewandeltes Experiment aus der Psychotonik, das von Grossmann-Schnyder (2000, S. 30 f.) zum Aufbau von Berührungskompetenzen entwickelt worden ist (s. Kasten 6).

> **Kasten 6: Berühren mit drei Intentionen (nach Grossmann-Schnyder, 2000)**
>
> **Übung:**
> Die Aufgabe besteht darin, den Rücken einer anderen Teilnehmerin mehrfach von oben nach unten mit den Händen abzustreichen. Dabei werden in drei getrennten Durchläufen drei unterschiedliche innere Einstellungen eingenommen:
>
> - Sie wollen Ihre Partnerin nicht beeinträchtigen. Sie halten sich daher zurück, um ihr nicht zu nahe zu treten.
> - Sie wollen Ihr Massageprogramm perfekt durchführen. Dreimal streichen Sie gewissenhaft rechts und links der Wirbelsäule ab.
> - Sie wenden sich Ihrer Partnerin aufmerksam zu. Sie nehmen dabei wahr, was sich Ihnen unter Ihren Händen zeigt und mitteilt, und lassen dabei wirken, was Sie auf diese Weise erfahren.

Die drei Arten der Berührung können leicht differenziert werden, oft ruft gerade das „Massageprogramm" Lachen bei den Übenden hervor, denn es steht meist im deutlichen Gegensatz zu der Art und Weise, wie bisher geübt wurde: mit von großem Ernst getragener Zuwendung. Der Unterschied von einer Haltung der Programmdurchführung oder Zuwendung wird ohne Worte vom Gegenüber wahrgenommen. Am Ende eines solchen Übens sollen Wahrnehmung und Realisierung einer Berührung stehen, bei der der Versuch unternommen wird, im Kontakt mit dem anderen Mensch zu sein, also nicht nur den Rücken zu „behandeln", sondern den Menschen zu treffen, zu meinen, wahrzunehmen.

5.1.2 Handling-Kompetenzen in der Pflege: Fütter- und Wickelinteraktion

Die Fütterinteraktion

Die Komplexität der Fütterinteraktion erfordert eine Schulung des professionellen Blicks sowie konkrete Übungen im Handling der Kinder. Die Blickschulung erfolgt anhand von videografierten Aufnahmen von

- Mutter-Kind- oder Vater-Kind-Fütterinteraktionen,
- Fachperson-Kind-Fütterinteraktionen (Filmaufnahmen von sehr guten Modellen aus dem Kreis der Praxismentorinnen),
- Praktikantin-Kind-Fütterinteraktion.

Die Kontrastierung einer gelungenen Mutter-Kind-Sequenz mit einer gelungenen Fachperson-Kind-Sequenz sensibilisiert für die feinen Unterschiede in der Beziehungsgestaltung. Eingeschätzt werden dabei responsive und non-responsive Verhaltensmerkmale der fütternden Person. Grundlage für die Blickschulung sind die in Tabelle 7 beschriebenen Merkmale. Dabei werden schnelles Tempo und das vollkommene Fehlen von Markierungen des Raumgebens kritisch bewertet. Gewaltsame Handlungen wie das Einklemmen des Kindes auf dem Schoß, das Aufhebeln des Mundes sind als Übergriffe zu bewerten. Maßnahmen des Raumgebens, Verdeutlichungen des Genusses sind als angemessen – responsiv – zu bewerten. Des Weiteren ist die Beurteilung der Qualität der Assistenz bei der Unterstützung des eigenständigen Essens von Bedeutung.

Tab. 7: Merkmale der Fütterinteraktion (Bodeewes, 2003; Gutknecht, 2003)

Responsive Fütterinteraktion	Non-responsive Fütterinteraktion
Das Essen wird deutlich sichtbar, in einer für das Kind zur Nahrungsaufnahme einladenden Weise, platziert. Die Nahrung wird präsentiert, ohne dabei Druck auf das Kind auszuüben oder es zum Essen direkt aufzufordern.	Die Fachperson wartet mit dem gefüllten Löffel direkt vor dem Mund des Kindes darauf, dass der Mund erneut geöffnet wird. Berührung des Mundes des Kindes mit dem gefüllten Löffel.
Die Fachperson nutzt Lautmalereien oder schmatzende Geräusche um darzustellen, wie lecker das Essen ist.	Die Fachperson folgt mit dem gefüllten Löffel den abwehrenden/vermeidenden Kopfbewegungen des Kindes.
Die Fachperson fördert die selbstständige Nahrungsaufnahme. Sie unterstützt z. B. durch die Einführung eines zweiten Löffels, durch die Mitbeteiligung beim Führen des Löffels, durch Übergabe des Löffels.	Die Fachperson trägt dem Kind, das nicht an der Nahrungsaufnahme interessiert ist, das Essen nach.
Dem Kind wird durch sprachliche und körpersprachliche Signale des „Raumgebens" durch die Fachperson deutlich gemacht, dass es genügend Zeit hat, in Ruhe zu schmecken und zu schlucken.	Die Fachperson hebelt mit dem Löffel gewaltsam den zusammengekniffenen Mund des Kindes auseinander, um die Nahrungsaufnahme zu erzwingen.
	Die Fachperson fixiert das Kind, indem sie es auf dem Schoß einklemmt.
	Es wird ein zu hohes Füttertempo gewählt, das dem Kind kaum Zeit zum Antizipieren lässt.
	Das Kind wird mit Spielsachen abgelenkt, um es in einem Moment der Unaufmerksamkeit mit dem Einführen von Nahrung zu überlisten.

Je unerfahrener Fachpersonen sind, umso einfacher wird es von ihnen eingeschätzt, die positiven Verhaltensweisen zu zeigen. Tatsächlich sind Füttersituationen häufig Dilemmasituationen. Eltern machen oft an der Nahrungsaufnahme fest, ob sich ihr Kind in der Einrichtung wohlfühlt. Gerade bei Kindern nahe am Untergewicht werden Fachpersonen rasch nervös, wenn Nahrung vom Kind verweigert wird. Auch Machtkämpfe um die Nahrungsaufnahme kommen in Krippe oder KiTa vergleichsweise häufig vor. Die Füttersituation sollte bei Schwierigkeiten unbedingt videografiert und im Team thematisiert werden. Supervision durch Fachkräfte mit Spezialisierung auf Regulationsstörungen kann möglicherweise erforderlich werden.

Responsive Assistenz beim Essen mit dem Löffel
Die responsive Anpassungsleistung der Fachperson zeigt sich bei der Unterstützung des Kindes beim Benutzen des Löffels auch in der (Bewegungs-)Qualität ihrer Assistenz. Ungünstig sind Unterstützungsarten, die mit dem Festhalten der Hand des Kindes auf dem Löffel verbunden sind. Besser ist es, wenn die Fingeraktivität des Kindes nicht eingeschränkt wird. Unterschiedliche Unterstützungsformen sind möglich (Gutknecht, 2003; Morris & Klein, 2000):

- Das Kind bekommt einen Löffel zum Explorieren, während es von der Bezugspädagogin gefüttert wird.
- Die Bezugspädagogin hält den Löffel. Das Kind wiederum hält die Hand seiner Bezugspädagogin und kann so Bewegung und Bewegungstempo steuern, mit dem die Fütternde den Löffel zu seinem Mund führt.
- Das Kind hält den Löffel. Die Bezugspädagogin gibt minimale Unterstützung vom Löffelende aus, sie führt dabei über den Löffel und nicht über die Hand des Kindes (s. Abb. 5).
- Das Kind hält den Löffel. Die Bezugspädagogin gibt eine leichte Bewegungsunterstützung am Ellbogen des Kindes. Sie hebt den Ellbogen auf Schulterhöhe an, damit das Kind den Löffel nicht umdreht und den Inhalt auf dem Weg zum Mund verschüttet.

Selbsterfahrung ist ein weiterer Zugang zur Professionalisierung der Fütterinteraktion, denn dabei können verschiedene Aspekte der Füttersequenz gezielt geübt und unterschiedliche Formen der Assistenz spürbar werden. In der Regel stellen die Unterstützung des Trinkens aus Becher oder Tasse sowie die Unterstützung des Kindes beim Essen mit dem Löffel Anforderungssituationen an die Kompetenz der Fachperson bezogen auf ihr Handling dar (siehe auch Fütterinteraktion, Abschnitt 3.3.2). Im Folgenden sind exemplarisch einige geeignete Übungen aufgeführt, um gezielt auf diese Interaktionsform vorzubereiten. Den Übungen zum Füttern sollten Beobachtungsaufträge vorausgehen, die sich auf Kinder und Erwachsene beim Essen und Trinken beziehen (s. Kasten 7).

Kasten 7: Beobachtungsaufträge im Kontext Essen und Trinken

Essen und trinken lernen bei Babys und Kleinkindern
Bitte schauen Sie sich auf YouTube Filme zum Themenfeld „Essen und trinken lernen" an. Erste Versuche von Babys und Kleinkindern finden Sie unter:

1. der erste Brei
2. aus dem Fläschchen trinken
3. aus dem Becher trinken
4. allein aus Becher/Fläschchen oder Tasse trinken
5. das erste Mal trinken.

Wie gehen die Kinder mit der Anforderung essen/trinken um? Beschreiben Sie!
Wie werden die Kinder von den Erwachsenen positioniert?

Welche Art der Assistenz bekommen die Kinder von den Erwachsenen?

Essen und Trinken bei Erwachsenen
Beobachten Sie, wie Erwachsene essen und trinken. Auf YouTube finden Sie sie z. B. in Werbespots zu Pizzagerichten, Eis oder Cola-Getränken. In der Werbung wird das Essen und Trinken speziell inszeniert. Wie essen und trinken die Erwachsenen? Welche Kompetenzen haben sie, die kleine Kinder erst aufbauen müssen?

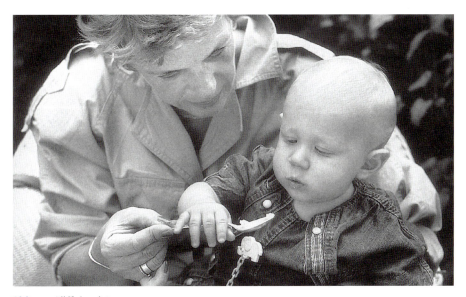

Abb. 5: Löffelassistenz
Auf dem Bild ist die sehr gelungene Unterstützung des Kindes in der Fütterinteraktion zu sehen. Die Assistenz der Bezugsperson wird hier vom Löffelende aus gegeben, sodass das Kind selbstständig von vorne greifen und damit kooperieren kann (Foto von Nomi Baumgartl aus Molcho [2007]: *Körpersprache der Kinder.* S. 103)

Die Beobachtungen sollen zunächst den Blick schulen. Weiter ist intendiert, das Verhalten von Kindern und Erwachsenen beim Essen genau zu beschreiben und eine Sprache für die ablaufenden Prozesse zu finden. Bei den Übungen zum Füttern selbst steht das Handling im Fokus, auch die Empfindungen, wenn das Handling ungeschickt ist oder nicht passgenau.

Bei weiteren Übungen muss eine Sensibilisierung hinsichtlich der ablaufenden Prozesse bei der Nahrungsaufnahme erfolgen (s. Kasten 8). Viele Erwachsene machen hier die überraschende Erfahrung, dass sie oft selbst noch die Flüssigkeiten saugen, was keine Pathologie darstellt.

Auch die „Ess- und Trinkwerkzeuge" sind von großer Bedeutung: Die Becheröffnung ist entscheidend für die Art und Weise des Trinkens. Bei großer Becheröffnung muss der Kopf nicht gekippt werden. Ein dickflüssiges Getränk bietet mehr Informationen im Bereich der propriozeptiven Wahrnehmung. Es kann in der Regel von kleinen Kindern besser kontrolliert werden und verursacht daher weniger Flüssigkeitsverlust über die Mundwinkel. Bei der Assistenz sind Atmung, Schlucken, Pausen, Flüssigkeitsmenge zu beachten. Beim Üben sollen konkrete Füttererfahrungen in der Interaktion gesammelt werden. Mit dem Füttertempo – angemessen, zu langsam, sehr schnell, drängend – und mit der Vielfalt an nichtsprachlichen Verhaltensweisen bei dieser Interaktionsform wird experimentiert. Interessant sind die Eigenerfahrungen hinsichtlich der Bewegungsrichtungen, die vollzogen werden, sowie die Erfahrungen mit den „Werkzeugen": die Tiefe des Löffels, die Länge des Griffes etc.

> **Kasten 8: Trinken von Flüssigkeiten mit unterschiedlicher Konsistenz**
>
> **Übung:**
> Nehmen Sie einen Schluck des dickflüssigen Getränkes aus einem Glas!
> Haben Sie ihn in den Mund geschüttet oder gesogen?
> Wiederholen Sie!
> Schütten Sie die Flüssigkeit in den Mund oder saugen Sie sie?
> Was machen Ihre Lippen? Haben Sie den Kopf bewegt?
> Welchen Einfluss hat die Konsistenz des Getränkes?
> Geben Sie Ihrer Partnerin etwas zu trinken aus dem Becher!
> Ist die Flüssigkeitsmenge gut zu organisieren für die Person, die sich füttern lässt?
>
> **Utensilien:** Wasser, dickflüssiges Getränk (Bananensaft), Pappbecher

Auch das Abbeißen muss von kleinen Kindern erst erlernt werden und erfordert die Assistenz des Erwachsenen. Eine Zwischenphase ist dabei das Festhalten der Nahrung, ohne sie ganz durchzubeißen. Auch hier ist es erforderlich, ein Gespür für das Ausmaß der eigenen Bewegung beim Füttern zu bekommen (s. Kasten 9). Die Übungen erfordern unbedingt Austausch und Feedback.

> **Kasten 9: Assistenz beim Abbeißen**
>
> **Übung:**
> Füttern Sie Ihre/n Kollegin/Kollegen mit einer Banane!
> Wie bringen Sie die Banane zum Mund?
> Haben Sie die Banane nach oben oder nach unten abgebrochen?
> In welcher Weise haben Sie Ihren Kopf bewegt?
> Haben Sie den Mund antizipierend geöffnet?
> Wie tief wurde die Banane in den Mund geschoben?
>
> **Utensilien:** Banane, Teller

Handling-Kompetenzen für die Wickelinteraktion: Arbeit mit Modellen

Für die Bewegungsinteraktion zwischen dem Erwachsenen und dem Kind ist das Üben an Modellen, also Säuglings- und Kinderpuppen, ein sehr guter Weg, um Handling-Kompetenzen aufzubauen. Die Modelle haben ein ähnliches Gewicht wie Babys oder Kinder im entsprechenden Alter. Geübt werden das Wickeln, das Baden des Modells in der Babywanne und das Baden in einem Babybadeeimer. Auch das An- und Ausziehen kann an der Puppe demonstriert und geübt werden. Für die Arbeit mit Kindern mit Behinderungen kann das Heben und Bewegen des Kindes in Beugehaltung gezeigt werden. Am Modell können auch typische Bewegungen und Verhaltensweisen kleiner Kinder vorgeführt und der Umgang damit erläutert werden. Der Aufmerksamkeitsfokus der Studierenden kann im Umgang mit den Modellen auf spezifische Phänomene gelenkt werden, die in der natürlichen Interaktion viel zu flüchtig sind.

> *Die Arbeit mit Puppen hat einen Vorteil: Sie können die Puppen nicht verletzen. Sie lernen aber, wie man unterschiedlich großen Kindern helfen kann, sich mit differenzierten Anstrengungen des Drückens und Ziehens auf beiden Seiten des Körpers in spiraligen Bewegungsmustern zu bewegen. Sie können auch erkennen, dass durch eine Unterstützung mit gleicher Anstrengung auf beiden Körperseiten parallele Bewegungsmuster entstehen.* (Maietta & Hatch, 2004, S. 108)

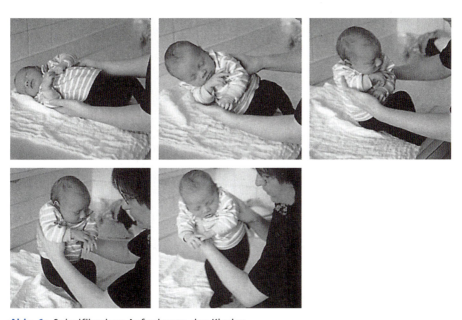

Abb. 6: Spiralförmiges Aufnehmen des Kindes
Die langsamen Gewichtsverlagerungen erlauben dem Kind ein „Mitgehen" in Körpertonus und Bewegung (Abbildung aus Maietta, L. & Hatch, F. [2004]: *Kinaesthetics Infant Handling*. S. 92)

Mehr als das Gewicht sind Größe und Proportionen der Puppe entscheidend dafür, wie der Erwachsene die Körperteile in der Pflege bewegen muss. Bei den spiraligen Bewegungen wird ein Berührungsdialog gepflegt, der mit den Modellen nur simuliert werden kann. Der Blickdialog tritt in diesen Bewegungsinteraktionen in den Hintergrund (s. Abb. 6).

5.1.3 Perspektive Inklusion: Assistenz und Kommunikation

Die Professionelle Responsivität der Fachpersonen in Krippe oder KiTa zeigt sich in der Arbeit mit Kindern mit Behinderungen u. a. in den im Kasten 10 aufgeführten Wissensbeständen und Verhaltensweisen.

> **Kasten 10: Merkmale Professioneller Responsivität in der inklusiven Arbeit mit Kindern mit Behinderungen**
>
> Die professionell responsive Fachperson in Krippe oder KiTa ...
>
> - kennt typische Kommunikationsfallen in der Interaktion mit behinderten Kindern: zu viel Imperative, mehr Ja-/Nein-Fragen, weniger W-Fragen und begrenzt diese Verhaltensweisen,
> - kann fließend vom verbalen auch in einen anderen Antwortmodus wechseln, wenn sie mit Kindern interagieren soll, die aufgrund einer Behinderung ein verändertes Interaktionsverhalten zeigen,
> - bezieht bei nicht ausreichenden lautsprachlichen Verständigungsmöglichkeiten Formen der Unterstützten Kommunikation ein: körpereigene Kommunikationsformen, Gebärden, Kommunikationstafeln oder elektronische Kommunikationshilfen (Talker, Step by Step),
> - erarbeitet in Abstimmung mit den Bezugspersonen in Familie und Team den Kern- und Randwortschatz eines Kindes und bezieht diesen in die Alltagskommunikation ein,
> - kann Belastungszeichen beim Kind erkennen, wie Blickkontaktabbruch, sich steif machen, sich abwenden, den Tonus erhöhen etc.,
> - kann Zeichen der Interaktions- und Spielbereitschaft erkennen, wie Blickkontaktaufnahme, eutonische Muskelspannung,
> - analysiert und modifiziert die Umgebung des Kindes in Hinblick auf die Kommunikationserfordernisse (visuelle Unterstützung, Frühlesen),
> - entwickelt (Spiel-)Materialien, die Gesprächsanlässe bieten können,
> - kennt „kommunikationsprovozierende Verhaltensweisen" und kann diese in der Interaktion mit dem Kind einsetzen,
> - stellt Interaktionssituationen her, in denen das Kind Selbstwirksamkeit erfahren kann,
> - unterstützt das Kind beim Aufbau von Scripts in Pflege- und Spielsituationen,
> - unterstützt das Kind beim Übergang vom Funktions- zum Symbolspiel,
> - unterstützt gezielt das Mitspielvermögen des Kindes beim Spiel mit anderen Kindern (Spiel-Scripts),
> - kann sich in Bewegung und Stimme mit dem Kind synchronisieren.

Unterstützt kommunizieren

Sobald ein behindertes Kind in einer Einrichtung aufgenommen wird, müssen die Fachpersonen in Kooperation mit den Eltern die Kommunikationsformen des Kindes in Hinblick auf ihre Funktionen analysieren (s. Tab. 8 auf S. 151).

Tab. 8: Kommunikationsformen und -funktionen (nach Kristen, 2002)

Kommunikationsformen	Mögliche Kommunikationsfunktionen
Blick	Aufmerksamkeitsverlangen
Körperbewegung Handbewegung	Verlangen nach Gegenstand
Körpertonusänderungen	Verlangen nach Tätigkeit
Gebärde	Verlangen nach Informationen
Gestik	Ausdruck von Gefühlen
Mimik	Initiieren und Aufrechterhaltung von Dialogen
Atemverhalten	Reaktion auf Ansprache
Verbale und vokale Äußerungen	Herstellung sozialer Nähe

Kenntnisse und Fähigkeiten im Bereich der Unterstützten Kommunikation sind unabdingbar. Für Kinder bis drei sind körpereigene Kommunikationsformen wie Gebärden, Baby Signs sowie Bildmaterial mit einfachen Symbolen geeignet. Ältere Kleinkinder können auch schon mit einfach zu bedienenden elektronischen Kommunikationshilfen zurechtkommen. Sie brauchen hierfür die Unterstützung aller Bezugspersonen, da für die Oberflächengestaltung der Geräte oder Kommunikationstafeln ein Kern- und ein Randwortschatz (Boenisch & Sachse, 2007; Sachse, 2010) festgelegt werden muss. Für Maßnahmen im Bereich der Unterstützten Kommunikation sind spezielle Fortbildungen erforderlich. Institutionen wie ISAAC, die Deutsche Gesellschaft für Unterstützte Kommunikation, müssen vorgestellt werden, denn dort sind Informationen zu erhalten und werden auch Fortbildungen zur Thematik angeboten. Eine Exkursion zu einer Beratungsstelle für Unterstützte Kommunikation kann den Zugang deutlich erweitern. Ein erstes geeignetes Übungsfeld kann der Einsatz von Gebärden einschließlich des Anlegens eines Kommunikationsbuches sein, welches die verwendeten Gebärden dokumentiert.

Fachpersonen gehen sehr unterschiedlich mit Gebärden um. Diese Art zu kommunizieren kann als so deutlich abweichend von ihrer üblichen Alltagsinteraktion empfunden werden, dass es ihnen peinlich ist und Schamgefühle auslöst. Gebärden einzusetzen wird dann für die eigene Person als nicht authentisch erlebt. Dies wird verstärkt, wenn zum Beispiel Praktikantinnen und Praktikanten in der Praxisinstitution erleben, dass kaum mit Gebärdenunterstützung gearbeitet wird oder dass sich die Fachpersonen dort in der Interaktion mit einem Kind mit Behinderung nicht miteinander abstimmen. Responsivität zeigt sich darin, dass die einer inklusiven Pädagogik verpflichtete Fachperson wahrnimmt, dass Kommunikationssituationen deutlich „angereichert" werden müssen, um mit dem Kind in Beziehung zu treten.

Eine gut zu erlernende und erprobte Methode ist das zunächst für Kinder mit einem Down-Syndrom entwickelte Inventar der Gebärden-unterstützten Kommunikation (GuK) von Etta Wilken (2006, 2010), das vielen Kindern mit Behinderungen und Problemen beim Lautspracherwerb angeboten wird. Die Gebärdenauswahl muss unter entwicklungspsychologischen und kontextuellen Gesichtspunkten erfolgen (motorische Ausführbarkeit, Alltagsrelevanz, Festlegung eines Kern- und eines Randvokabulars) und sollte im Team und mit den Eltern abgesprochen werden (Boenisch, 2009).

Darüber hinaus enthalten viele Spiellieder Gebärden und können gut mit allen Kindern gemeinsam eingesetzt werden. Gebärden unterstützen das Kind darin, seine Aufmerksamkeit zu fokussieren. Die simultane visuelle Darbietung ist für viele Kinder eine Erleichterung im Sprachverstehen. Gebärden fokussieren häufig insbesondere auf die Schlüsselwörter einer Aussage und unterstützen damit den Aufbau eines Situations- und Schlüsselwortverständnisses. Sie illustrieren besonders gut die Merkmale des Bezeichneten in Bezug auf Form, Funktion, Tätigkeit oder der spezifischen Eigenschaften. Vielen behinderten Kindern kommt entgegen, dass Gebärden langsamer ausgeführt werden können als Worte. Die Wort-Gebärde-Kopplung kann die kognitive Verarbeitung unterstützen.

Aktuell wird auch bei nicht behinderten Kindern diskutiert, so genannte Baby Signs zu verwenden. Ähnlich wie Musik- oder Turngruppen für Mütter und Babys werden dort entsprechende Gruppen für Baby Signs angeboten. Auch im deutschsprachigen Raum wird die Methode zunehmend populär (König, 2007; Weidenhaus & Astolfi, 2008). Gerade durch den Anspruch, eine inklusive Pädagogik in Krippe oder KiTa zu verwirklichen, kann die Einbeziehung von Gebärden hilfreich sein. Die Methode ist allerdings in keinem Fall als Entwicklungsbeschleuniger beispielsweise der Sprachentwicklung zu verstehen.

Die Fütterinteraktion bei Kindern mit neuromotorischen Auffälligkeiten

Besondere Expertise verlangt die Fütterinteraktion bei Kindern mit Körperbehinderungen. Oft wird unterschätzt, dass gerade die Fachpersonen im Gruppendienst hierfür spezielle Kompetenzen benötigen. Neben den Eltern füttern sie nämlich die Kinder über Jahre mehrmals täglich. Bei Kindern mit neuromotorischen Problemen kann dies einen hohen Zeitumfang von bis zu einer Stunde pro Mahlzeit bedeuten. Oft ist die Füttersituation wegen der Risiken (Dehydrierung des Kindes) hochgradig angstbesetzt und wird dennoch, oder gerade aus diesem Grund, häufig delegiert. Professionelle Responsivität baut sich hier zunächst über die filmgestützte Blickschulung für Spannungsmuster der Muskulatur im Sinne von Zuviel oder Zuwenig auf.

- Kinder, die hyperton sind, haben eine zu hohe Muskelspannung, sie gehen beim Füttern in eine Überstreckung und haben dadurch keine ausreichende Kieferkontrolle. Der Mund kann nicht geschlossen werden, wird oft plötzlich in einer einschießenden Bewegung weit aufgerissen. Für das Kind ist sehr unangenehm, wenn die Fachperson in den durch einen einschießenden Reflex weit aufgerissenen Mund das Essen schiebt. Oft wird dieses durch Zungenstoß wieder herausbefördert, es kommt zum Husten, Verschlucken, möglicherweise Erbrechen.
- Kinder, die hypoton sind, haben eine zu niedrige Muskelspannung. Sie können Nahrung über Berührungs-, Geschmacks und Geruchsrezeptoren nicht gut genug wahrnehmen. Sie ermüden rasch beim Essen und Trinken.

In Tabelle 9 sind mögliche neuromotorische Auffälligkeiten zusammengefasst, die das Füttern außerordentlich schwierig machen.

Tab. 9: Neuromotorische Auffälligkeiten bei der Fütterinteraktion

Struktur/Bereich	mögliche Auffälligkeit
Kiefer	übertriebene unangepasste Kieferbewegungen Kieferstoß, Zurückziehen des Kiefers Beißreflex
Lippen	hypotone Lippen, Nahrung kann nicht mittels Oberlippenaktivität vom Löffel genommen werden Zurückziehen der Lippen, Lippenstülpen
Zunge	Zurückziehen der Zunge Zungenstoß dicke Zunge mit niedrigem Tonus
Wangen	hypotone Wangen: Das Essen fällt in die Wangentasche
Gaumensegel	schlechtes Timing der Gaumensegelanhebung beim Schlucken, Flüssigkeitsverlust durch die Nase
Sensorik	*Bei Hyperresponsivität:* Ablehnung von Nahrung mit Stückchen, Akzeptanz nur von pürierter Nahrung *Bei Hyporesponsivität:* auffällige Suche nach sensorischer Stimulation (z. B. Kinder lecken alles ab, stopfen bis zur Überfüllung Essen in den Mund)

In der ersten grundständigen Ausbildung sollten Fachpersonen Füttersequenzen mit körperbehinderten Kindern in Filmsequenzen sehen und die Muster von Hypertonie und Hypotonie wahrnehmen lernen. Auch Selbsterfahrungsübungen zum Essen und Trinken unter veränderten Voraussetzungen machen (gefüttert werden bei verbundenen Augen, bei schräger Körperhaltung etc.) sind wichtig. Fachpersonen sollten wissen, dass manche der Kinder mit anderen „Werkzeugen" gefüttert werden zum Beispiel mit einer Spritze oder Aquadestflasche. Auch gibt es Kinder, die auf eine Sonde angewiesen sind. Viele Kinder mit schweren Behinderungen erleben sich nur in der Füttersituation mächtig und selbstwirksam und setzen Verhaltensweisen wie Würgen und Erbrechen kommunikativ ein. Wenn Fachpersonen spüren, dass sie wütend darüber werden, kann das ein Hinweis auf die Verstrickung in einen Machtkampf sein. Vertiefende Fortbildungen in diesem Bereich sind unbedingt erforderlich, wenn ein Kind mit neuromotorischen Störungen und höherem Assistenzbedarf in eine Krippe oder KiTa aufgenommen wird.

5.1.4 Blickschulung für responsives Handeln durch Filmanalyse

Eine intensive Fallarbeit in Supervisions- oder Coaching-Veranstaltungen wird als effektiv eingeschätzt, insbesondere um die Fähigkeit Bildungsprozesse in stimulierender Weise unterstützen zu lernen. Als entscheidend müssen dabei die

Analyse-Instrumente für eine kriteriengeleitete Beobachtung bewertet werden, denn über sie vollzieht sich die Blick- und Wahrnehmungsschulung. Die zentralen Lernformen bestehen aus a) Video-Analysen und b) schriftlichen Fallskizzen. Im Folgenden soll auf die Filmanalyse genauer eingegangen werden. Über Filmaufnahmen lässt sich die Professionelle Responsivität von Fachpersonen recht gut einschätzen. Obwohl Filme in der Regel hochwillkommen in Lehrveranstaltungen sind, müssen Lehrende bei ihrem Einsatz dennoch sehr genau beachten, worauf genau dabei der Fokus gerichtet sein soll: Was sollen die Zuschauer später erinnern? Oft muss den Sehgewohnheiten, Konsumhaltungen und der Passivität der Teilnehmenden aktiv entgegengearbeitet werden. Zur Entwicklung Professioneller Responsivität können Filme mit wechselnden Analysetechniken betrachtet werden.

Beobachtung körperlicher Interaktionsmuster zwischen Kind/Kindern und Fachperson

Zur Einschätzung der körperlichen Interaktionsmuster der Fachpersonen in der Kooperation mit dem Kind oder der Kindergruppe bieten folgende Fragen eine Basis.

- Wie groß ist die körperliche Distanz zwischen der Fachperson, dem Kind oder den Kindern? Gibt es einen Grund für die große/geringe Distanz? Ist das bewusst so gewählt?
- Setzt die Pädagogin Berührungen ein? An welchen Körperstellen findet Berührung statt? Gibt es Berührungsmuster?
- Gibt es Annäherung oder Rückzug, Zuwendungs- oder Abwendungsbewegungen aufseiten der Pädagogin, aufseiten der Kinder, des Kindes? Beispiele: Immer, wenn die Pädagogin zu einer bestimmten Handlung auffordert, antwortet das Kind in spezifischer Weise, es schließt die Augen und bricht die Interaktion ab, es schaut aus dem Fenster, es läuft weg, es lässt sich nach hinten fallen, es steigt aus der Gruppeninteraktion aus.
- Verhalten sich Pädagogin und Kind gegensynchron? Beispiele: Wenn die Pädagogin das Kind anspricht und seine Aufmerksamkeit auf die Spielsachen lenken will, schaut es hinaus, wenn das Kind bei den Spielsachen ist und diese exploriert, schaut die Pädagogin hinaus und steigt aus der Interaktion aus.
- Wie sind Tonfall und Lautstärke der Stimme?
- Welchen Blickwinkel nimmt die Fachperson ein? Wie orientiert sie ihre Kopfbewegungen? Sind bestimmte Kinder oft ausgeschlossen? In welche Richtung blicken ihre Augen, in welche die der Kinder? Gibt es wechselseitigen Blickkontakt?
- Wo ist der Fokus des Kindes, wo ist der Fokus des Erwachsenen, sind die beiden synchronisiert, in ihren Blicken, Bewegungen, Absichten und Motiven?
- Welcher Gesichtsausdruck, welche Mimik lässt sich beobachten?

Gegenperspektive zur Aussage des Films

Die Gruppe schaut einen Film unter einer vollkommen anderen Fragestellung an, als der vom Filmemacher intendierten. So kann ein Film über Selbstbildung auf seine Ko-Konstruktionsinhalte hin analysiert werden, ein Film über Pflege in Bezug auf das sprachlich-kommunikative Handeln der Pädagogin, ein Film über den Eingewöhnungsprozess in die Krippe in Bezug auf Synchronisation und Bewegungshandeln der Protagonisten bei Fütter- und Wickelinteraktionen. Erreicht wird eine überaus große Wachheit der Zuschauenden, die im wechselseitigen inneren Dialog mit sich selbst und dem Gesehenen immer auf die Gegenperspektive fokussieren und damit in ein Spannungsverhältnis zur kommentierenden Stimme im Film eintreten.

Perspektivübernahme

Die Teilnehmergruppe betrachtet und analysiert den Film aus der fiktiven Perspektive einer Mutter/eines Vaters, einer ersten oder zweiten Gruppenkraft, einer Praxismentorin, einer Leitungskraft.

Auf den Anfang kommt es an: Vervielfachung kritischer Anfangssequenzen

Aus der Interaktionsanalyse ist bekannt, von welch hoher Bedeutung die Gestaltung des Anfangs ist. „Wie gelingt ein Einstieg?" ist denn auch eine der Dauerfragen von angehenden Fachpersonen in der Bildungsarbeit mit kleinen Kindern. Über die Arbeit mit selbst videografierten Filmfragmenten aus Bildungsangeboten lassen sich kurz nacheinander verschiedene Möglichkeiten aufzeigen, wie sich – bei gleicher Aufgabenstellung – unterschiedliche Anfänge gestalten lassen. Merkmale von Gelingensbedingungen können so herausgearbeitet werden. Wichtig ist insbesondere eine Analyse in Bezug auf die Aktivität der Kinder und die Aktivität der Erwachsenen. Gezeigt wird aus didaktischen Gründen immer nur die Anfangssituation.

Stop and Go

Stop and Go ist eine sehr effektive Technik zur Besprechung von Videografien aus der frühpädagogischen Berufspraxis, um Pflegeinteraktionen wie Füttern oder Wickeln, Mikrotransitionen oder Angebote aus den unterschiedlichen Bildungsfeldern zu reflektieren. Der Film wird gestoppt, sobald ein Mitglied der Gruppe relevant Erscheinendes für die Fragestellung der Unterrichtseinheit entdeckt und den eigenen fachlichen Blick mit den anderen teilen möchte.

5.2 Fokus Eltern

Um sich im Sinne Professioneller Responsivität auf unterschiedliche Eltern abstimmen zu können, muss über kognitive und emotionale Zugänge die soziale Kategorie „Eltern" systematisch erweitert werden. In der Regel werden Eltern nämlich als eine einzige soziale Kategorie – die Eltern – wahrgenommen, womit Gefahren der Stereotypisierung verbunden sind. Wichtig ist eine gezielte Schulung der Wahrnehmung für die unterschiedlichen Lebenswelten der Eltern und deren spezifische Herausforderungen. Die Empathie und das Verstehen für andere als die eigenen Werte und Orientierungen soll vergrößert werden. Bedeutsam ist zudem die gezielte Schulung im Bereich Gesprächsführung mit dem Fokus auf Körpersprache, Sprache und Fachkompetenz/Kompetenzgrenzen (s. Kasten 11).

> **Kasten 11: Merkmale Professioneller Responsivität in der Kooperation mit Eltern**
>
> Die professionell responsive Fachperson in Krippe oder KiTa ...
>
> - hat einen sehr guten fachlichen Überblick über typische Beratungsthemen des Frühbereichs (z. B. Möglichkeiten der Entwicklungsbegleitung und Bildungsarbeit mit Säuglingen und Kleinkindern, Beratung bei Still-, Fütter- und Ernährungsproblemen, bei Verhaltensproblemem in der Autonomiephase, bei Entwicklungsauffälligkeiten),
> - beachtet ihre Kompetenzgrenzen,
> - kennt die Sinus-Milieus in Deutschland und kann die spezifischen Arten des Elternseins in diesen Milieus differenzieren und in Hinblick auf Werteprofile, Alltagsästhetiken, Belastungsrisiken einschätzen,
> - kennt zentrale Stereotype (Alters-, Geschlechtsrollen oder ethnische Stereotype) und kann durch kognitive Kontrolle und Reflexivität bewusst deren unkontrolliertes „Anspringen" verhindern,
> - kennt typische Interaktionsfallen in der Arbeit mit Eltern von behinderten Kindern (bagatellisieren, verharmlosen, ausweichen),
> - schätzt Können oder Nicht-Können einer Familie sachorientiert ein und entscheidet auf dieser Grundlage das Ausmaß an Direktivität oder Non-Direktivität in der Gesprächsführung,
> - kann einschätzen, ob Eltern Unterstützung in einem Klärungsprozess benötigen oder ob konkrete Problemlösungen zielführender sind,
> - beachtet die Ressourcenlage einer Familie und weist unter Kenntnis des Sozialraums der Institution auf Unterstützungsmöglichkeiten hin (familienentlastende Dienste, Beratungsstellen),
> - verfügt über eine geschulte Sensitivität in Bezug auf Indikatoren für einen belehrenden Interaktionsstil und meidet ihn, da er bei vielen Elterngruppierungen kontraproduktiv ist und zu Kontaktabbrüchen führt,
> - kann strukturierend mögliche Schritte aufzeigen, die beim betreffenden Fall gegangen werden können,
> - beachtet in der Informationsweitergabe die Aufnahmekapazität der Mutter/Eltern,
> - vermeidet im Gespräch pädagogischen Slang, erklärt Fachworte,
> - fasst die Aussagen der Mutter/Eltern paraphrasierend zusammen,
> - synchronisiert sich stimmlich und in den Bewegungen mit dem/der Gesprächspartner/in,
> - ist sensitiv in Bezug auf sprachliche Konnotationen,
> - achtet auf mögliche Beschämungsrisiken.

5.2.1 Die Arbeit mit Mütter- und Väterprofilen

Für eine gelungene Zusammenarbeit mit Eltern sind die Vorannahmen wichtig, die Fachkräfte über Eltern haben. Jüngeren Fachpersonen noch ohne eigene Kinder fällt die generationale Perspektivübernahme in Hinblick auf elterliche Positionen oft sehr schwer. Eine Möglichkeit, hier Zugänge zu schaffen, ist eine Arbeit mit selbst zu entwickelnden Mütter- und Väterprofilen, die im Anschluss mit der Realität kontrastiert werden. Teilnehmende an solchen Übungen sollten in Praktika in Krippe oder KiTa bereits Erfahrungen mit Eltern gesammelt haben. Auch sollten sie über unterschiedliche Studien z. B. zur Partnerschaftszufriedenheit oder Konzepte, z. B. zur Mutterschaftskonstellation (s. Kap. 4), Informationen über Eltern erhalten haben. Die Qualität der erarbeiteten Profile kann zeigen, wie „nah" die Teilnehmenden den Eltern bereits gekommen sind. Ein zu frühes Arbeiten mit Profilen birgt das Risiko, dass ausschließlich Klischees produziert werden. Zwar ist intendiert, dass Ethnotheorien und Vorurteile zutage treten, damit diese explizit werden können, als zielführend hat sich aber erwiesen, wenn bereits auf Theorien zurückgegriffen oder/und entsprechendes Wissen möglichst schnell reaktiviert werden kann. Anders als bei einem Rollenspiel oder einer Problemdarstellung wird ein gemeinsames Gruppenthema etabliert, die Gruppe hat dadurch ein gemeinsames Ziel, an dem sie arbeitet. Wissen oder pädagogisches Können muss nicht vorgeführt oder bewiesen werden. Die Profile sollen die bisherigen Erfahrungen der Teilnehmenden mit Eltern in der Krippe spiegeln, eine probeweise Einfühlung in eine andere Lebenswelt erlauben und einen emotionalen Zugang der Zuhörer zum Leben der dargestellten Person ermöglichen. Die entwickelten Profile sollten keine Steckbriefe sein, sondern Lebensgeschichten, die, wenn sie mündlich vorgetragen werden, ein inneres Echo bei den Zuhörenden auszulösen vermögen. Bei der anschließenden Reflexion wird eine Einschätzung des Profils in Hinblick auf die Authentizität durch die Gesamtgruppe vorgenommen:

- Handelt es sich um ein Mutter-/Vater-Stereotyp?
- Stellen Sie sich die Zusammenarbeit mit der dargestellten Mutter, dem Vater leicht oder eher schwierig vor? Warum?

Im Kasten 12 ist die Aufgabenstellung exemplarisch beschrieben.

> **Kasten 12: Arbeitsauftrag: Profile von Müttern/Vätern**
>
> Erarbeiten Sie in Ihrer Kleingruppe die Kurzbiografie einer Mutter, eines Vaters, deren/dessen Kind bei Ihnen in der Einrichtung ist. Diese Person hat einen Namen, lebt an einem bestimmten Ort, hat bestimmte Erfahrungen in ihrem Leben gemacht, ist verheiratet, lebt in Partnerschaft oder allein, hat Hobbys, einen bevorzugten Kleidungsstil, ein, zwei oder mehr Kinder ...
>
> Ein Mitglied Ihrer Arbeitsgruppe soll das Ergebnis später in Ich-Form vorstellen. Legen Sie daher vorher fest, wer von Ihnen diese Mutter oder den Vater darstellen wird, damit der/die „Schauspieler/-in" Vorschläge für sich annehmen oder ablehnen kann. Eine möglichst authentische Mutter/ein möglichst authentischer Vater soll entstehen und präsentiert werden.
>
> Sie haben für diese Aufgabe ca. 20 Minuten Zeit.

Um ein zielführendes Arbeiten zu unterstützen, dürfen alle verfügbaren Hilfsmittel und Informationsquellen genutzt werden. Eine Atmosphäre des „Ertappens", „Erwischens", „Überführens" ist für ein gutes Arbeitsergebnis unbedingt zu vermeiden.

> *Beispiel: Junge Mutter*
> Mein Name ist Nicole Schmidt. Ich bin 20 Jahre alt. Ich wohne mit meinem Freund in einer kleinen Wohnung in der Weststadt. Andreas ist 22 Jahre alt und studiert Agrarwissenschaften an der Uni Heidelberg. Seit drei Jahren sind wir ein glückliches Paar. Vor acht Monaten hat unser Sohn Jonas das Licht der Welt erblickt. Eigentlich hatten Andreas und ich geplant, nach seinem Studium für eine Zeit ins Ausland zu gehen, doch dann kam alles anders. Die Nachricht über die Schwangerschaft hat unsere Beziehung auf eine harte Probe gestellt. Doch gemeinsam haben wir den Entschluss gefasst, eine kleine glückliche Familie zu werden. Mit diesem Entschluss musste ich meine Ausbildung als Bürokauffrau aufgeben. In meiner Freizeit gehe ich gerne schwimmen und verbringe viel Zeit draußen im Freien. Doch mit der Zeit wird dies eintönig. Deshalb habe ich den Entschluss gefasst, im September beruflich wieder Fuß zu fassen. Wir haben uns für eine Betreuung unseres Jonas in der Krippe entschieden. Diesem Ereignis sehe ich mit gemischten Gefühlen entgegen. Ich habe große Sorge, dass Jonas aufgrund seiner momentanen Angst vor Fremden … dass ihm die Betreuung schaden könnte. Ich möchte doch das Beste für ihn. Außerdem bin ich gespannt auf die anderen Mütter, die meist viel älter sind als ich, dass die mich nicht respektieren könnten und mich als Rabenmutter bezeichnen, was ich nicht sein möchte.

Das Profil von Nicole Schmidt stellt ein Szenario dar, indem die Bedeutung von Ressourcen ausgeblendet wird. Ein Klischee wird bedient, indem eine Mutter selbstverständlich zu Hause bleibt und sich um das Kind kümmert, nachdem entschieden wurde, dass man „eine glückliche kleine Familie" sein will. Im Profil bleiben viele Fragen offen. Der junge Mann studiert, die junge Frau bricht die Ausbildung zur Bürokauffrau ab, wovon lebt die junge Familie? Wird sie von ihren oder seinen Eltern finanziell unterstützt? Auch der Wiedereinstieg ins Berufsleben wird nicht als Notwendigkeit dargestellt, sondern damit begründet, dass es auf Dauer „eintönig sei, schwimmen zu gehen" und sich „in der Natur aufzuhalten". In dieses Profil hat der mit der Änderung des Unterhaltsrechts 2008 in Deutschland verbundene Paradigmenwechsel noch keinen Niederschlag gefunden, denn damit wurde die Abschaffung der Versorgungsehe, die Verpflichtung, für den eigenen Unterhalt selbst aufkommen zu müssen, festgeschrieben.

Wenn Studierende, Fachschülerinnen und -schüler oder junge Berufstätige Profile dieser Art schreiben, zeigt dies, wie schwer der Perspektivwechsel tatsächlich zu leisten ist, der Wechsel von einer Person, die oft noch versorgt wird, zur Perspektive einer Person, die selbst für Andere sorgen muss, was eine der zentralen Fragen der Mutterschaftskonstellation ist (Stern, 2006, s. auch Abschnitt 4.1.3).

Als schwierig zu beraten gelten oft auch Mütter und Väter mit einem hohen gesellschaftlichen Status, da diese zum Teil intensiv soziale Distanz kommunizieren, wie das folgende Beispiel zeigt.

> *Beispiel*
> Mein Name ist Katharina von Hornstein, ich bin 42 Jahre alt und wohne am Philosophenweg in Heidelberg. Meine Söhne Maximilian und Frederik sind vier und zwei Jahre alt. Maximilian ist Ihnen ja bekannt, mein jüngerer Sohn Frederick wird von unserem südafrikanischen Kindermädchen betreut. Nach meinem Abitur begann ich in England das Studium „International Business Administration". Die folgenden Jahre arbeitete ich im englischsprachigen Ausland und kehrte mit 30 Jahren nach Deutschland zurück wegen eines Jobangebots. Ich stieg in eine namhafte Firma ein, in der ich auch meinen jetzigen Mann kennenlernte. ... Meine Hobbys sind Kunst, Ausstellungen, Reisen und Sport. Im Moment sind wir etwas im Stress, da wir bald in den Urlaub fahren. Diesmal geht es nach Südfrankreich, damit die Kinder auch mal einen Einblick in eine andere Kultur bekommen. Mein Mann hat eine wichtige Position in der Firma, daher muss er meist bis spät abends arbeiten. Er ist sozusagen ein Wochenendpapa ... Ich lege ... bei meinen Kindern sehr viel Wert auf bilinguale Erziehung. Meine Nanny übernimmt diesen Part. Mir ist auch eine musisch-ästhetische Förderung sehr wichtig. Ich bin mir derzeit unsicher, ob mein Kind in dieser Einrichtung ausreichend gefördert wird und bin deshalb dabei zu überlegen, in eine qualifiziertere Einrichtung zu wechseln.

Als „einfach" zu beraten wird meist eine vom Alter her nahestehende, aber unsichere Mutter beschrieben, die beruflich nicht aus einem pädagogischen Kontext kommt und die die eigene Fachlichkeit nicht infrage stellt. Tatsächlich ist gerade bei elterlichen Lebenswelten, die den Arbeitsgruppenmitgliedern sehr fern sind, oft ein starkes Bemühen vorhanden, Klischees zu vermeiden. Bei diesem Versuch wird jedoch vielfach erst bemerkt, wie wenig Kenntnisse jenseits des Stereotyps vorhanden sind. Sehr hilfreich ist, wenn angehende Fachpersonen mit Zuwanderungsgeschichte in der Ausbildungsgruppe sind und Profile unter Einbezug ihres spezifischen Hintergrundwissens erstellt werden können. In der Regel fällt den Arbeitsgruppen die Einschätzung der Authentizität der Profile der Mütter oder Väter mit Zuwanderungsgeschichte schwerer als die der Eigengruppe. Plötzlich stellen sich ganz konkrete Fragen mit dem Wunsch, diesen nachzugehen und Informationen zu sammeln: Wie sieht die Lage von Asylbewerbern aus? Gibt es eigentlich in Deutschland die doppelte Staatsbürgerschaft?

> *Beispiel: Profil einer Mutter mit Zuwanderungsgeschichte aus Korea*
> Mein Name ist E-y Kim, 30 Jahre, Hausfrau, bin seit fünf Jahren in Deutschland. Mein Ehemann ist 33 Jahre alt, seit drei Jahren in Opern, Hannover, als Sänger. Mein Kind ist drei Jahre, ein Junge. Seit sechs Monaten geht mein Kind in den Waldorfkindergarten. Als ich zum ersten Mal war, dachte ich, Erzieherin nicht so freundlich war, weil sie kein Lächeln im Gesicht hatte. Jetzt weiß ich, dass doch nette Person ist. Zu einem Elterngespräch komme ich mit meinem Ehemann zusammen, weil ich nicht allein sein möchte. Vormittags habe ich einen Deutschkurs, ich kann aber noch nicht so gut Deutsch sprechen, ich traue mich nicht. Ich mach mich bisschen Sorge um meinen Kind, weil ich nicht so viele Info über die Übergänge im deutschen Bildungssystem. Ich versuche, anderen Koreaner aus meinem Umfeld, die schon ein Schulkind haben, zu fragen.

Eine Möglichkeit, an die Arbeit mit den fiktiven Profilen anzuschließen, ist es, diese mit der Realität sowie mit entsprechenden wissenschaftlichen Studien oder Kunst- oder Dokumentarfilmen zu kontrastieren. Günstig ist

- eine Auseinandersetzung mit Interviews, die reale Lebenswelten wiedergeben, wie z. B. die „Armutszeugnisse" aus dem Projekt von Gerull, ASH Berlin, die auf der Internetseite www.armutszeugnisse.de zu finden sind,
- eine Auseinandersetzung mit den Sinus-Milieus in Deutschland, insbesondere mit den Eltern in diesen Milieus und mit den Migrantenmilieus (Merkle & Wippermann, 2008),
- die Präsentation von Filmaufnahmen ressourcenorientierter Beratungssituationen in (Risiko-)Familien (z. B. Marte Meo (Aarts) oder SPIN (Biemans)),
- eine Arbeit mit Leittexten (z. B. der Text von Haug-Schnabel & Bensel: „Niederschwellige Angebote zur Elternbildung", 2003),
- eine Auseinandersetzung mit Studien: z. B. aus dem Buch „Stereotype, Vorurteile und soziale Diskriminierung" (Petersen & Six, 2008),
- eine Auseinandersetzung mit künstlerisch verfilmten Miniaturen von Menschen in unterschiedlichen Lebenswelten wie z. B. im Film POEM von Ralf Schmerberg (2004).

Die Bedeutung von Ressourcen: „Armutszeugnisse"

Auf der Internetseite www.armutszeugnisse.de sind Lebensgeschichten von Menschen veröffentlicht, die von Armut betroffen sind. Die Seite ist das Ergebnis eines Werkstattseminars (2003 und 2004) mit Studienanfängern der Sozialarbeit an der Alice Salomon Fachhochschule in Berlin unter der Leitung von Susanne Gerull. Die Studierenden hatten dort zunächst die Aufgabe, Menschen, die sie als „arm" bezeichnen würden, zu finden, dann im Sinne der Forschungsmethode „Teilnehmende Beobachtung" zu begleiten und möglichst ohne Interpretation schriftlich festzuhalten, was sie wahrnehmen. In einem zweiten Schritt sind Interviews mit den „armen" Menschen geführt und als „Armutszeugnisse" im Internet veröffentlicht worden sind. Auf der Website findet sich als eines von vielen Beispielen das Armutszeugnis von „Marita", einer alleinerziehenden Mutter, das sich gut mit Profilen kontrastieren lässt, bei denen die Bedeutung von Ressourcen ausgeblendet ist. Es macht sehr deutlich, was es bedeutet, allein für zwei kleine Kinder sorgen zu müssen. Geld ist ein ständiges Thema und die Traurigkeit, selbst notwendige Dinge nicht möglich machen zu können.

Eine weitere Möglichkeit, Einblick in eine reale, aber fremde Lebenswelt zu gewinnen, ist die Auseinandersetzung mit den so genannten Sinus-Milieus.

Sinus-Milieus in Deutschland

Seit 2002 werden für Deutschland auf der Basis von qualitativ-ethnografischen Untersuchungen des Instituts Sinus Sociovision, Heidelberg, die Sinus-Milieus erhoben. Als Milieu werden dabei „Gruppen Gleichgesinnter" zusammengefasst, Menschen, die ähnliche Wertvorstellungen teilen, die eine bestimmte Art der Alltagsästhetik bevorzugen, die sich also grundsätzlich ähneln in Bezug auf ihre Lebensweise, ihre Art zu wohnen, sich zu kleiden, Urlaub zu machen, ihre Freizeit zu gestalten. Menschen werden somit nicht mehr nach Alters-, Einkommens- oder Berufsgruppen zusammengefasst, sondern nach ihrem Lebensstil. Elternschaft stellt sich in den verschiedenen Milieus sehr unterschiedlich dar. Ein

Ergebnis einer Studie von Merkle und Wippermann (2008) ist, dass Elternschaft weniger zu einer Solidarisierung untereinander als zu einem deutlichen Abgrenzungsverhalten führt. Neben den Eltern, die genau überlegen, wo ihr Kind aufwachsen soll – Stadt oder Land –, in den Kindergarten gehen soll – privat, konfessionell oder staatlich –, gibt es solche, die die Dinge einfach laufen lassen, die sich nicht kümmern. Die milieuspezifischen Rollenbilder einer guten Mutter oder eines guten Vaters unterscheiden sich sehr voneinander. Die Auseinandersetzung mit den Bedürfnissen von Eltern aus den unterschiedlichen Milieus kann Fachpersonen in Krippe oder KiTa helfen, zu einer höheren Passgenauigkeit zu finden, was die Art und Weise der notwendigen Angebote in Krippe oder KiTa betrifft. Dies impliziert auch die Notwendigkeit, die eigene Außenwirkung in Bezug auf Sprache, Kleidung und Habitus zu kontrollieren.

5.2.2 Kulturelle Responsivität

Eine besondere Herausforderung für Fachpersonen in der Frühpädagogik ist die Entwicklung kultureller Responsivität in Bezug auf die Eltern. Im Kasten 13 sind wesentliche Lernziele in diesem Kontext aufgeführt.

Kasten 13: Merkmale kultureller Responsivität

Die professionell responsive Fachperson in Krippe oder KiTa ...

- ist sich darüber bewusst, dass sie die Welt aus der Färbung einer spezifischen (eingeschränkten) kulturellen Perspektive heraus wahrnimmt,
- weiß, dass Ethnotheorien den Umgang mit anderen Menschen beeinflussen können und in vielen Fällen eine Hürde für ein wechselseitiges Verstehen darstellen,
- überprüft ihre Erwartungen an Kinder der eigenen Kultur und anderer Kulturen,
- zeigt Offenheit und Interesse an den Lebens- und Familiengeschichten von Eltern und Kindern in der Einrichtung,
- kennt zentrale Anlaufstellen für Menschen mit Zuwanderungsgeschichte im Sozialraum der Einrichtung,
- setzt kognitive Strategien ein, um nicht Stereotypien zu folgen, überprüft, ob sie auf die Eltern mit Zuwanderungsgeschichte genauso häufig zugeht wie auf die Eltern der eigenen Kultur,
- verfügt über ein vertieftes Verständnis und differenziertes Wissen über eigene und fremde kulturelle Erziehungsorientierungen (Verbundenheit/Autonomie),
- verfügt über ein vertieftes Verständnis und differenziertes Wissen zu den Sinus-Milieus in Deutschland und kennt zentrale milieuspezifische Werteorientierungen,
- erkennt die Grenzen des noch Akzeptablen oder Tolerablen, da die Akzeptanz, die sie Anderen entgegenbringt, auf einer hohen Fach- und Sachkenntnis beruht,
- bezieht Laienmütter ein, um die Ressourcen anderer Mütter mit Zuwanderungsgeschichte in der Einrichtung zu stärken,
- orientiert sich in ihren Entscheidungen an der demokratischen Werteordnung und stellt sich aktiv gegen eine Beschränkung der Rechte von kleinen Mädchen und Jungen, Frauen und Männern.

Kulturelle Responsivität muss als Querschnittkompetenz aufgebaut werden. Dabei ist folgendes Dilemma aufzugreifen: Vorurteile zu haben oder Stereotypien zu folgen wird im Sinne sozialer Erwünschtheit auf der einen Seite als nicht akzeptabel betrachtet, auf der anderen Seite ist Fakt, dass jeder Mensch sozial kategorisiert. Die Haltung der kulturellen Responsivität beruht auf differenzierten Kenntnissen der eigenen und der fremden Kultur. Kennenlernen heißt, über den Kulturvergleich eigenen Ethnotheorien auf die Spur zu kommen, sich die eigenen Annahmen bewusst zu machen. Dies kann dadurch gelingen, dass die eigene und die fremde Perspektive auf frühkindliche Bildung mit Unterstützung von geeignetem Filmmaterial (s. folgende Beispiele) sichtbar wird.

- *Sprache:* Die bedeutungsunterstellende Sprache, die die westliche Mutter direkt an das Kind richtet, wird kontrastiert mit dem auf Rhythmisierung und Spiegelung abzielenden Sprachangebot bei der afrikanischen Mutter. Filmbeispiele hierfür sind auf der Homepage des Projekts „Cultural Pathways" von Heidi Keller und Hiltrud Otto zu finden (www.culturalpathways.uni-osnabrueck.de/index.html).
- *Bewegung:* Kraftvolle Bewegungs- und Berührungsstimulation von Babys in Afrika wird kontrastiert mit den eher sehr vorsichtigen Berührungen und Bewegungen westlicher Mütter. Als Filmmaterial ist geeignet: die DVD zum Buch Indische Babymassage nach Leboyer sowie Kinder- und Babymassage von Neisari Tabrizi und Müller (2007).
- *Wickelmethode:* Unterschiedliche parentale Theorien werden diskutiert zur Methode des sehr festen Wickelns von Säuglingen – dem so genannten Pucken. In vielen Ländern der Welt wie China, Osteuropa und Südamerika ist die Methode sehr verbreitet, in Afrika hingegen kaum bekannt. Filme zu dieser und anderen Wickelmethoden gibt es auf YouTube. Ein systematisches Forschungsreview zu diesem Thema legten van Sleuwen et al. (2007) vor.
- *Aufwachsen von Kindern:* Der Film Babys (2010) kontrastiert die Entwicklung von vier Kindern im ersten Lebensjahr aus Namibia, der Mongolei, den USA und Japan.

Bei direkten Begegnungen mit Menschen anderer Kulturen sind Projekte wichtig, in denen eine gemeinsame Aufgabe gestellt und dadurch ein „Gemeinsames-an-einem-Strang-Ziehen" erforderlich ist.

5.2.3 Responsiv beraten

Im Feld der Frühpädagogik wird in puncto professioneller Gesprächsführung meist auf psychotherapeutische Methoden zugegriffen. Ein Beispiel ist das „aktive Zuhören", eine Methode aus der klientenzentrierten Therapie nach Rogers (1983), die in vielen Publikationen aus dem Bereich der Frühpädagogik empfohlen wird (z. B. Gonzalez-Mena & Widmeyer Eyer, 2009). Dabei handelt es sich durchaus nicht um eine Methode, die sich zwangsläufig am Klienten orientiert. Ganz gleich, aus welchem Kontext der Klient kommt, welches Anliegen er hat, die von ihm gemachten Aussagen werden in typischer Weise paraphrasiert oder gespiegelt. Dies ist auf zentrale „Überzeugungen" der „klientenzentrierten" Gesprächstherapie zurückzuführen, denn der Klient soll nicht aktiv von der Fachperson beeinflusst werden, sondern in einem auf einer tragfähigen Beziehung aufbauenden Klärungsprozess zu eigenen Lösungen und zu Veränderungen finden.

Dieses Vorgehen ist ein positiver, aber nicht für alle Eltern zielführender Weg. In Bezug auf die zu erwerbenden Beratungskompetenzen sollte sich daher die Frühpädagogik von den Quellen einer einzigen psychotherapeutischen Schule emanzipieren oder diese zumindest überaus kritisch rezipieren. Zu fragen wäre: Wer sind die Eltern? Wie leben sie? Was ist ihnen wichtig? Welche Fragen haben sie? Wo brauchen sie aktive und konkrete Unterstützung? Wo brauchen sie eher einen Gesprächsraum, um Dinge für sich zu klären? Vielfach können im Feld Expertinnen und Experten angetroffen werden, die im Sinne einer mittelschichtsorientierten, recht einseitigen Beratungsideologie agieren. Um zu beurteilen, ob und welche Methoden der Gesprächsführung für die Fachpersonen in Krippe oder KiTa als hilfreich eingeschätzt werden können, ist eine Metaanalyse von Grawe, Donati und Bernauer (2001) von Relevanz. Sie legen Ergebnisse zur Wirksamkeit psychotherapeutischer Methoden vor, die auf 897 kontrollierten Therapiestudien beruhen. Als belegt gilt die herausragende therapeutische Bedeutung und Wirksamkeit von Gesprächen. Und offenbar ist sehr wichtig, als Berater/-in entscheiden zu können, wann eher direktive und wann eher non-direktive Verhaltensstrategien von Nutzen sind (Grawe et al., 2001):

- Non-direktive Methoden der Gesprächsführung sind besonders gut geeignet bei reflektierten Klienten mit einem guten zwischenmenschlichen Verhaltensrepertoire, die den Wunsch haben, sich selbstbestimmt mit ihren Schwierigkeiten auseinanderzusetzen.
- Direktive Methoden der Gesprächsführung sind günstig, wenn die Klienten weniger autonom sind, aktive Anleitung und Struktur erwarten – und auch benötigen.

Beratungsgespräche werden häufig als ein Anwendungsfall spezieller Fragetechniken reflektiert. Das Fragen gilt als Ausdruck einer wertschätzenden Haltung, die gleichzeitig Suchprozesse zur Lösung des Problems im Klienten aktivieren soll. Ziegenhain et al. (2006, S. 157 ff.) beschreiben in diesem Kontext beispielsweise Fragetypen aus der systemischen Therapie wie

- Skalierungsfragen, mit deren Hilfe der eigene Zustand auf einer Skala von z. B. 1–10 eingeschätzt werden soll,
- Coping-Fragen, mit denen auch die Belastung der Mütter gewürdigt werden kann,
- Ausnahmefragen, die in den Fokus nehmen, dass es bei jedem problematischen Verhalten auch Unterbrechungen, Ausnahmen gibt,
- zirkuläre Fragen, die dazu auffordern, Situationen aus der Perspektive des Anderen zu sehen.

Strategien wie die Anwendung von Fragetechniken, das Paraphrasieren, ein Gespräch mehr oder weniger stark zu dirigieren oder den roten Faden nicht zu verlieren, müssen konkret geübt werden. Dabei ist zu beachten, dass diese Strategien meist im Kontext dezidierter Fachkenntnisse anzuwenden sind.

Beim Gesprächstyp der Entwicklungsberatung mit dem Ziel einer Delegation reicht es in der Regel nicht aus, im Gespräch nur das Gesagte des anderen zu spiegeln. Fachpersonen möchten in diesen Gesprächen erreichen, dass die Eltern mit dem Kind zur Abklärung einen Arzt aufsuchen, da eine Entwicklungsauffälligkeit Anlass zur Sorge gibt. Festgestellt werden soll, ob möglicherweise Förder- oder Therapiemaßnahmen eingeleitet werden müssten. Hierbei ist zu beachten, dass eine Fachperson in Krippe oder KiTa in Deutschland nicht zur Physio-, Ergo-, oder Sprachtherapie überweisen oder delegieren kann. Die Entscheidung über Therapiemaßnahmen liegt allein beim Arzt. Im Gespräch sind darum unbedingt die Kompetenzgrenzen einzuhalten. Die Pädagogin muss in ihrer Gesprächsführung zudem mit berücksichtigen, wie das, was sie sagt, möglicherweise von den Eltern weiterkommuniziert wird. Zu großen Missstimmigkeiten zwischen den Berufsgruppen zählen Aussagen wie *„Frau Müller hat gesagt, Jan hat ADHS! Wir brauchen wohl Ergotherapie!"*.

Wenn Kinder über viele Stunden täglich in der Einrichtung sind, müssen die Fachpersonen mögliche Auffälligkeiten kommunizieren können, was hoch anspruchsvoll ist. Unerfahrene Fachpersonen haben oft die Idee, dass es im Sinne einer Hierarchie schlimme und weniger schlimme Auffälligkeiten gibt. So wird beispielsweise der Verdacht auf eine Sehstörung zuweilen nivellierend kommuniziert: „Vielleicht braucht er *nur* eine Brille!". Mütter im Status der Mutterschaftskonstellation nehmen eine solche Mitteilung nicht abgeschwächt auf, insbesondere dann nicht, wenn sie bisher keine Auffälligkeit registriert haben. Die Botschaft zu vermitteln, dass eine ärztliche Abklärung für erforderlich gehalten wird, ist keineswegs immer leicht. Folgende Beobachtungen könnten Anlass für ein Gespräch sein:

- Seit einigen Wochen stottert Jan, es ist ein flüssiges, aber doch auffälliges Stottern.
- Max ist gerade zwei geworden und von der 50-Wort-Grenze noch weit entfernt, er lautiert eigentlich nur.
- Jannis greift oft daneben, auch hält er den Kopf häufig schräg, möglicherweise, um besser fixieren zu können. Sein Auge tränt auch oft. Das sollte beim Augenarzt abgeklärt werden.
- Laura reagiert oft gar nicht, wenn sie angesprochen wird. Könnte da eine Hörstörung vorliegen?

Um diese Art von Entwicklungsgesprächen zu üben, eignet sich die Arbeit mit Simulationsschauspielern/-spielerinnen, ein Verfahren aus der Ausbildung von Studierenden der Medizin. Verschiedene Autoren sehen in der Simulation von Arbeitsumgebung und Arbeitsaufgaben eine effektive Methode in der Ausbildung (vgl. Mandl & Reinmann-Rothmeier, 1999). Der Vorzug dieses Vorgehens liegt in einer hoch systematisierten Vermittlung von Wissen und Fertigkeiten. In der Praxis häufig vorkommende Gesprächssorten können bei langsam steigendem Schwierigkeitsgrad eingeführt werden. Die Umsetzung des Simulationskonzeptes insbesondere im Bereich Entwicklungsberatung kann (angehenden) Fachpersonen ermöglichen, unter strukturierten Bedingungen Erfahrungen im Bereich der Gesprächsführung zu sammeln. Dabei wird ein verhaltensorientiertes Konzept zugrunde gelegt. Schauspieler oder Schauspielerinnen spielen dabei Mütter oder Väter anhand eines von der Seminarleitung vorbereiteten Profils. Ein solches Profil enthält die der aktuellen Forschung entnommenen typischen Verhaltensmuster von Bezugspersonen im Umgang mit bestimmten Entwicklungsauffälligkeiten, Krankheiten oder Störungen.

Nach einer simulierten Beratungssequenz erteilt die Simulationsmutter oder der -vater ein Feedback. Ein weiteres Feedback geben die teilnehmenden Zuschauer und Zuschauerinnen. Diese werden vor dem Simulationsgespräch in drei Fokusgruppen aufgeteilt: Sie sollen ihre Aufmerksamkeit entweder auf a) die Fachlichkeit der Beratung, b) die Körpersprache oder c) die Sprache richten.

- *Fokusgruppe Fachkompetenz:* Stimmt das, was die Beraterin/der Berater sagt inhaltlich? Werden schwerwiegende Auffälligkeiten des Kindes bagatellisiert? Wird an die richtigen Stellen im Sozialraum weiterverwiesen? Stimmen die Aussagen zu den kinderärztlichen Untersuchungen? Werden verschiedene Handlungsmöglichkeiten aufgezeigt? Werden die professionsspezifischen Kompetenzgrenzen beachtet?
- *Fokus Sprache und Gesprächsführung:* Synchronisiert sich die Beraterin/der Berater auf die Sprache der Simulationsmutter oder des -vaters? Werden viele Fremdworte oder ein pädagogischer Slang benutzt? Werden gehäuft bestimmte Lieblingsworte produziert? Ist ein roter Faden erkennbar? Wer führt wen? Wie viel Zeit wird auf welche Themen verwendet? Welche Bilder bauen sich durch die Art der verwendeten Sprache auf?
- *Fokus Körpersprache (Bewegung und Stimme):* Lässt sich eine Synchronisation der Bewegungen oder/und der Körperhaltung feststellen? Ist der gewählte Gesprächsabstand angemessen? Wurde Körperkontakt eingesetzt und war das angemessen? Saugt sich die Beraterin/der Berater mit dem Blick fest? Lassen sich Ticks beobachten (mit dem Kuli spielen, mit dem Fuß wippen, die Hände kneten)? Ist die Lautstärke angemessen? Ist der Tonfall angenehm? Ist die Sprechgeschwindigkeit zu schnell/langsam?

Professionelle Responsivität erfordert eine hohe Genauigkeit und Sensibilität in dem, was eigentlich gesagt wird. Bestimmte Begriffe sind oft heikel und auch unnötig in solchen Entwicklungsgesprächen, dazu gehören insbesondere die Begriffe „Gehirn" „schlimm", „Verschlimmerung", „Störung". Erfolgreiche Fachpersonen verfügen über eine außerordentlich reichhaltige und nuancenreiche Sprache, sie finden für viele Situationen und Phänomene die richtigen Worte. Meist verfügen sie über einen großen Metaphernreichtum. Ihnen gelingt, die Aufmerksamkeit auf die entscheidenden Dinge zu fokussieren, das Bedeutsame herauszuarbeiten.

5.3 Die eigene Responsivität erhalten über Wissenschaft und Kunst

Insbesondere im politikwissenschaftlichen Diskurs zur Responsivität wurde festgestellt, dass ideologische Positionen der Entwicklung responsiver Verhaltensweisen entgegenstehen. Darum ist es nicht bedeutungslos, wenn die starke Verbreitung ideologischer Positionen im Feld der Frühpädagogik beklagt wird (Isenberg, 2000). In Studien, in denen die Leitbilder von Erzieherinnen thematisiert worden sind, konnte eine stark ausgeprägte Orientierung an „Idealbildern" vom Vorschulkind festgestellt werden. Solche Leitbilder erschweren es, auf individuelle Entwicklungsbedürfnisse von Kindern zu reagieren (Fried, 2002). Sie ermöglichen zwar einerseits eine Art „Gruppenzusammenhalt", begünstigen aber andererseits oftmals Reflexionsdefizite.

5.3.1 Das Antwortverhalten auf Forschungsergebnisse

Optimalerweise orientieren Fachpersonen ihr Handeln am jeweils aktuellen Forschungsstand ihrer Disziplin. Bei Vorliegen neuer Forschungsergebnisse müssen sie entscheiden, ob es sinnvoll ist, an ihren bisherigen professionellen Strategien festzuhalten, oder ob es erforderlich ist, ihr Vorgehen teilweise oder vollkommen zu verändern. Fachpersonen in leitenden oder beratenden Positionen müssen möglicherweise neue Forschungserkenntnisse ins Feld transportieren, dort kommunizieren und zur Implementation beitragen. Dabei ist zu beachten, dass Informationen, die Personen in ihrem Handeln bestätigen – z. B.: Spiellieder sind ein sinnvoller Baustein der frühen Sprachförderung – in der Regel positiv angenommen werden, während Informationen, die das eigene Handeln infrage stellen – z. B.: Spiellieder sind kein sinnvoller Baustein in der frühen Sprachförderung – eher kognitive Dissonanzen hervorrufen. Angehende Fachpersonen müssen zudem darauf vorbereitet werden, dass es im Berufsleben Situationen gibt, in denen sie trotz bester Fachexpertise erkennen müssen, dass sie ihre Positionen nur schwer durchsetzen oder vermitteln können, z. B., weil

- ihrem jeweiligen Gegenüber gar nicht an einer ernsthaften Auseinandersetzung gelegen ist, sondern nur daran, selbst eine gute Außendarstellung abzugeben,
- die jeweiligen Diskussionspartner sich Argumenten gegenüber immunisieren, weil sie zu stark emotional involviert sind und ihr Welt- und Menschenbild nicht für Argumente aufgeben wollen.

Dunn, die Studierende der Gesundheitswissenschaften in der Entwicklung einer forschungsbasierten Haltung ausbildet, schlägt eine kritische Auseinandersetzung mit potenziellen Antwortmöglichkeiten auf herausfordernde Forschungsergebnisse vor. Sie setzt dabei zunächst einen Leittext ein und zwar eine Studie von Chinn und Brewer (1993), die sieben typische Strategien im Umgang mit solchen Forschungsergebnissen, die den eigenen Überzeugungen widersprechen, identifiziert haben:

1. *Ignorieren der Forschungsergebnisse:* Die Fachpersonen zeigen einen Mangel an Interesse. Sie machen sich dabei nicht die Mühe, diesen zu rechtfertigen oder Erklärungen dazu abzugeben.
2. *Ablehnen der Forschungsergebnisse:* Hier erklären Fachpersonen häufig, warum die Forschungsergebnisse abzulehnen sind.
3. *Ausschließen der Forschungsergebnisse:* Herausfordernde Forschungsergebnisse werden gar nicht erst auf die eigene Person oder das eigene Fachgebiet bezogen. Die Daten oder Ergebnisse werden nur für andere Bereiche, Disziplinen oder Sachgebiete als relevant angesehen.
4. *Zurückstellen der Forschungsergebnisse:* Die Fachpersonen zeigen Widerstände, sich mit den Ergebnissen zu beschäftigen. Sie machen weiter wie bisher, räumen allerdings ein, dass sicher irgendwann die Ideen dieser Forschung so ausformuliert und verdeutlicht werden, dass sie ihre aktuellen Überzeugungen und Vorgehensweisen ändern werden.
5. *Re-Interpretieren der Forschungsergebnisse:* Die Fachpersonen formulieren Erklärungen für die Forschungsergebnisse, die zu ihren aktuellen Überzeugungen passen, obwohl aufseiten der Forschung ganz andere Erklärungen und Deutungsmuster für die Ergebnisse gefunden worden sind.
6. *Umsetzen peripherer Änderungen der Theorie:* Fachpersonen nehmen minimale Änderungen vor, erhalten aber den Kern ihrer aktuellen Theorien, Überzeugungen und Vorgehensweisen.
7. *Akzeptieren der Forschungsergebnisse:* Fachpersonen akzeptieren die Ergebnisse und nehmen einen ernsthaften Theoriewechsel vor, der sich auf das gesamte Handeln auswirkt.

Die Auseinandersetzung mit den beschriebenen Überzeugungen und Verhaltensweisen bietet eine gute Grundlage zur Selbstreflexion, aber auch eine Einschätzungshilfe bei der Beurteilung des Umgangs mit Forschungserkenntnissen der Akteure im Feld. Im Folgenden sind einige typische „Antworten" aufgeführt.

> *Beispiel*
> **Ablehnung**
> Frühpädagogin M. lehnt ein Forschungsergebnis ab, z. B. den Einsatz intuitiv-didaktischer Verhaltensweisen bei der Wickelinteraktion: „Ich weiß ja, dass eigentlich mit den Kindern bei den Alltagsroutinen wie z. B. beim Wickeln gesprochen werden muss, aber so ein Ansatz ist einfach nicht umsetzbar, da müssten wir wirklich viel mehr Personal haben."
>
> **Ausschluss**
> Frühpädagogin O. schließt die Bedeutung eines Forschungsergebnisses für die eigene Beratungs-Arbeit mit Eltern aus: „Also diese Studie von Grawe ‚Psychotherapie im Wandel' ist ja nun wohl definitiv für Psychotherapeuten. Ich denke nicht, dass das für den Krippenbereich von Relevanz ist." Nach Grawe et al. (2001) weist das Verfahren der klientenzentrierten Interaktion nach Rogers oft eher eine Methodenorientierung als eine Klientenorientierung auf und birgt das Risiko schematischer Anwendung.

> **Akzeptanz**
> Frühpädagogin X. akzeptiert die neuen Forschungsergebnisse aus der Bindungs- und Transitionsforschung zur Bedeutung einer weichen Übergangsgestaltung von der Familie des Kindes in die Institution. Sie hat einen Theoriewechsel in ihrer Einrichtung, einem Waldorfkindergarten, erlebt: „Ja, da hat sich schon einiges geändert, früher wurden die Kinder ja nur vorne im Eingangsbereich abgegeben, und die Eltern sollten möglichst gar nicht die Einrichtung betreten. Wir meinten damals, das würde den Kindern den Abschied nur noch schwerer machen. Heute arbeiten wir nach dem ‚Berliner Modell' (Laewen, Andres & Hédervári, 2003), einem umfänglichen Transitionsansatz!"

Neben der Auseinandersetzung mit Forschungsergebnissen sind auch der kritische Umgang mit Texten sowie die persönlichen rhetorischen Fähigkeiten in Diskussionen von Relevanz. Dies gilt insbesondere vor dem Hintergrund der weit verbreiteten ideologischen Positionen im Feld.

5.3.2 Sprache und Macht: Pädagogische Ideologien erkennen

Ideologische Positionen in der Frühpädagogik zu erkennen, ist für die Fachpersonen im Feld gar nicht einfach. Erforderlich ist hierfür zum einen eine tiefgehende fachlich-inhaltliche Expertise, zum anderen die Kenntnis über unterschiedliche Argumentationsstrategien und rhetorische Techniken. Ideologische Positionen kommen zudem in der Regel im Tarnmantel daher, erscheinen also zunächst durchaus schlüssig und enthalten „ein Körnchen Wahrheit". Insbesondere bei der Durchsicht der Literatur im sozialinterventiven Bereich fällt auf, dass viele Methoden im pädagogischen, sozialen oder psychotherapeutischen Bereich vom wissenschaftlichen Status her noch keine hinlängliche Konsistenz im Bereich Methodenentwicklung und Theoriebildung aufweisen.

Ideologien dienen vielfach der Durchsetzung und Rechtfertigung von Macht und Interessen. Als kennzeichnend gelten absichtsvolle Verfälschungen und unzulässige Komplexitätsreduzierungen wie z. B. eine sehr einseitige Betrachtungsweise der Realität oder der Anspruch, komplexe Bereiche auf eine einfache Formel bringen zu können. Die Einnahme einer Meta-Ebene muss daher dezidiert geübt werden. Der kritische und fragengeleitete Umgang mit unterschiedlichen Positionen muss im Fokus stehen:

- Welche Aspekte einer Thematik werden erwähnt, welche werden ausgelassen?
- Welche Konnotationen sind in einem Text aufzufinden?
- Werden eher die Chancen oder die Risiken eines Sachverhalts betont?
- Lassen sich die Inhalte einer Aussage an der Wirklichkeit überprüfen?
- Lassen sich Interessen identifizieren, die hinter bestimmten Aussagen stehen?
- Gibt es offene oder verborgene Konsequenzen einer Position?
- Lassen sich Mängel in der Argumentation erkennen?
- Werden Deutungen und Interpretationen als Tatbestände ausgegeben?
- Wird von falschen Voraussetzungen ausgegangen?
- Gehen unbewiesene Voraussetzungen in den Beweis mit ein (Zirkelschluss)?
- Wird Unerwünschtes durch Werturteile als „böse" abgewertet?

Ideologische Positionen können nur durch Wissenschaftsorientierung überwunden werden. Explizit muss geübt werden, pädagogische Situationen aus verschiedenen Perspektiven, unter Verwendung verschiedenartiger Interpretationsfolien zu betrachten. Eine mehrperspektivische Vorgehensweise soll die künftigen Frühpädagoginnen zu einer Flexibilität befähigen, die sie davor bewahren soll, unreflektiert Ideologien zu folgen. Die Grundfragen „Was ist hilfreich?" „Was ist wirksam?" „Können bestimmte Wirkungen auf unterschiedliche Weise erreicht werden?" „Welche Wirkannahmen werden in einem Ansatz/Konzept vorgenommen?" lassen sich eher beantworten, wenn eine professionelle Haltung erarbeitet wird, die erlaubt, neue Informationen an sich heranzulassen, neue Sichtweisen aufzunehmen und die berufliche Praxis zu modifizieren, wenn Hinweise darauf vorliegen, dass inzwischen bessere Vorgehensweisen vorhanden sind, als die bisher genutzten.

5.3.3 Aufwühlen, beunruhigen, irritieren: Kunst als Weg zur Professionellen Responsivität

Bei angehenden Fachpersonen, die im Ausbildungskontext eine große Zahl an Interaktionsanalysen vornehmen, können als „Nebenwirkungen" Ermüdungserscheinungen eintreten. Plötzlich stehen schlicht „Codes" im Zentrum, die dem Gegenstand Interaktion jedwede Art von Geheimnis oder Überraschung nehmen. Eine solche Entwicklung ist äußerst ungünstig, da mit großer Wahrscheinlichkeit ein eher funktionalistisches, schablonenartiges Antwortverhalten zu erwarten ist. Bei den angehenden Fachpersonen soll sich keine falsche Sicherheit einstellen, weder eine Art „Selbstgefälligkeit", nach der beispielsweise „Ressourcenorientierung" und eine „respektvolle Haltung" als „leichteste Übungen" eingestuft werden können, noch eine distanzierte Wissensrezeption unterschiedlicher Studien. Eine Begegnung mit Rätselhaftem, Verstörendem, Schockierendem in der Kunst – insbesondere der Filmkunst – kann eine erfolgreiche Strategie sein. Allerdings müssen die „richtigen Bilder" gefunden werden, solche, die berühren.

Die Arbeit mit Filmen kann Fachpersonen für die Situation von Familien, für Mütter und Väter auf einer anderen Ebene ansprechen. Ein eigensinniger, neuer Zugang zu vielen Lebens-Phänomenen in all ihrer Widersprüchlichkeit kann damit geschaffen werden. Der Film soll ein Schlaglicht auf eine emotionale Situation werfen, ein kurzes Eintauchen in die Emotion ermöglichen, um vor diesem Hintergrund dann relevante Studien zu besprechen oder gezielte Aufträge zur Übung oder Diskussion zu geben. Sorgfältig ausgewählte Kurzfilme – Miniaturen – oder Filmfragmente, die mit dem zu vermittelnden frühpädagogischen Inhalt verknüpft werden können, sind am geeignetsten. Am Beispiel der Arbeit mit dem Film „POEM" (2004) von Ralf Schmerberg soll dieses Vorgehen verdeutlicht werden.

Kunst und Kino: Emotionalisieren mit inszenierter Poesie

Im Film „POEM" haben die Autoren Ralf Schmerberg und Antonia Keinz 19 Gedichte zur Inszenierung zusammengestellt, in denen sich das Leben in höchst unterschiedlichen Facetten spiegelt. Im Film wird zu Szenarien gesprochen, die auf eine ungewöhnliche und überraschende Weise Seminarinhalte zur Frühpädagogik oder Zusammenarbeit mit Eltern vertiefen können. Die Teilnehmenden an solchen Veranstaltungen erleben dabei Schauspieler, die sie möglicherweise kennen: Klaus Maria Brandauer, Jürgen Vogel, Hermann van Veen … Der Film arbeitet nicht mit einem Handlungsbogen, der einfach nacherzählt werden kann. Er ist vielmehr außerordentlich freilassend und provoziert Assoziationen, die bei jedem Zuschauer anders ausfallen dürften. Laut Schmerberg (2004) ist intendiert, dass jeder Zuschauer das Kino mit seiner eigenen Geschichte verlässt. Es wird hingenommen, dass der eine mehr oder anderes sieht als der andere. Die verfilmten Gedichte weisen zudem vollkommen unterschiedliche Bildersprachen auf, da mit unterschiedlichen Kameramännern gearbeitet worden ist, die verschiedene Perspektiven miterleben lassen. Schmerberg betont, dass es sein Anspruch war, einen lebensbejahenden, zu Mut und Offenheit inspirierenden Film zu machen, einen Film, der berührt.

Die filmische Inszenierung des Gedichts „Nach grauen Tagen" von Ingeborg Bachmann lässt sich in einer Veranstaltungseinheit zur Entwicklungsberatung einsetzen, um eine ressourcenorientierte Sicht auf eine komplexe Familiensituation zu schulen. Günstig ist dabei, wenn die Teilnehmenden bereits Vorkenntnisse und Vorerfahrungen zur Beratung von Eltern sammeln konnten. Es geht nicht darum, Teilnehmende in eine Falle zu locken und sie bei ungenügender Ressourcenorientierung zu ertappen und zu beschämen. Gut geeignet ist die Gedichtinszenierung als Abschluss der Arbeit mit Mütter- und Väterprofilen, wie sie in Abschnitt 5.2.1 beschrieben worden ist. Im Film erleben die Zuschauer eine Familie, die mit ihren Kindern in sehr beengten Verhältnissen in einem Plattenbauhochhaus in Berlin lebt. Es ist Wochenende. Anna Böttcher (M = Mutter) und Jürgen Vogel (V = Vater) spielen die Eltern, die beide am Ende ihrer Kraft und vollkommen ausgelaugt sind. Bestimmend beim Zuschauen ist ein visuell und auditiv inszeniertes Chaos: Krach! – Geräuschpegel von Computerspielzeug – ausgeschüttete Erdnussflips, am Boden hoppelnde Hasen, die Haustiere der Familie – wie am Spieß brüllende Kleinkinder, eine Großmutter, die ein älteres Kind bei den Hausaufgaben betreut. Die Eltern streiten:

Beispiel
M: Mensch Jürgen, rauskieken det kannste, aber mit den Großen was spielen …
V: Na heul doch …
M: Ja, ick heul gleich …
V: Na heul doch
M: Ick heul gleich
V: Ja heul doch
M: Mann, det is *mein* Wochenende,
V: heul doch
M: den ganzen Tag auf Schicht,
V: ja jammer rum
M: *mein* Wochenende
V: Ja jammer rum, los heul, dat kannste dir gar nich vorstellen wie's mir geht
M: ja ick och
V: Is mir doch scheißegal wie's dir geht …

Auf dem Höhepunkt der Verzweiflung und am Rande des Nervenzusammenbruchs steckt die Mutter ihren Kopf in einen riesig großen Ballon und spricht im fahlen blauen Licht mit den Worten der Schriftstellerin Ingeborg Bachmann das aus, was sie sich wünschen mag: „Eine einzige Stunde Licht schauen!/Eine einzige Stunde frei sein!"

Die surreale Ballonsequenz sollte bereits vor der Betrachtung des Films angekündigt werden, damit sie nicht zu viel Aufmerksamkeit wegnimmt. Im Fokus soll die dargestellte Familie stehen und das innere Echo, das diese Familie in jeder Zuschauerin, jedem Zuschauer auslöst. Häufig wird die dargestellte Familie als „absolut asozial" wahrgenommen und sehr negative eigene Erfahrungen mit „solchen Familien" berichtet. Auffällig ist oft die meist sehr negative Perspektive auf den Vater und die klare Parteinahme für die Mutter. Viele positive Verhaltensweisen der Protagonisten werden beim ersten Anschauen nicht wahrgenommen. Die Bemühungen beider Eltern, sich auf ihre Art ihren Kindern zuzuwenden, können oft erst unter klarer Fokussierung auf die positiven Verhaltensweisen erkannt werden, bei wiederholter Betrachtung des Films. Günstig ist eine klare Aufgabenstellung:

1. In welcher Weise wendet sich der Vater seiner Frau und seinen Kindern zu?
2. In welcher Weise wendet sich die Mutter ihrem Mann und ihren Kindern zu?
3. Wo nehmen Sie Traurigkeit des Vaters/der Mutter wahr?

Mit diesen Fragestellungen ist in der Regel sehr gut möglich, ressourcenorientiert zu schauen und sich auf hilfreiche Strategien für diese Familie zu konzentrieren. An die Erfahrung, wie schwierig es ist, den ressourcenorientierten Blick zu zeigen, lässt sich unter Bezugnahme auf diesen Film immer wieder anknüpfen.

Kunst und Körper: Präsenz und Ausdruck

Fachkräfte in der Krippe brauchen ein hohes Maß an eigener emotionaler Expressivität, um die Interaktion mit Säuglingen und Kleinkindern gelingen zu lassen. Gerade für die Arbeit in der Kindergruppe, für das Gruppenmanagement, sind neben kreativen Problemlösekompetenzen eben auch emotionale und körperliche „Präsenz" erforderlich. Die Schulung der Ausdrucksfähigkeiten steht explizit im Fokus der Ausbildung von Sängern, Tänzern und Schauspielern, also in den darstellenden Künsten. Auch in der Theaterpädagogik wird davon ausgegangen, dass Emotionen eine somatische Basis haben. So wird in der Ausbildung von Schauspielern viel Zeit darauf verwendet, in differenzierender Weise, somatisch, emotional, stimmlich und sprachlich „antworten" zu lernen. Zum Repertoire der künstlerischen Ausbildung in der darstellenden Kunst gehört deshalb der kreative Umgang mit Vorstellungshilfen, Bildern, Imaginationen. In besonderer Weise und mit Relevanz für die Frühpädagogik (U3) wird beim Materialtraining in der Figurentheaterausbildung gezielt mit der „Phantasie der Belebung" gearbeitet, um das Ausdrucks- oder Antwortverhalten zu schulen:

> *Wir bekamen das Gespür, wie viel oder auch wie wenig es braucht, um Gegenstände zu beleben. Jeder Gegenstand, der uns in die Finger kam, wurde auf seine Möglichkeit zur Belebung untersucht. Alltagsgegenstände:*

> *Metall, Feinstrumpfhosen, Kinderspielzeug usw. boten unserer Assoziation Nahrung. Sogar Papier brachten wir zum Reden. Erst später beschäftigten wir uns mit der gestalteten Figur und sammelten die ersten Erfahrungen im Handpuppenspiel. Unsere Auseinandersetzung führte uns zur besonderen Stärke des jeweiligen Materials oder der jeweiligen Puppe. (Hense, 2003, o. S.)*

In der Theaterarbeit nach Lecoq (2003), aber auch in der Stimmbildung nach Schlaffhorst-Andersen (Lang & Saatweber, 2010) ist intendiert, gezielt unterschiedliche Antworten des Körpers hervorzurufen, um so die Reagibilität des Körpers zu erhöhen. Typisch sind dabei Übungen wie das „Gehen durch den Raum", die mit dem Motiv der Reise, des Weges arbeiten. Dabei soll das Darstellungs- und Ausdrucksvermögen so geschult werden, dass es gelingt, über den harten Holzboden einer Bühne zu gehen und dabei am Körperausdruck deutlich werden zu lassen, ob mit Härte oder Weichheit „interagiert" wird: Ein Zuschauer in der letzten Reihe müsste wahrnehmen können, ob ein Darsteller über Moos oder Asphalt läuft. Das Gelingen ist am veränderten, differenzierten Körperausdruck abzulesen. Der Gang des Akteurs verändert sich, sein Fuß, sein gesamter Körper „antwortet" jeweils unterschiedlich auf den in der Phantasie vorgestellten Untergrund: Moos, Sand, Asphalt. Gearbeitet wird mit der Vorstellung einer „Interaktion mit dem Boden".

Das folgende Zitat stellt die letzte Übung aus dem Buch „Der poetische Körper" von Lecoq (2003) dar.

> *Nach langer Zeit kehren Sie zurück, um das Zimmer Ihrer Kindheit wiederzusehen. Sie haben deswegen eine lange Reise gemacht, nun stehen Sie vor der Tür, Sie öffnen die Tür. Wie werden Sie öffnen? Wie werden Sie hineingehen? Sie entdecken Ihr Zimmer wieder: Nichts hat sich verändert, jedes Ding an seinem Platz. Sie finden alle Ihre Kindersachen wieder, Ihr Spielzeug, Ihre Möbel, Ihr Bett. Diese Bilder der Vergangenheit leben in Ihnen wieder auf bis zu dem Moment, in dem die Gegenwart Sie wieder einholt. Und Sie verlassen den Ort. (Lecoq, 2003, S. 47)*

5.4 Zusammenfassung und Literaturtipps

Zusammenfassung

Das professionell responsive Handeln mit dem Kind: Eine wesentliche Schulung Professioneller Responsivität erfolgt über Übungen, die das rasche Erkennen von *Mustern* in der Interaktion zum Inhalt haben. Offenheit und Anregungsbereitschaft sowie Belastung des Kindes müssen hinreichend sicher wahrgenommen und interpretiert werden können.

Fachpersonen sollten in einen somatischen Dialog mit dem Kind eintreten können, der durch die Qualität der Wechselseitigkeit gekennzeichnet ist. Dabei muss auch eine Fachsprache für die dort auftretenden Phänomene entwickelt werden.

Unter Supervision sollte ein Repertoire an basalen Berührungsformen aufgebaut werden, die responsiv und damit non-programmatisch als Berührungssequenzen oder als Baby- und Kindermassage eingesetzt werden können.

Foto, Film, Simulation und Selbsterfahrung sowie Lehrende, die ihren fachlichen Blick teilen, ermöglichen die Zugänge.

Handling-Kompetenzen lassen sich für die Fütter- und Wickelinteraktion in einem Simulations-Setting unter Supervision aufbauen. Der Einbezug von Modellen, d. h. gewichteten Säuglingspuppen, kann zentrale Prinzipien wie die notwendige Bevorzugung von spiraligen gegenüber parallelen Bewegungsmustern erfahrbar machen. Für die Arbeit mit Kindern mit Behinderung, die noch nicht über Lautsprache verfügen, sind Kenntnisse zur Unterstützten Kommunikation unabdingbar.

Die erforderliche emotionale Expressivität lässt sich am ehesten über theatrale Zugänge erarbeiten.

Das professionell responsive Handeln mit den Eltern: Im Lernprozess soll die Kategorisierung von Erwachsenen auf eine Gruppe mit dem Label „die Eltern" „aufgeweicht" werden. Um sich responsiv auf das Gegenüber abstimmen zu können, müssen (angehende) Fachpersonen möglichst viel über ganz unterschiedliche Eltern und unterschiedliche Arten und Weisen, Elternschaft zu leben, erfahren. Lebenswelten werden in den so genannten Sinus-Milieus deutlich unterschieden. In den einzelnen Milieus sind Menschen mit ähnlichen Wünschen, Werten und Vorlieben, aber auch Alltagsästhetiken (Kleidungsstil, Wohnzimmereinrichtung) zusammengefasst, die auch in Hinblick auf Erziehung und Bildung sowie vom „Bild der Pädagogin" ganz verschiedene Vorstellungen haben. Einblick in unterschiedliche Lebenswelten geben zudem Filme in Verbindung mit entsprechender Filmanalyse.

Konkretes Übungsfeld für die Arbeit mit Eltern und für die konkrete Gesprächsführung ist der Einsatz von Simulationsschauspielerinnen oder -schauspielern, die auf der Basis eines festgelegten Rollenprofils Mütter oder Väter unterschiedlicher Art spielen. Schwierige Gesprächsformen wie die Mitteilung des Verdachts auf das Vorliegen einer Entwicklungsstörung können so gezielt geübt werden. Beim Simulationsgespräch sollen die Teilnehmenden die Responsivität der Beraterin einschätzen in den Bereichen Körper, Bewegung, Stimme, Sprache sowie Fachkompetenz.

Die *forschende reflexive Haltung* ist eine Kernvoraussetzung für Professionelle Responsivität, denn sie ist am stärksten ausgeprägt bei Fachpersonen, die eine hohe Sachkompetenz aufweisen und eine möglichst große Distanz gegenüber Ideologien haben. Die Sensitivität der Fachperson muss über gezielte Übungen ausgebaut werden, die die Konfrontation mit unbequemen Forschungsergebnissen simulieren. Die Begegnung mit Kunst soll für Irritation und Instabilität sorgen, das Gewohnte aufweichen und aufbrechen, damit über Musteraufbau und gezielten Musterbruch die Flexibilität der Fachperson erhalten bleibt, ihr Zugang zu ihren eigenen Ressourcen.

Literaturtipps

Merkle, T. & Wippermann, C. (2008). *Eltern unter Druck. Selbstverständnisse, Befindlichkeiten und Bedürfnisse von Eltern in verschiedenen Lebenswelten.* Stuttgart: Lucius & Höhne.
Das Buch vermittelt tiefgehende Einsichten in unterschiedliche Möglichkeiten, Elternschaft zu leben. Es eignet sich für eine intensive Auseinandersetzung mit den Sinus-Milieus in Deutschland.

Molcho, S. (2005). *Körpersprache der Kinder.* München: Ariston.
Molchos Körpersprache für Kinder ist ein Klassiker für die Blickschulung von Frühpädagoginnen und -pädagogen.

Petersen, L.-E. & Six, B. (Hrsg.). (2008). *Stereotype, Vorurteile und soziale Diskriminierung: Theorien, Befunde und Interventionen.* Weinheim: Beltz.
Das Buch stellt systematisch Studien zu den Bereichen Stereotype, Vorurteil und Diskriminierung vor. Es ist spannend zu lesen und eignet sich hervorragend für die Theorie-Praxis-Verzahnung.

Literatur und Filmverzeichnis

Adamek, K. (Hrsg.). (2010). *Das Liederbuch – Canto elementar: Zum Generationen verbindenden Singpatenprojekt für Kindergärten*. Eichen: Canto.

Ahnert, L. (2007). Von der Mutter-Kind-Bindung zur Erzieherin-Kind-Beziehung? In F. Becker-Stoll & M. R. Textor (Hrsg.), *Die Erzieherin-Kind-Beziehung. Zentrum von Bildung und Erziehung* (S. 31–41). Berlin: Cornelsen Scriptor.

Ahnert, L. (2010). *Wieviel Mutter braucht ein Kind? Bindung – Bildung – Betreuung: öffentlich und privat*. Heidelberg: Spektrum.

Ahnert, L., Pinquart, M. & Lamb, M. E. (2006). Security of children's relationships with non-parental care providers: A meta-analysis. *Child Development, 77*, 664–679.

Ainsworth, M. D., Blehar, M. C., Water, E. & Wall, S. (2014/1978). *Patterns of attachment: A psychological study of the strange situation*. New York: Psychology Press.

Albers, T. (2012). *Mittendrin statt nur dabei. Inklusion in Krippe und Kindergarten*. München: Reinhardt.

Als, H., Lawhon, G., Duffy. F. H. & McAnulty, G. B. (1996). Effectiveness of individualized neurodevelopmental care in the newborn intensive care unit. *Acta Paediatrica Supplement, 416*, 21–30.

Antonovsky, A. (1997). *Salutogenese. Zur Entmystifizierung der Gesundheit*. Tübingen: dgvt.

Auernheimer, G. (2005). Interkulturelle Kommunikation und Kompetenz. *Migration und Soziale Arbeit, 27 (1)*, 15–22.

Autorengruppe Bildungsberichterstattung. (Hrsg.). (2010). *Bildung in Deutschland: Ein indikatorengestützter Bericht mit einer Analyse zur Zukunft des Bildungswesens im Kontext der demografischen Entwicklung*. Bielefeld: Bertelsmann. Verfügbar unter: http://www.bildungsbericht.de/daten2010/bb_2010.pdf [27.04.2015].

Ayres, A. J. (2008). *Bausteine der kindlichen Entwicklung: Die Bedeutung der Integration der Sinne für die Entwicklung des Kindes. Störungen erkennen und verstehen, ganzheitliche Frühförderung und Therapie, praktische Hilfe für Eltern* (4. Aufl.). Berlin: Springer.

Ayres, J. A. (2013). *Bausteine der kindlichen Entwicklung: Sensorische Integration verstehen und anwenden – Das Original in moderner Neuauflage*. Springer: Heidelberg.

Bauer, J. (2006). *Warum ich fühle, was du fühlst. Intuitive Kommunikation und das Geheimnis der Spiegelneurone*. München: Heyne.

Bauer, J. (2010). *Das Gedächtnis des Körpers: Wie Beziehungen und Lebensstile unsere Gene steuern* (15. Aufl.). Frankfurt a. M.: Eichborn.

Beck, E., Baer, M., Guldimann, T., Bischoff, S., Brühlwiler, C., Müller, P., Niedermann, R., Rogalla, M. & Vogt, F. (2008). *Adaptive Lehrkompetenz: Analyse und Struktur, Veränderbarkeit und Wirkung handlungssteuernden Lehrerwissens*. Münster: Waxmann.

Becker-Stoll, F. & Textor, M. R. (Hrsg.). (2007). *Die Erzieherin-Kind-Beziehung: Zentrum von Bildung und Erziehung*. Berlin: Cornelsen Scriptor.

Becker-Stoll, F., Niesel, R. & Wertfein, M. (2014). *Handbuch Kinderkrippe*. Freiburg: Herder.

Behr, A. (2010). *Kinder in den ersten drei Jahren. Qualifikationsanforderungen an frühpädagogische Fachkräfte. Expertise der Weiterbildungsinitiative Frühpädagogischer Fachkräfte*. München: DJI.

Bekel, G. (1999). Die Selbstpflegedefizit-Theorie von Dorothea E. Orem. In E. Holoch, U. Gehrke, B. Knigge-Demal & E. Zoller (Hrsg.), *Lehrbuch Kinderkrankenpflege. Die Förderung und Unterstützung selbstpflegebezogenen Handelns im Kindes- und Jugendalter* (S. 61–79). Bern: Huber.

Belsky, J. (2010). Frühe Tagesbetreuung von Kindern und die Entwicklung bis zur Adoleszenz: Schlüsselergebnisse der NICHD-Studie über frühe Tagesbetreuung. In F. Becker

Stoll, J. Berkic & B. Kalicki (Hrsg.), *Bildungsqualität in den ersten Lebensjahren* (S. 74–82). Berlin: Cornelsen Scriptor.

Benenzon, R. O. (1992). *Einführung in die Musiktherapie*. München: Kösel.

Bertelsmann Stiftung & Staatsinstitut für Frühpädagogik. (Hrsg.). (2011). *Wach, neugierig, klug – Kompetente Erwachsene für Kinder unter 3: Ein Fortbildungshandbuch* (3. Aufl.). Gütersloh: Bertelsmann Stiftung.

Bertelsmann Stiftung & Staatsinstitut für Frühpädagogik. (Hrsg.). (2010). *Wach, neugierig, klug – Kinder unter 3: Ein Medienpaket für Kitas, Tagespflege und Spielgruppen CD-ROM* (3. Aufl.). Gütersloh: Bertelsmann Stiftung.

Biemans, H. (1985). *Die Körpersprache des Helfens*. Verfügbar unter: http://www.spin-ev.de/DIE%20K%D6RPERSPRACHE%20DES%20HELFENS%20%20Biemans%201984.pdf [14. 07. 2010].

Bienstein, C. & Fröhlich, A. (2012). *Basale Stimulation in der Pflege. Die Grundlagen* (7. Aufl.). Seelze-Velbe: Kallmeyer.

Bischof-Köhler, D. (2000). *Kinder auf Zeitreise. Theory of Mind, Zeitverständnis und Handlungsorganisation*. Bern: Huber.

Blank-Mathieu, M. (2001). *Sozialisation, Selbstkonzept und Entwicklung der Geschlechtsidentität bei Jungen im Vorschulalter*. Dissertation, Universität Tübingen. Verfügbar unter: http://tobias-lib.uni-tuebingen.de/volltexte/2002/470/pdf/bm_diss.pdf [19.04.2015].

Blank-Mathieu, M. (2006). *Jungen im Kindergarten* (2. Aufl.). Frankfurt: Brandes & Apsel.

Bodeewes, T. (2003). *Fütterinteraktion zwischen Mutter und Kind bei füttergestörten und nicht füttergestörten Kindern*. Dissertation, Universität München.

Boenisch, J. & Sachse, S. (2007). *Diagnostik und Beratung in der Unterstützten Kommunikation: Theorie, Forschung und Praxis*. Karlsruhe: Loeper.

Borke, J. & Eickhorst, A. (Hrsg.). (2008). *Systemische Entwicklungsberatung in der frühen Kindheit*. Stuttgart: UTB.

Borke, J. & Keller, H. (2014): *Kultursensitive Frühpädagogik*. Kohlhammer: Stuttgart.

Bornstein, M. H. (Hrsg.). (2012). *Handbook of parenting: Practical issues in parenting, Bd. 5* (2. Aufl.). Mahwah: Erlbaum.

Bornstein, M. H., Tamis-LeMonda, C. S., Hahn, C.-S. & Haynes, O. M. (2008). Maternal responsiveness to young children at three ages: Longitudinal analysis of a multidimensional, modular, and specific parenting construct. *Developmental Psychology, 44*, 867–874.

Bowlby, J. (2014). *Bindung als sichere Basis: Grundlagen und Anwendung der Bindungstheorie* (3. Aufl.). München: Reinhard.

Brisch, K. H. (2015). *Bindungsstörungen: Von der Bindungstheorie zur Therapie* (13. Aufl.). Stuttgart: Klett-Cotta.

Brodin, M. & Hylander, I. (2002). *Wie Kinder kommunizieren. Daniel Sterns Entwicklungspsychologie in Krippe und Kindergarten*. Weinheim: Beltz.

Bruner, J. (2008/1987). *Wie das Kind sprechen lernt*. Bern: Huber.

Bünder, P., Sirringhaus-Bünder, A. & Helfer, A. (2013). *Lehrbuch der Marte-Meo-Methode. Entwicklungsförderung mit Videounterstützung* (3. Aufl.). Göttingen: Vandenhoeck & Rupprecht.

Carr, E. G., Horner, R. H., Turnbull, A. P., Marquis, J. G., McLaughlin, D. M. & McAtee, M. L. (1999). *Positive behavior support for people with developmental disabilities: A research synthesis*. Washington, DC: AAMR.

Chinn, C. A. & Brewer, W. F. (1993). The role of anomalous data in knowledge acquisition: A theoretical framework and implications for science instruction. *Review of Educational Research, 63*, 1–49.

Chung, L.-C. (2001). A study of teacher factors in teacher-child relationships with preschool children. *Dissertation Abstracts International Section A: Humanities and Social Sciences 2001 (61) (7-A)*, 2586.

Clarke-Stewart, A. & Allhusen, V. D. (2005). *What we know about childcare. The developing child*. Cambridge: Harvard University Press.
Cooper, P. J. & Stein, A. (Hrsg.). (1992). *Feeding problems and eating disorders in children and adolescents*. Chur: Harwood Academic Publishers.
Cowan, P. (1991). Individual and family life transitions: A proposal for a new definition. In P. Cowan & M. Hetherington (Eds.), *Family transitions: Advances in family research* (pp. 3–30*).* Vol. 2. Hillsdale NJ: Lawrence Erlbaum.
Cowan, C. P. & Cowan, P. A. (1994). *Wenn Partner Eltern werden. Der große Umbruch im Leben des Paares*. München: Piper.
Csikszentmihalyi, M. (2014). *Flow: Das Geheimnis des Glücks* (17. Aufl.). Stuttgart: Klett-Cotta.
Dann, H. D. (1994). Pädagogisches Verstehen: Subjektive Theorien und erfolgreiches Handeln von Lehrkräften. In K. Reusser & M. Reusser-Weyeneth (Hrsg.), *Verstehen. Psychologischer Prozess und didaktische Aufgabe* (S. 163–182). Bern: Huber.
Datler, W., Funder, A., Hovner-Reisner, N., Fürstaller, M. & Ereky-Stevens, K. (2012). Eingewöhnung von Krippenkindern: Forschungsmethoden zu Verhalten, Interaktion und Beziehung in der Wiener Krippenstudie. In S. Viernickel, D. Edelmann, H. Hoffmann & A. König (Hrsg.), *Krippenforschung. Methoden, Konzepte, Beispiele*. München: Reinhardt.
Declercq, E., Sakala, C., Corry, M. & Applebaum, S. (2006). *Listening to mothers II: Report of the second national U. S. survey of women's childbearing experiences*. Verfügbar unter: http://www.childbirthconnection.org/pdfs/LTMII_report.pdf [19. 03. 2010].
Derman-Sparks, L. & Ramsey, P. G. (2013). *What if all the kids are white? Anti-bias multicultural education with young children and families* (2nd edition). New York: Teachers College.
Deutscher Familienverband. (Hrsg.). (1999). *Handbuch Elternbildung. Bd. 2: Wissenswertes im zweiten bis vierten Lebensjahr des Kindes*. Opladen: Leske + Budrich.
Diouani-Streek, M. & Ellinger, S. (Hrsg.). (2007). *Beratungskonzepte in sonderpädagogischen Handlungsfeldern*. Oberhausen: Athena.
Dippelhofer-Stiem, B. (2001). *Erzieherinnen im Vorschulbereich. Soziale Bedeutung, berufliche Sozialisation und Professionalität im Spiegel sozialwissenschaftlicher Forschung*. Arbeitsbericht Nr. 11. Verfügbar unter: http://www.uni-magdeburg.de/isoz/publikationen/download/11.pdf [08. 03. 2010].
Dörge, C. (2009). Professionelles Pflegehandeln im Alltag. *Pflegewissenschaft*, 6, 325–336.
Dollase, R. (2015). *Gruppen im Elementarbereich*. Stuttgart: Kohlhammer.
Dornes, M. (2009). *Der kompetente Säugling: Die präverbale Entwicklung des Menschen* (12. Aufl.). Frankfurt a. M.: Fischer.
Downing, G. (2007): *Körper und Wort in der Psychotherapie. Leitlinien für die Praxis*. München: Kösel.
Dunitz-Scheer, M., Tappauf, M., Burmucic, K. & Scheer, P. (2007). Frühkindliche Essstörungen. Kinder sind keine Gefäße! In *Monatsschrift Kinderheilkunde*, 9, S. 795–803.
Dunn, W. (2006). *Sensory profile school companion: Research & resources*. Verfügbar unter: http://www.pearsonassessments.com/HAIWEB/Cultures/en-us/Productdetail.htm?Pid=076-1600-205 [13. 03. 2010].
Dunn, W. (2008). *Bringing evidence into everyday practice: Practical strategies for healthcare professionals*. Thorofare, NJ: Slack.
Dunst, C., Snyder, S. & Mankinen, M. (1989). Efficacy of early intervention. In M. C. Wang, M. C. Reynolds & H. J. Walberg (Hrsg.), *Handbook of special education: Research and practice, Bd. 3* (S. 259–294). Oxford: Pergamon Press.
Erickson, M. F. & Egeland, B. (2014). *Die Stärkung der Eltern-Kind-Bindung: Frühe Hilfen für die Arbeit mit Eltern von der Schwangerschaft bis zum zweiten Lebensjahr des Kindes durch das STEEP(TM)-Programm* (3. Aufl.). Stuttgart: Klett-Cotta.

Eshel, N., Daelmans, B., Cabral Mello, M. de & Martines, J. (2006). Responsive parenting: Interventions and outcomes. *Bulletin of the World Health Organization, 84*, 992–999.
Fagan, J. & Palm, G. (2004). *Fathers and early childhood programs.* Canada, NY: Delmar Learning.
Falk, J. (2008). Von den Anfängen. In E. Pikler & A. Tardos (Hrsg.), *Miteinander vertraut werden. Erfahrungen und Gedanken zur Pflege von Säuglingen und Kleinkindern* (5. Aufl.) (S. 17–30). Freiamt: Arbor.
Falk, J. & Aly, M. (2008). *Beobachten, Verstehen und Begleiten. Entwicklungsdiagnostik nach Pikler.* Berlin: Pikler-Gesellschaft.
Festinger, L. (1978). *Theorie der kognitiven Dissonanz.* Bern: Huber.
Fivaz-Depeursinge, E. & Corboz-Warney, A. (2001). *Das primäre Dreieck. Vater, Mutter und das Kind aus entwicklungstheoretisch-systemischer Sicht.* Heidelberg: Carl-Auer.
Fonagy, P., Gergely, G., Jurist, E. L. & Target, M. (2015). *Affektregulierung, Mentalisierung und die Entwicklung des Selbst* (5. Aufl.). Stuttgart: Klett-Cotta.
Fonagy, P. & Target, M. (2002). Neubewertung der Entwicklung der Affektregulation vor dem Hintergrund von Winnicotts Konzept des „falschen Selbst". *Psyche, 56*, 839–862.
Forum für Erzieher. (2008). *Ich mag nicht mehr. Beitrag Erzieherforum.* Verfügbar unter: http://www.forum-fuer-erzieher.de/viewtopic.php?p=3703#p3703 [26.04.2015].
Frey, A. (1999). *Erzieherinnenausbildung gestern – heute – morgen. Konzepte und Modelle zur Ausbildungsevaluation.* Landau: Empirische Pädagogik.
Fried, L. (2002). Qualität von Kindergärten aus der Perspektive von Erzieherinnen: Eine Pilotuntersuchung. In B. Dippelhofer-Stiem & A. Frey (Hrsg.), *Kontextuelle Bedingungen, Kompetenzen und Bildungsvorstellungen von Erzieherinnen. Empirische Pädagogik, 16*, 191–209.
Fröhlich, A. (2008). *Basale Stimulation: Das Konzept* (5. Aufl.). Düsseldorf: Verlag Selbstbestimmtes Leben.
Fthenakis, W. E. & Minsel, B. (2002). *Die Rolle des Vaters in der Familie.* Verfügbar unter: http://www.bmfsfj.de/RedaktionBMFSFJ/Broschuerenstelle/Pdf-Anlagen/PRM-24420-SR-Band-213,property=pdf,bereich=bmfsfj,sprache=de,rwb=true.pdf [26.04.2015].
Fthenakis, W. E. & Oberhuemer, P. (Hrsg.). (2010). *Frühpädagogik international: Bildungsqualität im Blickpunkt* (2. Aufl.). Wiesbaden: Verlag für Sozialwissenschaften.
Georgas, J., Berry, J. W., Vijver, F. J. R. van de, Kagitçibasi, C. & Poortinga, Y. H. (2010). *Families across cultures: A 30-nation psychological study.* Cambridge: Cambridge University Press.
Gerber, M. (2001a). Dein Baby zeigt dir den Weg. Die Grundlagen der Arbeit von Emmi Pikler im Umgang mit Säuglingen und Kleinkindern. *Mit Kindern wachsen, Sonderheft Säugling und Kleinkind, Schwangerschaft und Geburt,* 2–8.
Gerber, M. (2001b). Zuschauen lernen. *Mit Kindern wachsen, Sonderheft Säugling und Kleinkind, Schwangerschaft und Geburt,* 20–22.
Gerber, M. (2009). *Dein Baby zeigt Dir den Weg* (4. Aufl.). Freiamt: Arbor.
Gloger-Tippelt, G. (1988). *Schwangerschaft und erste Geburt. Psychologische Veränderungen der Eltern.* Stuttgart: Kohlhammer.
Gonzalez-Mena, J. (1994). *From a parent's perspective.* Salem, WI: Sheffield Publishing Company.
Gonzalez-Mena, J. (2009). *The caregiver's companion: Readings and professional resources: To accompany infants, toddlers, and caregivers* (8. Aufl.). New York: McGraw-Hill.
Gonzalez-Mena, J. & Widmeyer Eyer, D. (2009). *Infants, toddlers, and caregivers: A curriculum of respectful, responsive care and education* (8. Aufl.). New York: McGraw-Hill.
Gräßel, E. & Gräßel, C. (2001). Von Nightingale über Henderson bis Peplau: Der lange Weg zu einer patientenzentrierten Pflege. *Pflegezeitschrift, 54*, 264–268.
Grawe, K., Donati, R. & Bernauer, F. (2001). *Psychotherapie im Wandel: Von der Konfession zur Profession* (5. Aufl.). Göttingen: Hogrefe.

Gregor, A. & Cierpka, M. (2004). *Das Baby verstehen: Das Handbuch zum Elternkurs für Hebammen.* Bensheim: Karl-Kübel-Stiftung für Kind und Familie.
Groeben, N., Wahl, D., Schlee, J. & Scheele, B. (1988). *Das Forschungsprogramm Subjektive Theorien. Eine Einführung in die Psychologie des reflexiven Subjekts.* Tübingen: Francke.
Grohnfeldt, M. (Hrsg.). (2003). *Lehrbuch der Sprachheilpädagogik und Logopädie, Bd. 4.* Stuttgart: Kohlhammer.
Grossmann, K. (1999). Merkmale einer guten Gruppenbetreuung für Kinder bis drei Jahren im Sinne der Bindungstheorie und ihre Anwendung auf berufsleitende Supervision. In Deutscher Familienverband (Hrsg.), *Handbuch Elternbildung. Bd. 2 Wissenswertes im zweiten bis vierten Lebensjahr des Kindes* (S. 165–184). Opladen: Leske + Budrich.
Grossmann, K. & Grossmann, K. E. (2012). *Bindungen: Das Gefüge psychischer Sicherheit* (5. Aufl.). Stuttgart: Klett-Cotta.
Grossmann, K., Grossmann, K. E., Keppler, A., Liegel, M. & Schiefelhövel, W. (2003). Der förderliche Einfluss psychischer Sicherheit auf das Spielerische Explorieren kleiner Trobriand-Kinder. M. Papoušek & A. v. Gontard (Hrsg.), *Spiel und Kreativität in der frühen Kindheit* (S. 112–137). Stuttgart: Klett-Cotta.
Grossmann-Schnyder, M. (2000). *Berühren: Praktischer Leitfaden zur Psychotonik in Pflege und Therapie* (3. Aufl.). Stuttgart: Hippokrates.
Gutknecht, D. (2003). *Sprachanbahnung und Mund- und Essttherapie auf der Basis basaler, atem- und wahrnehmungstherapeutischer Ansätze.* Unveröffentlichtes Script zur gleichnamigen Veranstaltung im WS 2003/2004. Pädagogische Hochschule Heidelberg.
Gutknecht, D. (2004). Atemmassage als Setting der frühen und basalen Sprachtherapie (mehrfach)behinderter Kinder. *L.O.G.O.S. Interdisziplinär, 12,* 177–186.
Gutknecht, D. (2007). Entwicklungsberatung im Kontext institutioneller Frühförderung. M. Diouani-Streek & S. Ellinger (Hrsg.), *Beratungskonzepte in sonderpädagogischen Handlungsfeldern* (S. 139–163). Oberhausen: Athena.
Gutknecht, D. (2010). Professionelle Responsivität. Ein hochschulbezogenes Ausbildungskonzept für den frühpädagogischen Arbeitskontext U3: Kinder bis drei Jahren und ihre Familien. Dissertation, PH Heidelberg. Verfügbar unter: http://nbn-resolving.de/urn:nbn:de:bsz:he76-opus-75225 [26.04.2015].
Gutknecht, D. (2014a). Antworten und sich abstimmen. Responsivität pädagogischer Fachkräfte. In *Welt des Kindes,* 2, 2014, S. 44–46.
Gutknecht, D. (2014b). Betreuung, Bildung und Erziehung in Krippen und Kindertagesstätten. In R. Braches-Chyrek, Ch. Röhner, H. Sünker & M. Hopf (Hrsg.), *Handbuch Frühe Kindheit* (S. 527–540). Opladen: Budrich.
Gutknecht, D. (2015). *Wenn kleine Kinder beißen. Achtsame und konkrete Handlungsmöglichkeiten.* Freiburg: Herder.
Gutknecht, D., Greiner, H. & Schöler, H. (2009). Akademisierung der Ausbildung im Früh- und Elementarbereich: Der Bachelor-Studiengang „Frühkindliche und Elementarbildung" (Felbi) an der Pädagogischen Hochschule Heidelberg. *L.O.G.O.S. Interdisziplinär, 17,* 93–98.
Gutknecht, D., Greiner, H. & Schöler, H. (2010). Praxislernen im „Drei-Räume-Modell" des Studiengangs Frühkindliche und Elementarbildung in Heidelberg. *Journal für Lehrerinnen- und Lehrerbildung (jbl), 10,* 44–48.
Gutknecht, D. & Sommer-Himmel, R. (2014). Transitonen und Mikrotransitionen. Herausforderungen in der frühpädagogischen Arbeit. In A. Köhler-Offierski & H. Stammer (Hrsg.), *Übergänge und Umbrüche* (S. 173–184). Freiburg: FEL, Verl. Forschung, Entwicklung, Lehre.
Hacker, H. & Heimann, M. (2008). *Bildungswege vom Kindergarten zur Grundschule* (3. Aufl.). Bad Heilbrunn: Klinkhardt.
Hack-Zürn, I. (1994). *Sonderschullehrerinnen als professionelle Mütter? Die Sonderschule als Bildungsinstitution mit Familiencharakter.* Bielefeld: Kleine.

Hanke, N. (2000). *Action-Painting. Kreative Entwicklungsförderung mit Kindern und Familien.* Nürnberg: emwe.

Hatch, F. & Maietta, L. (2003). *Kinästhetik: Gesundheitsentwicklung und menschliche Aktivitäten* (2. Aufl.). Wiesbaden: Ullstein Medical.

Haug–Schnabel, G. & Bensel, J. (2003). Niederschwellige Angebote zur Elternbildung. Eine Recherche im Auftrag der Katholischen Sozialethischen Arbeitsstelle (KSA) in Hamm, Arbeitsstelle der Deutschen Bischofskonferenz. Verfügbar unter: http://www.verhaltens¬biologie.com/publizieren/fachartikel/elternbildung.pdf [26.04.2015].

Haug-Schnabel, G., Bensel, J., von Stetten, S., Weber, S. & Schnabel, N. (2008). Flexible Betreuung von Unterdreijährigen im Kontext von Geborgenheit, Kontinuität und Zugehörigkeit. Wissenschaftliche Recherche und Analyse der Forschungsgruppe Verhaltensbiologie des Menschen (FVM) im Auftrag des Landschaftsverband Rheinland, Köln. Kandern: FVM. Verfügbar unter: http://www.lvr.de/media/wwwlvrde/jugend/service/do¬kumentationen/dokumente_95/kinder_und_familie/20080508/flexible_betreuung_u3.pdf [26.04.2015].

Haug-Schnabel, G. & Bensel, J. (2006). Kinder unter 3 – Bildung, Erziehung und Betreuung von Kleinstkindern. *kindergarten heute spezial*. Freiburg: Herder.

Hausendorf, H. & Quasthoff, U. M. (2004). *Sprachentwicklung und Interaktion: Eine linguistische Studie zum Erwerb von Diskursfähigkeit bei Kindern.* Radolfzell: Verlag für Gesprächsforschung.

Hauser, B. (2013). *Spielen. Frühes Lernen in Familie, Krippe und Kindergarten.* Stuttgart: Kohlhammer.

Henderson, V. (1966). *The nature of nursing. A definition and its implications for practice, research and education.* London: Macmillan.

Hense, D. (2003). Die Arbeit am Studiengang Figurentheater in Stuttgart. *Puppen, Menschen & Objekte, 2 (89)*. Verfügbar unter: http://www.mh-stuttgart.de/studium/figurentheater/ImStudium/ [01. 07. 2010].

Heuring, M. & Petzold, H. G. (2004). *Rollentheorien, Rollenkonflikte, Identität, Attributionen – Integrative und differentielle Perspektiven zur Bedeutung sozialpsychologischer Konzepte für die Praxis der Supervision.* Verfügbar unter: http://www.fpi-publikation.de/images/stories/downloads/supervision/HeuringPetzoldRollentheorieSupervision-12-2005.pdf [26.04.2015].

Hintermair, M. (2003). Das Kohärenzgefühl von Eltern stärken – eine psychologische Aufgabe in der pädagogischen Frühförderung. *Frühförderung interdisziplinär, 22*, 61–70.

Hofer, B. & Schroll-Decker, I. (2005). Anmerkungen zum „Privatvergnügen" Praxisanleitung. *KiTa KinderTageseinrichtungen aktuell, (7/8)*, 155–159.

Höhn, K. & Lutz, C. (2013). Stadt Reutlingen – Qualitätsentwicklung in Kitas durch BeKi. *ESSPRESS. Informationen für Fachfrauen für Kinderernährung im Rahmen der Landesinitiative BeKi, BW, 2*, S. 4–5.

Höhn, K. (2014). Bildungsort Mahlzeit – Die Essenssituation mit Kleinstkindern entwicklungsgerecht gestalten. *Kleinstkinder, 1*, 2014, S. 6–9.

Holoch, E. (1999). Fürsorge als Werthaltung und Entscheidungsgrundlage für das pflegerische Handeln. In E. Holoch, U. Gehrke, B. Knigge-Demal & E. Zoller (Hrsg.), *Lehrbuch Kinderkrankenpflege. Die Förderung und Unterstützung selbstpflegebezogenen Handelns im Kindes- und Jugendalter* (S. 53–59). Bern: Huber.

Holoch, E. (2002). *Situiertes Lernen und Pflegekompetenz: Entwicklung, Einführung und Evaluation von Modellen situierten Lernens in der Pflegeausbildung.* Dissertation, Universität Tübingen.

Holodynski, M. (2006). *Emotionen – Entwicklung und Regulation.* Heidelberg: Springer.

Holodynski, M. (2007). *Bildungsbedeutung von Eltern, Familien und anderen Bezugspersonen für Kinder: Expertise.* Düsseldorf: Landtag NRW – Enquetekommission „Chancen für Kinder".

Holodynski, M. & Seeger, D. (2008). *Bildung im Kindergarten organisieren (BIKO).* Abschlussbericht des gleichnamigen Projekts, gefördert durch die Robert Bosch Stiftung. Münster: Universität, Institut für Psychologie in Bildung und schulischer Erziehung.

Horsch, U. (2004). *Frühe Dialoge: Früherziehung hörgeschädigter Säuglinge und Kleinkinder. Ein Handbuch.* Hamburg: Hörgeschädigte Kinder.

Howes, C. (2011): Children's social development within the socialization context of child care and early childhood education. In P. K. Smith (Ed.). *The Wiley-Blackwell handbook of childhood social development* (pp. 246–262). Chichester: Blackwell.

Huinink, J., Strohmeier, K. P. & Wagner, M. (Hrsg.). (2001). *Solidarität in Partnerschaft und Familie: Zum Stand familiensoziologischer Theoriebildung.* Würzburg: Ergon.

Hüther, G. (2009). Singen ist Kraftfutter für Kindergehirne. Die Bedeutung des Singens für die Hirnentwicklung. In K. Adamek (Hrsg.), *Das Liederbuch – Canto elementar: Zum Generationen verbindenden Singpatenprojekt für Kindergärten* (S. 68–69). Eichen: Canto.

Isenberg, J. P. (2000). The state of the art in early childhood professional preparation. In National Institute on Early Childhood Development and Education & U. S. Department of Education (Hrsg.), *New teachers for a new century: The future of early childhood professional preparation* (S. 17–58). Washington, DC: Ed Pubs.

Jonas, M. (1997). *Behinderte Kinder, behinderte Mütter?* (3. Aufl.). Frankfurt: Fischer.

Kagitçibasi, C. (1997). *Family and human development across cultures: A view from the other side.* Mahbah, NJ: Erlbaum.

Kagitçibasi, C. (2007). *Family, self, and human development across cultures. Theory and applications* (2. Aufl.). Cambridge: Cambridge University Press.

Kail, R. V. & Reese, H. W. (Hrsg.). (2002). *Advances in child development and behavior, Bd. 29.* New York: Academic Press.

Katz-Bernstein, N. (2000). Vom ersten Kick zum ersten Schimpfwort – Sprache und Symbolraum. *Schweizerische Zeitschrift für Heilpädagogik, 6,* 3–9.

Katz-Bernstein, N. (2003). Therapie aus pädagogisch-psychologischer Sicht. M. Grohnfeldt (Hrsg.), *Lehrbuch der Sprachheilpädagogik und Logopädie, Bd. 4* (S. 66–90). Stuttgart: Kohlhammer.

Katz-Bernstein, N. (2004). Was hat Humor mit Sprachentwicklung zu tun. S. Kuntz & J. Voglsinger (Hrsg.), *Humor, Phantasie und Raum in Pädagogik und Therapie. Zum 80. Geburtstag von Prof. Dr. Ernst J. Kiphard* (S. 207–228). Dortmund: Verlag Modernes Lernen.

Katz-Bernstein, N. (2007). *Selektiver Mutismus bei Kindern. Erscheinungsbilder, Diagnostik, Therapie* (2. Aufl.). München: Reinhardt.

Katz-Bernstein N. & Schroeder, A. (2007). *„Ich erzähl dir was!" – Beurteilung der Erzählfähigkeiten am Übergang zum Schuleintritt.* Verfügbar unter: http://www.dbl-ev.de/index.php?id=1317 [30. 06. 2010].

Katz-Bernstein, N. & Tarr Krüger, I. (1995). *Wann braucht mein Kind Therapie? Die acht wichtigsten Methoden.* Stuttgart: Kreuz.

Kelek, N. (2006). *Die fremde Braut. Ein Bericht aus dem Inneren des türkischen Lebens in Deutschland.* München: Goldmann.

Keller, H. (2005). Kulturelle Entwicklungspfade: die ersten drei Lebensjahre im Kulturvergleich. *Kinderärztliche Praxis, Sonderheft „Frühe Gesundheitsförderung und Prävention",* 31–41.

Keller, H. (2007a). Sozialisation durch Sprache zur Sprache. Kulturspezifische Entwicklungspfade. *L.O.G.O.S. Interdisziplinär, 15,* 175–181.

Keller, H. (2007b). *Cultures of infancy.* Mahwah, NJ: Erlbaum.

Kersting, K. (1999). Coolout im Pflegealltag. *Pflege und Gesellschaft, 4 (3),* 53–60.

Kersting, K. (2005). Zur Situation von Pflegeschülerinnen: Anspruch und Wirklichkeit. *Pflegewissenschaft, 1,* 31–38.

Kinnell, G. (2008). *No biting. Policy and practice for toddler programs* (2. Aufl.). Yorkton Court: Redleaf Press.
Klauer, K. C. (2008). Soziale Kategorisierung und Stereotypisierung. L. E. Petersen & B. Six (Hrsg.), *Stereotype, Vorurteile und soziale Diskriminierung* (S. 23–32). Weinheim: Beltz.
Knopf, H. T. & Swick, K. J. (2007). How parents feel about their child's teacher/school: Implications for early childhood professionals. *Early Childhood Education Journal, 34*, S. 291–296.
Koelsch, S. (2004). *Kognitionsforschung. Das Verstehen der Bedeutung von Musik*. Tätigkeitsbericht der selbstständigen Nachwuchsgruppe Neurokognition der Musik: Leipzig: Max Plank Institut für neuropsychologische Forschung. Verfügbar unter: http://www.mpg.de/bilderBerichteDokumente/dokumentation/jahrbuch/2004/neuropsych_forschung/forschungsSchwerpunkt/pdf.pdf [14. 07. 2010].
König, A. (2008). *Interaktionsprozesse zwischen ErzieherInnen und Kindern. Eine Videostudie aus dem Kindergartenalltag*. Wiesbaden: VS Verlag.
König, V. (2007). *Das große Buch der Babyzeichen*. Guxhagen: Kestner.
Kontos, S., Howes, C., Shinn, M. & Galinsky, E. (1995). *Quality in family child care & relative care*. New York: Teachers College Press.
Kontos, S. & Wilcox-Herzog, A. (1997). Teachers' interactions with children: Why are they so important? *Young Children, 52 (2)*, 4–12.
Kotthoff, H. (2003). *Witz komm raus! Komik und Humor bei Kindern – ein Überblick*. Verfügbar unter: http://www.br-online.de/jugend/izi/deutsch/publikation/televizion/16_2003_1/kotthoff.pdf [30. 06. 2010].
Kramer, M. (2013). Schlafen in der Kinderkrippe. Herausforderung um eine Alltagssituation. *Kita aktuell, 5*, 230–232.
Kristen, U. (2002). *Praxis Unterstützte Kommunikation* (4. Aufl.). Düsseldorf: selbstbestimmtes leben.
Kuntz, S. & Voglsinger, J. (Hrsg.). (2004). *Humor, Phantasie und Raum in Pädagogik und Therapie: Zum 80. Geburtstag von Prof. Dr. Ernst J. Kiphard*. Dortmund: Verlag Modernes Lernen.
Kunert-Zier, M. (2005). *Erziehung der Geschlechter: Entwicklungen, Konzepte und Genderkompetenz in sozialpädagogischen Feldern*. Wiesbaden: VS.
Laewen, H.-J., Andres, B. & Hédervári, É. (2011). *Die ersten Tage – ein Modell zur Eingewöhnung in Krippe und Tagespflege* (8. Aufl.). Weinheim: Beltz.
Laewen, H.-J. (1989). Nichtlineare Effekte einer Beteiligung von Eltern am Eingewöhnungsprozess von Krippenkindern: Die Qualität der Mutter-Kind-Bindung als vermittelnder Faktor. *Psychologie in Erziehung und Unterricht (2)* 102–108.
Landeshauptstadt München Sozialreferat Stadtjugendamt. (Hrsg.). (2008). *Die pädagogische Rahmenkonzeption für Kinderkrippen der Landeshauptstadt München*. Verfügbar unter: http://www.muenchen.de/rathaus/Stadtverwaltung/Referat-fuer-Bildung-und-Sport/Kindertageseinrichtungen/kita-paedagogik.html [26.04.2015].
Lang, A. & Saatweber, M. (2011). *Stimme und Atmung. Kernbegriffe und Methoden des Konzeptes Schlaffhorst-Andersen und ihre anatomisch-physiologische Erklärung* (2. Aufl.). Idstein: Schulz-Kirchner.
Largo, R. H. & Benz, C. (2003). Spielend lernen. M. Papoušek & A. v. Gontard (Hrsg.), *Spiel und Kreativität in der frühen Kindheit* (S. 56–75). Stuttgart: Pfeiffer bei Klett-Cotta.
Largo, R. H. & Benz-Castellano, C. (2010). Die ganz normalen Krisen – Fit und Misfit im Kleinkindesalter. M. Papoušek, M. Schieche & H. Wurmser (Hrsg.), *Regulationsstörungen der frühen Kindheit. Frühe Risiken und Hilfen im Entwicklungskontext der Eltern-Kind-Beziehungen* (S. 17–30; 2. Nachdr.). Bern: Huber.
Layzer, J. I., Goodson, B. D. & Moss, M. (1993). *Observational study of early childhood programs. Final report, Bd. 1 Life in preschool*. Washington, DC: Department of Education.

Leavitt, R. L. (2007). *Power and emotion in infant-toddler day care.* Albany: SUNY.
Leavitt, R. & Krause Eheart, B. (1985). *Toddler day care: A guide to responsive caregiving.* Lexington, MA: Heath.
Leboyer, F. (2007). *Sanfte Hände: Die traditionelle Kunst der indischen Baby-Massage. Mit authentischen Anleitungen auf DVD* (3. Aufl.). München: Kösel.
Lecoq, J. (2003). *Der poetische Körper. Eine Lehre vom Theaterschaffen.* In Zusammenarbeit mit Jean-Gabriel Carasso und Jean-Claude Lallias (2. Aufl.). Berlin: Alexander.
Leyendecker, B. (2008). Frühkindliche Bildung von Kindern aus zugewanderten Familien – die Bedeutung der Eltern. *IMIS-Beiträge 34/2008: Nachholende Integrationspolitik – Problemfelder und Forschungsfragen, 34,* 91–102.
Luo, L. (2006). The transition to parenthood: Stress, resources, and gender differences in a Chinese society. *Journal of Community Psychology, 34,* 471–488.
Luxburg, J. v. (1994). Systemisch-ganzheitliche Orientierung in der Frühförderung. *Behinderte, 4,* 53–59.
Maietta, L. (1999). Die Entwicklung der Körperwahrnehmung und die Entstehung des Körperkonzepts. In E. Holoch, U. Gehrke, B. Knigge-Demal & E. Zoller (Hrsg.), *Lehrbuch Kinderkrankenpflege. Die Förderung und Unterstützung selbstpflegebezogenen Handelns im Kindes- und Jugendalter* (S. 883–893). Bern: Huber.
Maietta, L. & Hatch, F. (2004). *Kinaesthetics Infant Handling.* Bern: Huber.
Mandl, H. & Reinmann-Rothmeier, G. (1999). Unterrichten und Lernumgebungen gestalten. In B. Weidenmann, A. Krapp, M. Hofer, G. L. Huber & H. Mandl (Hrsg.), *Pädagogische Psychologie* (S. 601–646). Weinheim: Beltz.
Martino, B. (2000). *Lóczy – Wo kleine Menschen groß werden. Der Traum Emmi Piklers.* Paris: Association Pikler Lóczy.
Maslow, A. (1981). *Motivation und Persönlichkeit.* Reinbek: Rowohlt.
Mathieu, S. (2014). „Mein Kind versteht alles, aber …" Therapie des Sprachverständnisses. B. Zollinger (Hrsg.), *Wenn Kinder die Sprache nicht entdecken: Einblicke in die Praxis der Sprachtherapie* (4. Aufl.) (S. 45–51). Bern: Haupt.
Merkle, T. & Wippermann, C. (2008). *Eltern unter Druck. Selbstverständnisse, Befindlichkeiten und Bedürfnisse von Eltern in verschiedenen Lebenswelten.* Stuttgart: Lucius & Höhne.
Miles, B. (2001). *Die Sprache der Hände zu den Händen sprechen.* Verfügbar unter: http://www.gpoaccess.gov/eric/200212/ed465242.pdf [26.04.2015].
Molcho, S. (2005). *Körpersprache der Kinder.* München: Ariston.
Morris, S. E. & Klein, M. D. (2000). *Mund- und Esstherapie bei Kindern: Entwicklung, Störungen und Behandlung orofazialer Fähigkeiten* (2. Aufl.). München: Urban & Fischer.
Moser, T. (1994). Übertragung und Gegenübertragung in der psychoanalytischen Körperpsychotherapie. K. von Steinacker (Hrsg.), *Der eigene und der fremde Körper. Übertragungsphänomene in der Atem- und Leibpädagogik* (S. 79–89). Berlin: Ed. Lit Europe.
National Institute on Early Childhood Development and Education & U. S. Department of Education. (Hrsg.). (2000). *New teachers for a new century: The future of early childhood professional preparation.* Washington, DC: Ed Pubs.
Nay, E., Grubenmann, B. & Larcher Klee, S. (2008). *Kleinstkindbetreuung in Kindertagesstätten. Expertise für innovative Konzeptionen.* Bern: Haupt
Nedwed, B. (2008). *Kinder mit Sehschädigung. Ein Ratgeber für Eltern und pädagogische Berufe.* Idstein: Schulz-Kirchner.
Nelson, K. (1993). The psychological and social origins of autobiographical memory. *Psychological Science, 4,* 7–14.
Nelson, K. (2009). *Young minds in social worlds: Experience, meaning, and memory.* Cambridge: Harvard University Press.
Nestmann, F. & Hurrelmann, K. (1994). *Social networks and social support in childhood and adolescence.* Berlin: de Gruyter.

Neuß, N. (2010). *Grundwissen Krippenpädagogik: Ein Lehr- und Arbeitsbuch.* Berlin: Cornelsen Scriptor.
NICHD ECCRN (2003). Families matter – even for kids in child care. *Journal of Developmental & Behavioral Pediatrics, 24,* 58–62.
NICHD ECCRN (2006). Child-care effect sizes for the NICHD study of early child care and youth development. *American Psychologist, 61,* 99–116.
Niedecken, D. (2003). *Namenlos. Geistig Behinderte verstehen.* München: Piper.
Niesel, R. (2001). Geschlechterdifferenzierende Pädagogik im Kindergarten – neue Perspektiven. *Bildung, Erziehung, Betreuung von Kindern in Bayern, 6 (2),* 28–31.
Niesel, R. (2008). Geschlechtersensible Pädagogik – Kinder sind niemals geschlechtsneutral. Bertelsmann Stiftung & Staatsinstitut für Frühpädagogik (Hrsg.), *Wach, neugierig, klug – Kinder unter 3: Ein Medienpaket für Kitas, Tagespflege und Spielgruppen CD ROM* (2. Aufl.) Gütersloh: Bertelsmann Stiftung.
OECD. (2001). *Starting strong: Early childhood education and care.* Paris: Organisation for Economic Cooperation and Development.
Oepping, A. & Francke, A. (2009). *Essen und Ernährung in der frühkindlichen Bildung.* Verfügbar unter: http://dsg.uni-paderborn.de/fileadmin/evb/publikationen/pb_schriften_evb/08_2009-Essen_und_Ernaehrung_in_der_fruehkindlichen_Bildung.pdf [26.04.2015].
Oerter, R. (2002). *Biologische und entwicklungspsychologische Grundlagen von Musik im pädagogischen Feld.* Vortrag gehalten auf der Musikschulleitertagung des Landesverbandes der Musikschulen Baden-Württembergs e. V. Verfügbar unter: http://musikschule-bw.de/pdf/Vortrag%20Oerter.pdf [12. 12. 2006].
Orem, D. (1997). *Strukturkonzepte der Pflegepraxis.* Berlin: Ullstein Mosby.
Otto, H. & Keller, H. (2014). *Different Faces of Attachment: Cultural Variations on a Universal Human Need.* Cambridge University Press.
Ower, A. (2013). Kinaesthetics Infant Handling. *Kita aktuell,* S. 233–235.
Papoušek, H. (2003). Spiel in der Wiege der Menschheit. M. Papoušek & A. v. Gontard (Hrsg.), *Spiel und Kreativität in der frühen Kindheit* (S. 17–55). Stuttgart: Pfeiffer bei Klett-Cotta.
Papoušek, H. & Papoušek, M. (1987). Intuitive parenting: A dialectic counterpart to the infant's integrative competence. In J. D. Osofsky (Hrsg.), *Handbook of infant development* (S. 669–720). New York: Wiley.
Papoušek, H. & Papoušek, M. (1995). Vorsprachliche Kommunikation: Anfänge, Formen, Störungen und psychotherapeutische Ansätze. In H. G. Petzold (Hrsg.), *Die Kraft liebevoller Blicke* (S. 123–142). Paderborn: Junfermann.
Papoušek, M. (2006). *Ein guter Start ins Leben. Neue Antworten auf neue Herausforderungen: Vortrag gehalten auf dem interdisziplinären Kongress der Deutschen Liga für das Kind, Bertelsmann Stiftung und BZgA, dbb forum berlin.* Verfügbar unter: http://www.liga-kind.de/downloads/Papousek%2030-5-2006.pdf [19. 06. 2010].
Papoušek, M. (2008). *Vom ersten Schrei zum ersten Wort: Anfänge der Sprachentwicklung in der vorsprachlichen Kommunikation* (5. Aufl.). Bern: Huber.
Papoušek, M. & Gontard, A. v. (Hrsg.). (2003). *Spiel und Kreativität in der frühen Kindheit.* Stuttgart: Pfeiffer bei Klett-Cotta.
Papoušek, M., Schieche, M. & Wurmser, H. (2010). *Regulationsstörungen der frühen Kindheit: Frühe Risiken und Hilfen im Entwicklungskontext der Eltern-Kind-Beziehungen* (2. Nachdr.). Bern: Huber.
Peplau, H. E. (1997). *Zwischenmenschliche Beziehungen in der Pflege. Ausgewählte Werke.* Bern: Huber.
Peterander, F. (2002). Qualität und Wirksamkeit der Frühförderung. *Frühförderung interdisziplinär, 21,* 96–106.
Petersen, L.-E. & Six, B. (Hrsg.). (2008). *Stereotype, Vorurteile und soziale Diskriminierung: Theorien, Befunde und Interventionen.* Weinheim: Beltz.

Petrie, S. & Owen, S. (2006). *Authentische Beziehungen in der Gruppenbetreuung von Säuglingen und Kleinkindern. Die Prinzipien und ihre praktische Umsetzung.* Freiamt: Arbor.
Pikler, E. (2009). *Lasst mir Zeit. Die selbständige Bewegungsentwicklung des Kindes bis zum freien Gehen* (4. Aufl.). München: Pflaum.
Pikler, E. (2009). *Friedliche Babys – zufriedene Mütter. Pädagogische Ratschläge einer Kinderärztin* (2. Aufl.). Freiburg: Herder.
Pikler, E. & Tardos, A. (Hrsg.). (2008). *Miteinander vertraut werden. Erfahrungen und Gedanken zur Pflege von Säuglingen und Kleinkindern* (5. Aufl.). Freiamt: Arbor.
Poem Presseinfo. (2003). *Eine Produktion der Trigger Happy Productions in Koproduktion mit @radical media.* Verfügbar unter: www.ottfilm.de [19. 07. 2010].
Reich, E. & Zornànszky, E. (1997). *Lebensenergie durch sanfte Bioenergetik.* München: Kösel.
Reichle, B. & Franiek, S. (2008). Auch positive Ereignisse erfordern Bewältigung: Prävention von Partnerschaftsproblemen nach dem Übergang zur Elternschaft. In J. Borke & A. Eickhorst (Hrsg.), *Systemische Entwicklungsberatung in der frühen Kindheit* (S. 273–293). Stuttgart: UTB.
Reinelt, T. (2004). Humor, Phantasie und Raum als Körperleben und einige Voraussetzungen, die die Entwicklung einer humorvollen Lebenshaltung beeinträchtigen oder begünstigen. S. Kuntz & J. Voglsinger (Hrsg.), *Humor, Phantasie und Raum in Pädagogik und Therapie: Zum 80. Geburtstag von Prof. Dr. Ernst J. Kiphard* (S. 13–34). Dortmund: Verlag Modernes Lernen.
Remsperger, R. (2011). *Sensitive Responsivität. Zur Qualität pädagogischen Handelns im Kindergarten.* Wiesbaden: VS.
Riemann, I. & Wüstenberg, W. (2004). *Die Kindergartengruppe für Kinder ab einem Jahr öffnen? Eine empirische Studie.* Frankfurt: Fachhochschulverlag.
Ritterfeld, U. (2005a). Interventionsparadigmen bei Spracherwerbsstörungen: Therapeutische Dilemmata und deren Begründung. *Heilpädagogik online, 2,* 4–26. Verfügbar unter: http://www.heilpaedagogik-online.com/2005/heilpaedagogik_online_0205.pdf [26.04.2015].
Ritterfeld, U. (2005b). Interventionsprinzipien bei Spracherwerbsstörungen. *Heilpädagogik online, 3,* 4–29. Verfügbar unter: http://www.heilpaedagogik-online.com/2005/heilpaedagogik_online_0305.pdf [26.04.2015].
Rogers, C. R. (1983). *Therapeut und Klient: Grundlagen der Gesprächspsychotherapie* (20. Aufl.). Frankfurt: Fischer.
Robertson, J. & Robertson J. (1990). *Separation and the very young.* London: Free Association Books.
Rohrmann, T. (2008). *Zwei Welten? Geschlechtertrennung in der Kindheit: Forschung und Praxis im Dialog.* Opladen: Budrich.
Rohrmann, T. (2009). *Gender in Kindertageseinrichtungen. Ein Überblick über den Forschungsstand.* Verfügbar unter: http://www.dji.de/fileadmin/user_upload/bibs/Tim_Rohrmann_Gender_in_Kindertageseinrichtungen.pdf [26.04.2015].
Rohrmann, T. & Wanzeck-Sielert, C. (2014). *Mädchen und Jungen in der KiTa. Körper, Gender, Sexualität.* Stuttgart: Kohlhammer.
Roper, N., Logan, W. W. & Tierney, A. J. (2009). *Das Roper-Logan-Tierney-Modell. Basierend auf Lebensaktivitäten (LA)* (2. Aufl.). Bern: Huber.
Sachse, S. (2010). *Interventionsplanung in der Unterstützten Kommunikation.* Karlsruhe: Loeper.
Sann, A. & Thrum, K. (2002). Frühförderung für Kinder aus sozial benachteiligten Familien: Guter Start mit Opstapje. *DJI Bulletin, 60/61,* 3–5.
Sarimski, K. (2005). *Psychische Störungen bei behinderten Kindern und Jugendlichen.* Göttingen: Hogrefe.

Sarimski, K. (2012). *Behinderte Kinder in inklusiven Kindertagesstätten*. Stuttgart: Kohlhammer.
Schäfer, G. (2004). *Bildung beginnt mit der Geburt* (2. Aufl.). Berlin: Cornelsen Scriptor.
Schaper, N. (2000). *Gestaltung und Evaluation arbeitsbezogener Lernumgebungen*. Dissertation, R.-K.-Universität Heidelberg. Verfügbar unter: http://kw1.uni-paderborn.de/fileadmin/psychologie/download/publikationen/Schaper_Gestaltung_und_Evaluation_arbeitsbezogener_Lernumgebungen_Habilitationsschrift_.pdf [26.04.2015].
Schlesiger, C. (2005). „Late talkers" und Prävention von Sprachentwicklungsstörungen: Früherkennung und Intervention bei spät sprechenden Kindern. K. Subellok, K. Bahrfeck-Wichitill & G. Dupuis (Hrsg.), *Sprachtherapie: Fröhliche Wissenschaft oder blinde Praxis? Ausbildung akademischer Sprachtherapeutinnen in Dortmund* (S. 206–218). Oberhausen: Athena.
Schlippe, A. v., Lösche, G. & Hawellek, C. (Hrsg.). (2003). *Frühkindliche Lebenswelten und Erziehungsberatung: Die Chancen des Anfangs*. Weinheim: Juventa.
Schnattinger, S. & Horsch, U. (2004). Wenn Hände sprechen lernen. Das Kind im Gebärdenspracherwerb. U. Horsch (Hrsg.), *Frühe Dialoge: Früherziehung hörgeschädigter Säuglinge und Kleinkinder. Ein Handbuch* (S. 151–176). Hamburg: Verlag Hörgeschädigte Kinder.
Schneewind, K. A. & Kruse, J. (2002). *Die Paarklimaskalen (PKS)*. Bern: Huber.
Schneider, K. (2008). Und was hast du heute gemacht? Fragen zur Bildung im Krippenalter. Bertelsmann Stiftung & Staatsinstitut für Frühpädagogik (Hrsg.), *Wach, neugierig, klug – Kinder unter 3: Ein Medienpaket für Kitas, Tagespflege und Spielgruppen* CD ROM (2. Aufl.) Gütersloh: Bertelsmann Stiftung.
Schneider, K. & Wüstenberg, W. (2003). Entwicklungspsychologische Forschungen und ihre Bedeutung für Peer-Kontakte im Kleinkindalter. A. v. Schlippe, G. Lösche & C. Hawellek (Hrsg.), *Frühkindliche Lebenswelten und Erziehungsberatung: Die Chancen des Anfangs* (S. 67–78). Weinheim: Juventa.
Schöl, C., Stahlberg, D. & Maass, A. (2008). Sprachverzerrungen im Intergruppenkontext. L.-E. Petersen & B. Six (Hrsg.), *Stereotype, Vorurteile und soziale Diskriminierung. Theorien, Befunde und Interventionen* (S. 62–70). Weinheim: Beltz.
Seemann, E. (2003). *Frühfördern als Beruf. Über die Entwicklung professionellen Handelns in Spannungsfeldern*. Bad Heilbrunn: Klinkhardt.
Seligman, M. (1979). *Erlernte Hilflosigkeit*. München: Urban und Schwarzenberg.
Seyd, W. (1993). *Schwingen und Atemmassage nach Schlaffhorst-Andersen*. Villingen-Schwenningen: Neckar.
Shonkoff, J. P. & Phillips, D. A. (Hrsg.). (2000). *From neurons to neighborhoods: The science of early child development*. Washington, DC: National Academy Press.
Sichtermann, B. (1992). *Vorsicht Kind. Eine Arbeitsplatzbeschreibung für Mütter, Väter und andere*. Berlin: Wagenbach.
Sleuwen van, B. E., Engelberts, A. C., Boere-Boonekamp, M. M., Kuis, W., Schulpen, T. W. J. & L'Hoir, M. P. (2007). Swaddling. A systematic review. *Pediatrics, 120 (4)*, 1097–1106.
Solomons, H. C. & Elardo, R. (1991). Biting in day care centers: Incidence, prevention, and intervention. *Journal of Pediatric Health Care, 5*, 191–196.
Spitz, R. A. (2005). *Vom Säugling zum Kleinkind: Naturgeschichte der Mutter-Kind-Beziehungen im ersten Lebensjahr* (11. Aufl.). Stuttgart: Klett-Cotta.
Stadler Elmer, S. (2015). *Kind und Musik. Das Entwicklungspotenzial erkennen und verstehen*. Heidelberg: Springer
Steinaecker, K. v. (Hrsg.). (1994). *Der eigene und der fremde Körper: Übertragungsphänomene in der Atem- und Leibpädagogik; der Kongressbericht*. Berlin: Ed. Lit Europe.
Stern, D. (2006). *Die Mutterschaftskonstellation: Eine vergleichende Darstellung verschiedener Formen der Mutter-Kind-Psychotherapie* (2. Aufl.). Stuttgart: Klett-Cotta.
Stern, D. (2007). *Die Lebenserfahrung des Säuglings* (9. Aufl.). Stuttgart: Klett-Cotta.

Strassberg, D. (2004). *Scham als Problem der psychoanalytischen Theorie und Praxis.* Verfügbar unter: http://www.sanp.ch/pdf/2004/2004-05/2004-05-040.PDF [03. 07. 2010].
Subellok, K., Bahrfeck-Wichitill, K. & Dupuis, G. (Hrsg.). (2005). *Sprachtherapie: Fröhliche Wissenschaft oder blinde Praxis? Ausbildung akademischer Sprachtherapeutinnen in Dortmund.* Oberhausen: Athena.
Swick, K. J. (2004). *Empowering parents, families, schools and communities during the early childhood years.* Champaign, IL: Stipes Publishing L. L. C.
Swick, K. J. & Hooks, L. (2005). Parental experiences and beliefs regarding inclusive placements of their special needs children. *Early Childhood Education Journal, 32,* 1–6.
Tamis-LeMonda, C. S. & Bornstein, M. H. (2002). Maternal responsiveness and early language acquisition. R. V. Kail & H. W. Reese (Hrsg.), *Advances in child development and behavior, Bd. 29* (S. 89–127). New York: Academic Press.
Tardos, A. (2001). Von den Händen des Erwachsenen. Säugling und Kleinkind, Schwangerschaft und Geburt. *Mit Kindern wachsen,* Special, 9–12.
Tardos, A. (2014). Von den Händen der Pflegerin. E. Pikler & A. Tardos (Hrsg.), *Miteinander vertraut werden. Erfahrungen und Gedanken zur Pflege von Säuglingen und Kleinkindern* (6. Aufl.) (S. 91–98). Freiamt: Arbor.
Tardos, A. (2010). Von den Händen der Pflegerin. E. Pikler & A. Tardos (Hrsg.), *Miteinander vertraut werden. Wie wir mit Babies und Kleinkindern gut umgehen – ein Ratgeber für junge Eltern* (10. Aufl.) (S. 82–93). Freiburg: Herder.
Tereni, L. (2003). *Providing culturally competent care in early childhood services in New Zealand. Part 1: Considering culture; Part 2: Developing dialog; Part 3: Parents' experiences of different early childhood pedagogies.* Verfügbar unter: http://www.eric.ed.gov/ERICDocs/data/ericdocs2sql/content_storage_01/0000019b/80/1a/f4/05.pdf [01. 01. 2010].
Textor, M. R. (2007a). Die Erzieherin-Kind-Beziehung aus Sicht der Forschung. M. R. Textor (Hrsg.), *Kindergartenpädagogik Online-Handbuch.* Verfügbar unter: http://www.kindergartenpaedagogik.de/1596.html [26.04.2015].
Theunissen, G. (2008). Positive Verhaltensunterstützung – ein pädagogisch-therapeutisches Konzept zum Umgang mit herausfordernden Verhaltensweisen bei Menschen mit intellektueller Behinderung. *Heilpädagogik online 01/08,* 21–52. Verfügbar unter: http://www.heilpaedagogik-online.com/2008/heilpaedagogik_online_0108.pdf [02. 01. 2010].
Thurmair, M. & Naggl, M. (2007). *Praxis der Frühförderung* (3. Aufl.). München: Reinhardt.
Tietze, W. (2010). Pädagogische Qualität in Kitas: Schlüsselfaktor Personal. *Journal für LehrerInnenbildung, 10 (1),* 54–58.
Tietze, W., Bolz, M., Grenner, K., Schlecht, D. & Wellner, B. (2005). *Krippen-Skala (KRIPS-R). Feststellung und Unterstützung pädagogischer Qualität in Krippen.* Berlin: Cornelsen Scriptor.
Török, K. (2014). Kooperation während der Pflege und die gemeinsame Freude am Spiel. E. Pikler & A. Tardos (Hrsg.), *Miteinander vertraut werden. Erfahrungen und Gedanken zur Pflege von Säuglingen und Kleinkindern* (6. Aufl.) (S. 129–132). Freiamt: Arbor.
Tschöpe-Scheffler, S. (2009). *Fünf Säulen der Erziehung: Wege zu einem entwicklungsfördernden Miteinander von Erwachsenen und Kindern* (5. Aufl.). Mainz: Grünewald.
Uexküll, T. v., Fuchs, M. v., Müller-Braunschweig, H. & Johnen, R. (Hrsg.). (1997). *Subjektive Anatomie: Theorie und Praxis körperbezogener Psychotherapie* (2. Aufl.). Stuttgart: Schattauer.
UNESCO. (Hrsg.). (1998). *World Declaration on Higher Education for the Twenty-first Century: Vision and action and framework for priority action for change and development in higher education.* Verfügbar unter: http://unesdoc.unesco.org/images/0014/001419/141952E.pdf [14. 06. 2010].
UNESCO. (Hrsg.). (2006). *Strong foundations: Early childhood care and education. EFA global monitoring report, Bd. 5,* 2007. Paris: Editor. Verfügbar unter: http://www.efareport.unesco.org /http://www.gbv.de/dms/gei/522316808.pdf [27. 05. 2010].

UNICEF. (Hrsg.). (2008). *The child care transition: Innocenti report card 8*. Florence: UNICEF Innocenti Research Centre.
University of Cape Town. (Hrsg.). (2014). *Social Responsiveness Report*. Verfügbar unter: http://www.socialresponsiveness.uct.ac.za/usr/social_resp/reports/SR_report_2013_2014.pdf [26.04.2015].
Uppendahl, H. (1981). Responsive Demokratie. D. Thränhardt & H. Uppendahl (Hrsg.), *Alternativen lokaler Demokratie: Kommunalverfassung als politisches Problem. Sozialwissenschaftliche Studien zur Stadt- und Regionalpolitik*, Bd. 17. Königstein/Taunus: Hain.
Viernickel, S. (2000). *Spiel, Streit, Gemeinsamkeit. Einblicke in die soziale Kinderwelt der unter Zweijährigen*. Landau: Verlag Empirische Pädagogik.
Viernickel, S., Nentwig-Gesemann, I., Harms, H., Richter, S. & Schwarz, S. (2011). *Profis für Krippen. Curriculare Bausteine für die Aus- und Weiterbildung frühpädagogischer Fachkräfte*. Freiburg: FEL.
Villegas, A. M. & Lucas, T. (2002). *Educating culturally responsive teachers: A coherent approach*. Albany: State University of New York Press.
Vincze, M. (2014). Von der Flasche bis zum selbstständigen Essen. E. Pikler & A. Tardos (Hrsg.), *Miteinander vertraut werden. Erfahrungen und Gedanken zur Pflege von Säuglingen und Kleinkindern* (6. Aufl.) (S. 71–89). Freiamt: Arbor.
Vygotskij, L. S. (2002/1934). *Denken und Sprechen*. Weinheim: Beltz.
Wahl, D. (2001). Nachhaltige Wege vom Wissen zum Handeln. *Beiträge zur Lehrerbildung, 19*, 157–174.
Walter, W. & Künzler J. (2001). Arbeitsteilung in Partnerschaften. Theoretische Ansätze und empirische Befunde. J. Huinink, K. P. Strohmeier & M. Wagner (Hrsg.), *Solidarität in Partnerschaft und Familie. Zum Stand familiensoziologischer Theoriebildung* (S. 185–218). Würzburg: Ergon.
Walter, W. & Künzler, J. (2002). Parentales Engagement. Mütter und Väter im Vergleich. N. F. Schneider & H. Matthias-Bleck (Hrsg.), *Elternschaft heute. Gesellschaftliche Rahmenbedingungen und individuelle Gestaltungsaufgaben. Zeitschrift und Familienforschung, Sonderheft 2* (S. 96–119). Opladen: Leske + Budrich.
Wang, M. C., Reynolds, M. C. & Walberg H. J. (Hrsg.). (1989). *Handbook of special education: Research and practice*, Bd. 3. Oxford: Pergamon.
Wedemeyer-Kolwe, B. (2006). *„Der neue Mensch". Körperkultur im Kaiserreich und in der Weimarer Republik* (2. Aufl.). Würzburg: Königshausen & Neumann.
Weegmann, W. & Kammerlander, C. (Hrsg.). (2010). *Die Jüngsten in der Kita. Ein Handbuch zur Krippenpädagogik*. Stuttgart: Kohlhammer.
Wehrmann, I. (Hrsg.). (2009). *Starke Partner für frühe Bildung: Kinder brauchen gute Krippen. Ein Qualitäts-Handbuch für Planung, Aufbau und Betrieb*. Berlin: Verlag das Netz.
Weidenhaus, S. & Astolfi, S. (2008). *Babys Zeichensprache*. München: Graefe und Unzer.
Weiß, H. (2002). Was wirkt in der Frühförderung: Eine Analyse aus einem pädagogischen Blickwinkel. *Frühförderung interdisziplinär, 21*, 74–87.
Welzer, H. (1993). *Transitionen. Zur Sozialpsychologie biographischer Wandlungsprozesse*. Tübingen: edition discord.
Welzer, H. (2011). *Das kommunikative Gedächtnis. Eine Theorie der Erinnerung* (3. Aufl.). München: Beck.
WHO. (2000). *The World Health Report 2000: Health systems: improving performance*. Geneva: Autor.
Wilken, E. (Hrsg.). (2014). *Unterstützte Kommunikation. Eine Einführung in Theorie und Praxis* (4. Aufl.). Stuttgart: Kohlhammer.
Wilken, E. (2014). *Sprachförderung bei Kindern mit Down-Syndrom: Mit ausführlicher Darstellung des GuK-Systems* (12., überarb. u erw. Aufl.). Stuttgart: Kohlhammer.
Winner, A. (2009). *Anfang gut? Alles besser! Ein Modell für die Eingewöhnung in Kinderkrippen und anderen Tageseinrichtungen für Kinder*. Berlin: verlag das netz.

Winnicott, D. W. (1969). Übergangsobjekte und Übergangsphänomene. Eine Studie über den ersten, nicht zum Selbst gehörenden Besitz. *Psyche, 23*, 665–682.

Wolke, D. & Skuse, D. (1992). The management of infant feeding problems. P. J. Cooper & A. Stein (Hrsg.), *Feeding problems and eating disorders in children and adolescents* (S. 27–59). Chur: Harwood Academic Publishers.

Ziegenhain, U., Fries, M., Bütow, B. & Derksen, B. (2006). *Entwicklungspsychologische Beratung für junge Eltern: Grundlagen und Handlungskonzepte für die Jugendhilfe* (2. Aufl.). Weinheim: Juventa.

Zimbardo, P. G. & Gerrig, R. J. (2004). *Psychologie* (16. Aufl.). München: Pearson.

Zollinger, B. (2004). *Kindersprachen. Kinderspiele: Erkenntnisse aus der Therapie mit kleinen Kindern.* Bern: Haupt.

Zollinger, B. (2008). *Spracherwerbsstörungen: Grundlagen zur Früherfassung und Frühtherapie* (8. Aufl.). Bern: Haupt.

Zollinger, B. (2015). *Die Entdeckung der Sprache* (8. Aufl.). Bern: Haupt.

Filmverzeichnis

Asmussen-Clausen, M., Buschmann, U., Maietta, L. & Hatch, F. (2005). *Kinästhetik Infant Handling.* Flying Kiwi.

Deutsches Jugendinstitut (DJI). (2008). *Baba Olmak Güzel Şey ... Vater sein ist schön ...* München: DJI.

Gonzalez-Mena, J. & Widmeyer Eyer, D. (2008). *Säuglinge, Kleinkinder und ihre Betreuung, Erziehung und Pflege. Videoclips zum Buch.* Verfügbar unter http://www.mit-kindern-wachsen.de/protected-node?destination=node/623 [19. 07. 2010].

Infans. (o. J.). *Beispiele für eine kürzere und eine längere Eingewöhnungszeit. 2 DVDs.* Verfügbar unter: http://www.infans.net/shop/index.php?chapter=A&page=4 [19. 07. 2010].

Keller, H. & Otto, H. (o. J.). Mother – Infant free play interaction (Mutter aus Berlin/Mutter aus Kamerun). Verfügbar unter: http://www.culturalpathways.uni-osnabrueck.de/index.html [19. 08. 2010].

Leboyer, F. (2007). *Sanfte Hände: Die traditionelle Kunst der indischen Baby-Massage. Mit authentischen Anleitungen auf DVD* (3. Aufl.). München: Kösel.

Martino, B. (2000). *Lóczy – Wo kleine Menschen groß werden. Der Traum Emmi Piklers.* Paris: Association Pikler Lóczy.

Neisari Tabrizi, P. & Müller, P. (2007). *Baby- und Kindermassage. Babys beruhigen – Kinder entspannen – Nähe erleben.* MatchFrame Medienproduktion.

Reich, E. (1997). *Sanfte „Schmetterlings" Babymassage. Grundtechniken. Übung am Erwachsenen. Massage am Baby.* München: Medesign, Mechthild Deyringer.

Schmerberg, R. (2004). *POEM.* Eine Produktion der Trigger Happy Productions in Koproduktion mit @radical media. Verfügbar unter: http://www.poem-derfilm.de/index2.htm# [19. 07. 2010].

Tardos, A. & Appell G. (2002). *Aufmerksames Miteinander. Der Säugling und der Erwachsene beim Baden.* Emmi Pikler Institut Budapest.

Tardos, A. & Szántó, Á. (1996). *Sich frei bewegen.* Budapest Pikler-Lóczy-Gesellschaft für Kleinkinder.

Tardos, A. & Appell, G. (1990, 2002). *Die Aufmerksamkeit des Säuglings während des Spiels.* Budapest: Pikler-Lóczy-Gesellschaft für Kleinkinder.

Video-Home-Training. (1992). *Die Zusammenarbeit zwischen Video-Home-Trainer und Familienhelfern.* Mediathek Lichaamstal, Niederlande. Verfügbar unter: http://www.spindeutschland.de/ [19. 07. 2010].

Vincze, M. & Appel, G. (2000, 2009). *Säuglinge und Kleinkinder untereinander.* Budapest: Pikler-Lóczy-Gesellschaft für Kleinkinder.

Zollinger, B. *Die Entdeckung der Sprache*. Datenbank mit 160 Videosequenzen zur kindlichen Entwicklung im 2. und 3. Lebensjahr. Verfügbar unter http://www.kinder.ch/ [19. 07. 2010].

Tim Rohrmann/
Christa Wanzeck-Sielert

Mädchen und Jungen in der KiTa

Körper, Gender, Sexualität

2014. 234 Seiten
Kart. € 27,99
ISBN 978-3-17-022122-2

auch als EBOOK

Entwicklung und Bildung in der frühen Kindheit

Die große Bedeutung geschlechterbezogener Faktoren für Bildungsprozesse bereits in der frühen Kindheit ist heute unumstritten. In der Ausbildung künftiger Elementarpädagogen hat die Auseinandersetzung mit Geschlechterfragen daher einen festen Platz. Dieses Lehrbuch vermittelt anschaulich und fundiert Grundlagen und Methoden zu den Themen Gender und Sexualität, die für die pädagogische Bildungsarbeit in KiTas von Bedeutung sind. Entlang aktueller Theorien und Forschungsergebnisse werden zentrale Fragen der psychosexuellen und geschlechtsbezogenen Entwicklung von Kindern thematisiert. Dabei wird der KiTa als wesentlichem Sozialisationsraum besondere Beachtung gegeben. Anregungen zur Selbstreflexion vermitteln pädagogischen Fachkräften ein Grundverständnis ihrer Bedeutung als Frau oder Mann in der pädagogischen Arbeit mit Mädchen und Jungen. Daran anknüpfend werden Ansatzpunkte und Konzepte geschlechterbewusster und sexualpädagogischer Handlungskompetenz im Elementarbereich eingeführt und anhand vieler Praxisimpulse veranschaulicht.

Leseproben und weitere Informationen unter www.kohlhammer.de

W. Kohlhammer GmbH · 70549 Stuttgart
vertrieb@kohlhammer.de

Kohlhammer

Jörn Borke/Heidi Keller

Kultursensitive Frühpädagogik

2014. 146 Seiten
Kart. € 24,90
ISBN 978-3-17-022120-8

Entwicklung und Bildung
in der frühen Kindheit

Kulturelle Vielfalt ist im Kindergarten heute nicht mehr die Ausnahme, sondern gelebte und erfahrene Realität. In Kindertagesstätten treffen heute Eltern und Kinder mit ganz unterschiedlichen kulturellen Hintergründen zusammen, wobei es nicht immer einfach ist, die notwendige Sensibilität, Toleranz, aber auch den Respekt gegenüber anderen Werten und Normen, anderem Rollenverhalten der Geschlechter, anderen Familien- und Generationsverhältnissen aufzubringen. Das Buch entwickelt pädagogische Ansätze, die der Vielfalt in den KiTas gerecht werden. Grundlagen dafür liefert die kulturvergleichende Entwicklungspsychologie, die unterschiedliche kulturelle Modelle der Entwicklung, die unterschiedlichen Erziehungsstrategien und die Unterschiede in der sozialemotionalen, kognitiven und Selbstentwicklung der Kinder ins wissenschaftliche Visier nimmt.

Leseproben und weitere Informationen unter www.kohlhammer.de

W. Kohlhammer GmbH · 70549 Stuttgart
vertrieb@kohlhammer.de

Kohlhammer